빌립보서 설교집

2

빌립보서 설교집

2

이것들을 생각하라

빌립보서 3-4장

정한조 지음

홍성사

일러두기

- 〈빌립보서 설교집〉 제2권은 2011년 8월 28일부터 2013년 8월 25일까지 100주년기념교회 정한조 목사가 담임목사의 안식주간 및 암 수술 후 회복 등의 사유로 부재중인 기간에 주일예배에서 설교한 내용을 묶어 낸 것입니다.
- 본문에 인용한 성경은 개역개정판 성경을 기본으로 했고, 그 외의 역본을 따랐을 경우 별도로 표기했습니다.
- 본문에 인용한 찬송가는 새찬송가를 기본으로 했습니다.

영원에 잇대어진
삶을 위하여

담임목사가 아닌 사람이 주일예배 때 행한 설교로 설교집을, 그것도 빌립보서를 통째로 설교한 내용을 설교집으로 내는 것은 흔한 일이 아닙니다. 담임목사님의 안식월 7개월 동안 부족한 저를 믿고 강단을 맡겨 주신 데 몸 둘 바를 모르겠고, 또한 담임목사님의 암 수술과 회복 중에 지킨 강단이라 더욱 송구스러운 마음입니다. 주님과 교회에 진심으로 감사드립니다.

빌립보서는 4장으로 구성된 짧은 서신입니다. 복음의 진수를 담고 있다는 로마서도 당시 교회의 실상을 보여 주는 고린도서도 귀하지만, 그리스도인과 주님의 관계가 어떠해야 하는지, 또 그리스도인들이 서로 어떤 관계여야 하는지를 보여 주는 빌립보서는 참으로 소중합니다.

일반적으로 이야기되는 빌립보서의 주제는 다양합니다. 대표적으로 꼽히는 것이 '그리스도인의 기쁨'입니다. 이 서신에는 '기쁨'과 '기뻐하라'는 단어가 합하여 열여섯 번이나 나오기 때문입니다. 또한 이 서신의 주제를 '그리스도인의 겸손'이라고도 합니다. 자기를 비워 인간이 되어 오셨을 뿐 아니라 자기를 낮추어 십자가에서 죽기까지 순종하신 주님을 본받는 것이 마땅하다는 의미에서입니다. 그리고 또 하나, 이 서신의 주제를 '복음에 합당하게 사는 그리스도인'이라고 하기도 합니다. 빌립보에 사는 로마 시민권자였던 사람들이 로마의 가치관을 따라 산 것처럼, 그리스도인은 복음의 무게를 인정하고 복음을 가치 있게 여기며 살아야 하고, 복음에 어울리게 사는 사람들이어야 한다는 의미입니다.

이러한 것들뿐만 아니라 빌립보서는 '세상에 함몰되지 않는 그리스도인'이 어떤 모습인지를 아주 생생하게 보여 줍니다. 바울이 빌립보교회 사람들에게 "기뻐하고 기뻐하라"고 말할 때 그는 로마 왕궁이나 대부호의 저택에 있지 않았습니다. 비록 영어囹圄의 몸이었지만, 그를 에워싸고 있었던 것은 창살이 아니라 그가 가장 존귀하게 여겼던 그리스도 예수이셨습니다. 또한 풍부나 배부름이 그를 무너뜨리지 못했을 뿐만 아니라, 배고픔과 궁핍도 그를 함몰시키지 못했습니다. 그리스도 예수님은 바울에게 자족自足이 되셨습니다. 바울의 시대에만 세상이 그리스도인들을 함몰시키려 한 것이 아니라 오늘날도 마찬가지입니다. 이런 때에 세상 속에 살지만 영원에 잇대어진 삶을 누리고 싶습니다.

한편, 바울의 삶은 자기 스스로 '잡은 바 된 그것'과 '잡을 바 된 그것'을 향해 달려가던 인생이었습니다. 그래서 그는 자랑할 것이 많았고, 사람들이 부러워할 만한 인생길을 달려가고 있었습니다. 바울 자신도 스스로 그렇게 굳게 믿었습니다. 하지만 다메섹으로 향하던 그를 주님께서 만나 주셨습니다. 주님께 눈 뜨고 난 후 그는 그리스도 예수를 아는 지식이 가장 고상한 것임을 각인하게 되었고, 그의 삶은 '그리스도 예수께 잡힌 바 된 그것'을 잡으려고 달려가는 인생이 되었습니다. 그렇게 변화된 사도 바울을 본받아 저도 그리스도 예수께 잡힌 바 된 그것을 잡기 위해 달려가고 싶었습니다. 아니, 저도 사도 바울을 그렇게 변화시킨 주님의 은총을 덧입고 싶었습니다. 또한 모든 교우님들도 이러한 주님의 은총을 덧입는 복을 누리기를 바랐습니다. 그 소망이 저로 하여금 빌립보서를 설교하게 만들었습니다.

설교를 준비할 때 성경과 참고도서 그리고 컴퓨터만 있으면 되는 줄 알았습니다. 그런데 '티슈'도 필요하다는 것을 알게 되었습니다.

부족하고, 형편없고, 허물투성이임에도 말씀을 전하는 통로로 사용하여 주심이 감사해서 눈물이 흘렀고, 주신 말씀이 감격스러워서 눈물을 흘린 적이 한두 번이 아닙니다. 하지만 주님께서 그렇게 은총을 쏟아부어 주셨음에도 인간의 연약함과 부족함, 눌변으로 말씀을 전하고 난 뒤 눌림이 있었음도 사실입니다. 그렇지만 그런 눌림이 클 때마다 여러 교우님들께서 문자와 메일로 "오늘 말씀은 저를 향해 주시는 주님의 말씀이었습니다"라며 격려해 주셨습니다. 그것은 교우님들의 격려가 아니라 주님의 격려였습니다. 주님의 격려가 제 속사람을 더 강건하게 만들어 주었고, 제게 주어진 일을 더 잘 감당하게 만들어 주었습니다. 그래서 이 설교집 출간의 영광은 모두 주님께 돌려져야 마땅합니다. 주님께서 쓰시는 유능한 통로나 유명한 통로는 아니어도, 주님께서 쓰시기에 유익한 통로로 한평생 살아가고 싶습니다.

제가 주님의 통로로 쓰임 받을 수 있도록 제 부족한 부분과 남편과 아빠의 빈자리를 기꺼이 메워 준 더 사랑스러운 아내와, 속사람이 건강하게 자라고 있는 두 아들에게 마음 깊은 곳에서 감사를 전합니다.

2015년 4월

7

차례

1 2

서문 • 5

빌립보서
3장 1-9절

빌립보서
3장 10-16절

1. 예수로 자랑하고
빌 3:1-3 • 13

5. 알고자 하여
빌 3:10-12 • 75

2. 내 주 그리스도 예수
빌 3:4-9 • 28

6. 잡힌바 된 그것
빌 3:10-12 • 89

3. 가장 고상하기 때문이라
빌 3:4-9 • 42

7. 오직 한 일
빌 3:12-16 • 103

4. 하나님께로부터 난 의
빌 3:7-9 • 56

8. 그대로 행할 것이라
빌 3:12-16 • 117

3   4   5

빌립보서
3장 17-21절

빌립보서
4장 1-9절

빌립보서
4장 10-23절

9. 나를 본받으라
빌 3:17-21 ● 135

10. 눈물을 흘리며 말하노니
빌 3:17-21 ● 149

11. 시민권은 하늘에 있는지라
빌 3:17-21 ● 163

12. 주 예수 그리스도를 기다리노니
성령강림주일
빌 3:17-21 ● 176

13. 주 안에 서라
빌 4:1-5 ● 191

14. 같은 마음을 품으라
빌 4:1-5 ● 204

15. 나와 멍에를 같이한
빌 4:1-5 ● 218

16. 주 안에서 기뻐하라
빌 4:1-5 ● 233

17. 너희 관용을 알게 하라
빌 4:4-9 ● 249

18. 아무것도 염려하지 말고
빌 4:4-9 ● 264

19. 마음과 생각을 지키시리라
빌 4:4-9 ● 279

20. 이것들을 생각하라
100주년기념교회 창립 8주년 기념주일
빌 4:4-9 ● 293

21. 일체의 비결을 배웠노라
빌 4:10-13 ● 309

22. 내게 능력 주시는 자 안에서
빌 4:10-13 ● 322

23. 하나님을 기쁘시게
빌 4:14-20 ● 336

24. 나의 하나님…… 우리 아버지
빌 4:14-20 ● 351

25. 가이사의 집 사람들 중 몇
빌 4:21-23 ● 365

26. 은혜가 너희 심령에
빌 4:21-23 ● 380

1

빌립보서
3 장 1 – 9 절

1 끝으로 나의 형제들아 주 안에서 기뻐하라 너희에게 같은 말을 쓰는 것이 내게는 수고로움이 없고 너희에게는 안전하니라 2 개들을 삼가고 행악하는 자들을 삼가고 몸을 상해하는 일을 삼가라 3 하나님의 성령으로 봉사하며 그리스도 예수로 자랑하고 육체를 신뢰하지 아니하는 우리가 곧 할례파라 4 그러나 나도 육체를 신뢰할 만하며 만일 누구든지 다른 이가 육체를 신뢰할 것이 있는 줄로 생각하면 나는 더욱 그러하리니 5 나는 팔일 만에 할례를 받고 이스라엘 족속이요 베냐민 지파요 히브리인 중의 히브리인이요 율법으로는 바리새인이요 6 열심으로는 교회를 박해하고 율법의 의로는 흠이 없는 자라 7 그러나 무엇이든지 내게 유익하던 것을 내가 그리스도를 위하여 다 해로 여길뿐더러 8 또한 모든 것을 해로 여김은 내 주 그리스도 예수를 아는 지식이 가장 고상하기 때문이라 내가 그를 위하여 모든 것을 잃어버리고 배설물로 여김은 그리스도를 얻고 9 그 안에서 발견되려 함이니 내가 가진 의는 율법에서 난 것이 아니요 오직 그리스도를 믿음으로 말미암은 것이니 곧 믿음으로 하나님께로부터 난 의라

01 예수로 자랑하고

은혜를 만끽하는 비결

맥스 루케이도가 쓴 《은혜를 만끽하는 비결 *In The Grip Of Grace*》이라는 책에 이런 이야기가 있습니다.

옛날 어느 산성에 다섯 형제가 아버지를 모시고 살고 있었습니다. 장남은 아버지 말씀을 잘 들었지만 나머지 형제들은 그렇지 않았습니다. 아버지는 늘 아들들에게 강물에 떠내려가지 않도록 강가에서 놀지 말라고 했습니다. 때로는 엄하게, 또 때로는 간곡하게 말했지만 아들들은 강에 가고 싶은 마음을 떨쳐 버릴 수 없었습니다.

네 아들은 매일 강가로 조금씩 조금씩 더 가까이 나아갔습니다. 어느 날 한 아들이 강물을 손으로 만지려고 했습니다. "강에 빠지지 않도록 내 손을 꼭 잡아 줘." 다른 세 아들은 그의 손을 붙잡았습니다. 그러나 그가 강물에 손을 넣자마자 강한 물살은 네 아들을 모두 삼켜 버렸습니다.

그들은 물살에 떠내려가면서 바위를 넘고 계곡을 지났습니다. 힘을 다해서 구조를 청했지만 물소리 때문에 잘 들리지 않았습니다. 헤엄쳐서 강 밖으로 나오려 했지만 물살이 워낙 세서 나올 수 없었습니다. 결국 강물에 몸을 맡길 수밖에 없었고, 마침내 그들은 낯선 강 하류의 제방까지 밀려오고 말았습니다.

그곳은 고향과는 아득히 멀리 떨어져 있었고, 원주민들이 살고 있었습니다. 바람이 세차게 불었고, 자기들이 살던 곳과는 비교할 수 없을 정도로 형편없었습니다. 네 아들은 자신들이 어디 와 있는지 몰랐지만, 한 가지 분명한 것은 그들 중에 누구도 그런 곳에 오리라고는 꿈에도 생각하지 않았다는 것이었습니다.

그들은 용기를 내어 강을 거슬러 올라가려고 강으로 들어갔습니다. 하지만 물살이 너무 세서 강을 거슬러 헤엄치는 것은 불가능했습니다. 강 가장자리로 올라가려 했지만 지형이 너무 험해서 쉽지 않았습니다. 산으로 올라가려고도 해보았지만 산은 너무 높았고, 길도 몰랐습니다.

결국 그들은 강가에 불을 피우고 둘러앉았습니다.

"아버지 말씀에 순종해야 했어. 우리는 집에서 너무 멀리 왔어."

그들은 모두 공감했습니다.

시간이 지나자 그들은 낯선 땅에서 살아남는 방법을 궁리하기 시작했습니다. 주변의 나무 열매를 따먹고, 풀을 뜯어 먹었습니다. 동물을 잡아 가죽으로 옷을 만들었습니다. 그러면서도 고향 땅을 잊지 않고, 돌아갈 희망을 버리지 않으려고 낮에는 일하고 밤에는 불가에 앉아서 아버지와 큰형에 대한 이야기를 나

이것들을 생각하라

누었습니다.

그러던 어느 날 밤, 둘째 형이 불가에 나타나지 않았습니다. 그 다음 날 나머지 세 형제는 둘째 형이 미개인들과 계곡에 함께 있는 것을 발견했습니다. 그는 풀과 진흙으로 오두막을 짓고 있었습니다.

"이제 나는 이야기만 하는 것에는 질렸어. 지난 일은 기억해 봐야 소용이 없어. 그리고 이곳은 그렇게 나쁜 땅이 아니야. 나는 커다란 집을 짓고 여기 정착하겠어"라고 둘째 형이 말했습니다.

"하지만 여기는 우리가 살던 곳이 아니야"라며 나머지 형제들은 모두 반대했습니다.

"이곳은 원래 고향은 아니지만 옛날 집을 잊어버리면 새로운 고향이 될 수 있어"라고 둘째 형이 답했습니다.

"아버지는 어떻게 하고?" 세 동생들은 되물었습니다.

"아버지라니? 그분은 여기 없어. 언제까지 시간을 허비하며 기다릴 거야? 난 새로운 친구들도 사귀고 있어. 이젠 아버지가 오신대도 따라가지 않을 거야." 둘째 형은 단호하게 말했습니다.

하는 수 없이 나머지 세 형제는 그냥 돌아왔습니다. 그러고는 아버지 집으로 돌아갈 것을 꿈꾸며 이야기를 나누었습니다.

어느 날, 셋째 형도 불가에 보이지 않았습니다. 다음 날 아침 두 아들은 셋째 형이 산허리에서 둘째 형의 오두막을 바라보고 있다는 것을 알았습니다.

"둘째 형은 완전히 실패자야. 우리 집안의 치욕거리야. 오두막을 짓고 아버지에 대한 기억을 지워 버리겠다고?"

"둘째 형이 잘못 생각하고 있기는 하지만 우리도 잘한 것은 아니잖아? 우리도 아버지 말씀을 어겼어."

두 동생이 말했습니다.

"한두 가지 실수는 했어도, 둘째 형에 비하면 우리는 성자聖者나 마찬가지야. 나는 여기서 형을 감시할 거야. 형의 잘못된 행동을 자세히 적어 두었다가 나중에 아버지께 전부 말씀드릴 거야."

하는 수 없이 두 아들만 돌아와 불가에 앉아서 서로를 격려하며 집 이야기를 나누었습니다. 어느 날 아침, 잠자리에서 일어난 막내는 혼자 남아 있다는 사실을 알았습니다. 넷째 형을 찾으러 갔더니 강에서 바위를 쌓고 있었습니다.

"기다리고 있는 건 아무 소용없는 일이야. 나는 아버지께 큰 죄를 범했어. 나는 길을 만들어 아버지께로 돌아가겠어. 내가 열심히 일한다면 아버지께서는 나를 집 안으로 맞이해 주실 거야"라고 넷째 형이 말했습니다. 이제는 막내 혼자밖에 없었습니다. 그러나 무엇을 해야 할지 몰랐습니다.

그러던 어느 날 아침, 막내는 귀에 익은 음성을 듣게 되었습니다. "아버지가 너희를 집으로 데려오라고 나를 보내셨다." 첫째 형의 목소리였습니다.

막내는 "큰형, 와주었구나!"라며 형을 꼭 껴안았습니다. 첫째는 나머지 동생들도 찾으러 갔습니다. 둘째가 있는 오두막으로 갔더니 둘째는 형을 보자마자 소리를 질렀습니다. "다가오지 마! 형은 나를 데리러 온 게 아니라 내 집을 빼앗으려고 온 거야."

이것들을 생각하라

"이건 오두막일 뿐이야. 아버지가 계신 훌륭한 집이 기억나지 않니?"

"나는 아버지가 없어!"

잠시 후 원주민들이 왔습니다. 둘째는 형의 말보다 원주민들의 말을 더욱 신뢰했습니다. 결국 둘째는 원주민들의 말을 듣고 형을 쫓아내고 말았습니다.

첫째는 셋째를 찾으러 나섰습니다. 그는 여전히 둘째를 감시하고 있었습니다. "형도 여기 와서 둘째 형을 지켜보라구. 내가 형의 잘못을 다 적어 놓았어. 아버지께 보여 드리면 아버지도 몹시 화를 내실 거야."

첫째는 부드러운 어조로 말했습니다. "먼저 네 죄들을 살펴볼 필요가 있어."

"내 죄라니?"

"너는 아버지 말씀에 순종하지 않았어."

"난 아무것도 아냐. 둘째 형은 죄짓기에 정신이 없어."

셋째도 아버지 집으로 돌아가려 하지 않았습니다.

첫째는 강가를 가다가 넷째를 발견했습니다.

"아버지께서 너희를 데려오라고 나를 보내셨다."

"아냐. 나는 내 힘으로 아버지께 가는 길을 만들 거야. 아버지께서도 그걸 기뻐하실 거야."

"아버지는 이미 너희를 용서하셨어. 네 생각보다 강은 상상할 수 없을 정도로 길어. 너는 네가 하는 일을 결코 완성할 수 없어."

"내가 완성하지 못한다고? 벌써 다섯 걸음이나 완성했어."

"하지만 너는 앞으로 800킬로미터는 더 가야 해."

넷째는 형을 노려보았습니다. "당신은 내 형이 아니야, 당신은 악마야. 당신은 내가 아버지께 가려는 거룩한 일을 막으려는 악마가 틀림없어"라며 형에게 돌을 던졌습니다.

불가에 앉아 있던 막내는 돌아온 첫째 형에게 말했습니다.

"다른 형들은 가지 않겠대?"

"응, 둘째는 이곳 생활에 푹 빠져 있고, 셋째는 둘째를 정죄하고 있고, 넷째는 자기 열심에 빠져 있어. 모두 아버지께 돌아가는 길을 잃어버렸어. 너라도 아버지께 돌아갈 거지?"

"아버지가 날 용서하실까?"

"용서하지 않으셨으면 나를 보내셨겠니?"

결국 막내만 장남의 등에 업혀 집으로 돌아가는 여행길에 올랐습니다.

첫째와 막내는 누구를 의미하는지 금방 이해가 되실 것입니다. 예수 그리스도와 그리스도인들입니다. 둘째는 세속적 가치관과 자기 욕망에 사로잡혀 정신없이 살아가는 사람들을 의미하고, 셋째는 율법주의에 빠져 다른 사람을 정죄하기에 여념이 없는 사람들을, 넷째는 하나님의 은혜보다 자기 열심을 삶의 근거로 살아가는 사람들을 나타냅니다. 둘째, 셋째, 넷째의 공통점은 자기 자신을 인생의 주인으로 삼고 있는 사람들이라는 것입니다. 그들은 뭔가에 열중하며 살아가지만—물론 열심히 사는 것은 중요하지만—하나님의 뜻과는 상관없이 열심히 사는 사람들입니다.

이것들을 생각하라

주 안에서 기뻐할 수 있으려면

세상 사람들은 두 부류로 나눌 수 있습니다. 자기 자신이나 세상에 집중하며 살아가는 사람과 하나님께 집중하며 살아가는 사람입니다. 오늘 본문에는 그 두 부류의 사람들이 극명하게 나타나고 있습니다. 1절 상반절이 이렇게 증거합니다.

■ 끝으로 나의 형제들아 주 안에서 기뻐하라

'끝으로'는 '결론적으로', '마지막으로'의 의미지만, 바울서신에서는 새로운 주제를 소개할 때 자주 쓰이곤 합니다. 그래서 '끝으로'는 '더 나아가서'나 '그 외에는'이라고 번역할 수 있습니다. 바울은 지금까지 자기 이야기를 하다가 빌립보교회에 관한 것으로 화제를 바꾸어 빌립보교회 사람들에게 '기뻐하라'고 권면하고 있습니다. 이것이 빌립보서에서 가장 중요한 말 중의 하나입니다.

빌립보서의 주제는 '그리스도 안에서 누리는 기쁨'입니다. 이 기쁨은 세상적인 가치관으로 모든 것이 충족된 데서 오는 것이 아니라, 환경을 넘어서 주어지는 것입니다. 이 편지를 보낸 바울 역시 표면적으로는 죄수라 기뻐할 수 없는 처지지만, 그는 로마에 매여 있지 않고 그리스도에게 매여 있음으로 참기쁨을 누리는 진정한 자유자임을 보여 줍니다.

TV 드라마나 영화가 재미있으려면 주연 배우가 누구인지보다 본 줄거리가 얼마나 탄탄하고 긴박한지가 더 중요합니다. 부차적 줄거리도 좋아야 합니다. 그래서 인기 있는 TV 드라마나 영화를 떠올려 보면, 긴박하게 이어지는 본 줄거리와 약간의 여유를 주는 코믹한 부차적 줄거리가 있습니다. 그 두 줄거리가 절묘하게 엮여 갈 때 시청자들과 관객들에게 카타르시스를 줍니다.

빌립보서에서는 '주 안에서 기뻐하라'가 본 줄거리이고, 나머지가 부차적 줄거리입니다. 그래서 빌립보서는 네 장에 불과하지만 '기쁨'이나 '기뻐하라'는 말이 열여섯 번이나 나옵니다.

그런데 '주 안에서 기뻐하라'는 '명령형'입니다. 누군가가 우리에게 다가와서 "웃어!"라고 명령하면 웃겠습니까? 아마 웃다가도 그칠 것입니다.

일반적인 개념으로 기뻐하는 것은 외적 조건에 대한 내적인 반응입니다. 웃기는 내용을 보거나 들어야 웃음이 나옵니다. 제가 아무 일도 없는데 웃으면 사람들은 이상하게 생각할 것입니다. 바울은 그럼에도 '기뻐하라'고 합니다. 그것은, 우리의 기쁨은 환경이 만들어 주는 것이 아니라 우리 안에서 만들어지기 때문입니다.

물론 그렇다고 해서 우리의 감정을 조작해서 기뻐하려는 것은 바른 자세가 아닙니다. 아침마다 거울을 보며 "기뻐하자!"고 다짐한다고 해서 기쁘게 되는 것은 아닙니다. 찬양을 반복해서 불러 자기감정을 자극하는 것도 바르지 않습니다. 과거 부흥회에서 많이 부르던 찬송이 "빈들에 마른 풀같이 시들은 나의 영혼……"으로 시작하는 183장입니다. 이 찬송은 메트로놈 수치가 60이므로 가사를 음미하면서 느리게 불러야 합니다. 그런데 부흥회에서는 얼마나 빨리 부르게 했는지, 거의 이성이 마비될 정도였습니다. 노래를 아주 빠르게 부르며, 큰 소리로 웃거나 미소짓는다 해도 그것은 성경이 말하는 기쁨이 아닙니다.

우리가 주 안에서 기뻐할 수 있으려면 자신이 어떤 존재인지를 바르게 인식하고, 지금의 모습이 되기까지 얼마나 하나님께서 애쓰셨는지 깨달아야 합니다.

저를 예로 들어 말씀드리면 이렇습니다. 드디어 담임목사님께서 7개월간의 안식월을 마치고 강단으로 복귀하셔서 다시 설교하시게 됩니다. 이 기간 동안 고생은 제가 아니라 하나님께서 하셨습니다. 하나님께서 저 같은 인간을 데리고 일하시느라 참 많이 참아 주셨습니다. 진심입니다. 제가 저를 생각해도 한심하기 짝이 없습니다. 그런 저를 통해 하나님께서 일하시는 것이 정말 답답하셨을 것입니다. 그렇기 때문에 하나님께서 저 같은 인간을 불러 주시고 써주신다는 것이 제게는 엄청난 기쁨이고 감격입니다.

그래서 바울은 그냥 "기뻐하라"고 하지 않고 "주 안에서 기뻐하라"고 합니다. 우리에게 영원한 기쁨을 주시는 분이 계시기 때문입니다.

고등학생 자녀가 학비를 벌겠다고 방과 후 편의점이나 주유소에서 아르바이트를 하면 뭐라고 하시겠습니까? 아주 가난한 집안이 아니라면 "너는 공부나 열심히 해"라고 할 것입니다. 그 의미는 '학비는 부모가 책임지는 것이야'입니다. 그래서 "주 안에서 기뻐하라"는 명령은 "기쁨은 주님께서 책임지신다"라는 의미입니다. 주님께서 우리에게 주시는 기쁨은 우리를 영원히 실망시키지 않습니다. 그 기쁨을 주시는 분이 영원하신 분이기 때문입니다. 우리 주위가 아무리 우리를 짓누르는 것으로 둘러싸여 있을지라도 기쁨을 앗아가지 못합니다. 지나온 날들을 곰곰이 생각해 보십시오. 그리고 생의 순간순간마다 주님께서 나를 위해 하신 일이 무엇인지 생각해 보십시오. 입가에 미소가 돌지 않습니까? 마음 깊은 곳에서 감사의 물결이 밀려오지 않습니까?

1절 하반절-2절이 이렇게 증거합니다.

너희에게 같은 말을 쓰는 것이 내게는 수고로움이 없고 너희에
게는 안전하니라 개들을 삼가고 행악하는 자들을 삼가고 몸을
상해하는 일을 삼가라

초대교회를 흔든 대표적인 두 이단 사상은 영지주의와 율법주의였습
니다. 영지주의는 영은 선하지만 물질은 악하다고 여겼기 때문에 예수님
의 인간 되심을 부인했고, 율법주의는 믿음을 통해서는 구원을 얻을 수
없고 행위가 더해져야 구원에 이를 수 있다고 주장했습니다. 빌립보교
회도 예외가 아니었습니다. 2절부터 21절까지는 율법주의자들을 조심하
라는 권면입니다.

바울은 이번이 처음으로 권면하는 것이 아니라 이전에도 여러 번 권면
했던 것으로 보입니다. 그래서 '여러분의 안전을 위해 성가시게 생각하
지 않고 같은 이야기를 반복해서 보낸다'고 합니다.

'개', '행악하는 자', '몸을 상해하는 자'는 모두 율법주의자들을 지칭하
는 말입니다. 2절을 '개들과 행악하는 자들과 몸을 상해하는 일을 삼가
라'고 표현해도 되는데 바울은 '삼가라'는 명령을 세 번 반복해서 하고 있
습니다. 그만큼 율법주의자들을 조심하라는 의미입니다.

성경에서 '개'라는 말은 자신이 말하면 겸손의 표현이지만, 다른 사람
이 말하면 경멸을 뜻합니다. 고대 근동지방에서 개들은 주인 없이 무리
지어 다니다 쓰레기 더미를 뒤지기도 하고, 여행자들을 공격하기도 했습
니다. 유대인들은 이방인들을 '개'라고 부르기도 했습니다. 그런데 바울
은 율법주의자들을 향해 '개'라고 합니다. 바울이 유대인을 개라고 한 것
은 아주 심한 표현입니다. 그래서 바울의 이 편지 내용은 "유대인들이 너
희를 '개와 같은 존재'로 취급하지? 실은 너희가 그런 존재가 아니라 너희

이것들을 생각하라

에게 거짓 복음을 전하는 사람이 그런 존재야"라고 말하는 것입니다.

율법주의자들은 '행악하는 사람들'이 구원을 얻기 위해서는 인간의 공로가 필수적이라고 가르쳤습니다. 그래서 바른 가르침을 혼탁하게 만들고 사람들을 미로에 빠뜨렸습니다. 잘못된 가르침은 총이나 칼보다 훨씬 무섭습니다. 총칼은 몇 명에게 해를 입히지만, 그릇된 사상은 한 사회, 한 민족을 그릇되게 만들 수 있기 때문입니다.

'몸을 상해하는 일'과 '할례파'라는 헬라어 단어는 어근이 같습니다. 할례circumcision가 헬라어로 '페리토메peritomē'인데, '몸을 상하게 하는 일coccision'은 '카타토메katatomē'입니다. 레위기에는 죽은 사람 때문에 몸에 상처를 내지 말라고 되어 있습니다. 그래서 지금 바울은, 율법주의자들은 자신이 할례 받은 것을 자랑하고 있지만 그것은 몸에 하나님께서 금하신 칼자국을 낸 것에 불과하다고 경고하는 것입니다.

율법주의자들은 하나님의 은혜를 가볍게 여기고 자신의 행위를 무겁게 여김으로, '주 안에서 기뻐하라'가 아니라 '네 행위로 기뻐하라'고 부추깁니다. 또한 과거나 지금이나 사상이 이단적인 사람들은 언제나 교회 밖에 있지 않고 교회 안으로 들어와서 사람들을 영적으로 혼란스럽게 만듭니다.

우리의 행위에 인생을 얹지 않고 무엇에 우리를 맡겨야 하는지를 3절이 이렇게 증거합니다.

■ 하나님의 성령으로 봉사하며 그리스도 예수로 자랑하고 육체를 신뢰하지 아니하는 우리가 곧 할례파라

진정한 할례파로 사는 사람들의 세 가지 특징에 대해 말합니다.

첫째, 하나님의 성령으로 봉사합니다. '봉사하다'라는 단어가 '라트류오latreuō'인데 이것은 '예배드리다', '하나님을 섬기다'라는 뜻입니다. 예수님께서 공생애를 시작하시며 40일 금식을 마쳤을 때, 사탄이 찾아와서 천하만국의 영광을 보여 주며 자신에게 엎드려 경배하면 모든 것을 주겠다고 했습니다. 그때 주님께서 말씀하셨습니다. 누가복음 4장 8절이 이렇게 증거합니다.

■　　예수께서 대답하여 이르시되 기록된 바 주 너의 하나님께 경배하고 다만 그를 섬기라 하였느니라

'섬기다'는 '봉사하다'와 같은 단어입니다. 우리가 어떤 그리스도인인지 확인하는 리트머스 시험지가 '예배에 대한 태도'입니다. 예배드리는 것은 자기 만족이 목적이 아니라 자기 항복이고 자기 부인입니다. 예배를 통해 항복이 있고 자기 부인이 있을 때, 비로소 하나님과 하나님의 사람들을 중심으로 바르게 섬길 수 있습니다.

또한 그 예배와 섬김은 반드시 성령님 안에서 이루어질 때, 처음부터 끝까지 바르게 나아갈 수 있습니다. 그렇지 못할 때는 율법주의자처럼 자신의 의를 드러내기 쉽습니다.

둘째, 그리스도 예수로 자랑합니다. 이것은 마음 한가운데 자리 잡고 계신 예수 그리스도를 온 삶으로 드러낸다는 의미입니다.

두 사람이 부부가 되려면 주민센터에 가서 혼인신고를 하면 됩니다. 그럼에도 가족들과 여러 사람 앞에서 결혼식을 합니다. 그것은 내가 결혼하는 배우자가 자랑스럽다는 의미입니다.

진정한 할례자는 자기 자신이나 자신의 업적을 자랑하지 않고 예수 그

리스도를 자랑합니다.

지난주에 살폈던 에바브로디도는 자신에게 죽음의 그림자가 드리웠을지라도 예수 그리스도에게 자신의 인생을 전부 던짐으로 그리스도를 자랑했습니다.

바울도 본래 예수 그리스도에 적대적이었습니다. 그래서 그리스도인들을 잡아들이는 일이라면 원근을 가리지 않고 다녔습니다. 그러나 예수 그리스도께서는 자신과 같은 악질도 사랑하셔서 직접 찾아와 주시고, 당신의 사도로 삼아 주기까지 하셨습니다. 그래서 바울도 자신이 어떻게 살아야 하는지에 대해 에바브로디도와 동일하게 말합니다. "나를 사랑하사 자기 몸 버리신 예수 위해 산 것이라."

나를 위해 주님께서 베풀어 주신 은총은 생각만 해도 가슴이 미어질 정도로 감동적이지 않습니까? 그래서 바울은 이렇게 고백합니다. 갈라디아서 6장 14절입니다.

■   그러나 내게는 우리 주 예수 그리스도의 십자가 외에 결코 자랑
    할 것이 없으니 그리스도로 말미암아 세상이 나를 대하여 십자
    가에 못박히고 내가 또한 세상을 대하여 그러하니라

자신의 자랑은 오직 예수 그리스도의 십자가라고 합니다. 세상이 자신을 아무리 따돌린다 할지라도 그것은 아무런 문제가 없고, 세상이 자기를 지지해 주고 높여 주어도 그리스도께 외면당하면 그것이 가장 큰 문제라는 것입니다.

셋째, 육체를 신뢰하지 아니합니다. 이것은 4절 이하에 상세히 나옵니다. 바울은 육체를 자랑할 만한 것이 많았습니다. 지금으로 하면 그는

엄친아 중에서도 엄친아였습니다. 그러나 자신이 타고난 것과 애써 이룬 것 모두 그리스도에 비하니 태양빛 아래 있는 촛불보다 못한 것이었습니다.

우리는 모두 세속의 강물에 흘러가 아버지와 아버지의 집을 의식하지도 못하고 좀더 높고 넓은 오두막에서 살다가 끝나는 존재라 여기고 있었습니다. 그런 우리를 버려두지 않으시고, 예수 그리스도께서 우리를 업고 가기 위해 인간이 되어 오셔서 십자가에서 대속의 피를 흘려 주셨습니다.

우리가 우리를 신뢰하지 않고, 성령님 안에서 하나님께 예배드리며 섬기며, 오직 예수 그리스도만을 자랑하게 된다면, 우리를 통해 구멍 난 우리 가정이 온전해질 것이며, 허물어진 한국 교회가 다시 세워지는 은총을 맛보게 될 것입니다.

담임목사님의 7개월 안식월 동안 강단에서 섬길 수 있었던 것은 제게 특별한 은총의 기간이었음을 고백드리며, 진심으로 하나님과 성도님들께 감사드립니다.

하나님 아버지!
오늘 말씀을 통해 우리가 어떻게 예배드리고 봉사해야 하는지, 무엇을 자랑해야 하는지, 무엇을 신뢰하지 않아야 하는지 일깨워 주셔서 감사합니다.
신앙의 연륜이 길어지고 교회를 드나드는 횟수가 늘어나면서, 생각으로는 하나님과 깊이 교제를 나누겠다고 하지만 실상은 형식화되어 있는 자신의 모습을 보고 놀랄 때가 종종 있음을 고

이것들을 생각하라

백합니다. 그럼에도 때에 따라 돕는 은혜를 베풀어 주시며 늘 은혜의 보좌 앞에 담대히 나아가게 하심으로 우리의 신앙이 조금씩이라도 성장하고 성숙할 수 있었음에 감사합니다.

예수님께서 우리를 위해, 아니, 나를 위해 행하신 일들을 생각하면 가슴이 미어지고, 그것이 평생의 자랑이 되어야 함을 알고 있으면서도 자기 자랑을 일삼을 때가 얼마나 많은지 모릅니다. 우리의 욕심과 과시욕을 십자가에 못박는 용기를 주시고, '내게는 우리 주 예수 그리스도의 십자가 외에는 결코 자랑할 것이 없다'는 바울의 고백이 우리의 고백이 되게 하여 주옵소서. 향나무는 어디를 자르든 향나무의 향기를 발하는 것처럼, 우리 인생의 어느 면을 잘라도 그리스도의 향기가 나게 하여 주옵소서.

지난 7개월 동안 말씀을 전하는 자는 부족하고 형편없어도 하나님의 말씀이 생명과 진리이기에 유한한 생명이 아니라 영원한 생명을 소망할 수 있도록 은총을 베풀어 주시고, 진리가 진리로 깨달아지는 역사를 보게 해주셔서 감사합니다. 다음 주부터 담임목사님을 통해 하나님의 말씀이 전해질 때, 이전과 비교되지 않는 은총과 역사가 넘쳐남으로 우리 모두가 오직 예수 그리스도를 삶으로 자랑하게 하옵소서. 예수님의 이름으로 기도드립니다.

아멘.

---

* 2011년 1월 30일부터 시작된 빌립보서 설교는 그해 8월 28일까지 계속되었으며, 그 가운데 이 설교집의 1권에 수록된 것이 8월 21일까지 설교한 내용이다. 다음 설교는 2012년 1월 22일부터 이어졌다. ─편집자

내 주
그리스도 예수

스토리와 스펙

현대인, 특히 젊은이들에게 최고의 화두 중의 하나가 '스펙'입니다. 이 단어는 영어 단어 'specification'의 줄임말로, 본래는 기계나 시스템의 여러 성능을 의미하지만 지금은 취업 준비생들이 갖추어야 할 목록으로 더 자주 쓰입니다. 많은 사람들이 더 좋은 스펙을 위해 불철주야 동분서주합니다. 그래서 다른 사람이 갖지 아니하거나 다른 사람보다 나아 보이는 스펙을 갖추었을 때 미소를 짓습니다. 취업에 꼭 필요한 '스펙 6종 세트'가 있다고 하는데, 그것은 학력, 학점, 토익점수, 인턴십, 자격증, 봉사활동이라고 합니다. 여기에 한 가지를 더해서 7종 세트를 만들기도 합니다. 그 한 가지는 '성형수술'입니다. 그것도 부족해서 교환학생 경험, 각종 수상 경력 등을 더하기도 합니다. 그러나 스펙이 결코 나를 바르게 만들지 못합니다.

이것들을 생각하라

《스토리가 스펙을 이긴다》라는 책이 있습니다. 그 책 앞부분에 두바이의 7성급 호텔과 마닐라 호텔에 관한 이야기가 있습니다. 저자가 두바이로 출장 갔다가 관광버스로 반나절 시티투어를 했습니다. 버스에는 20명 정도의 관광객이 타고 있었는데, 세계 각국에서 온 이들은 대부분 두바이가 초행이었습니다.

가이드는 약간 흥분된 목소리로 안내했습니다. "지금 여러분 왼쪽에 보이는 것은 세계 최초의 자기부상열차입니다. 1시 방향을 보십시오. 세계 최대의 쇼핑몰입니다……." 가이드는 '세계 최고', '세계 최대', '세계 최초'라는 단어를 연발하며 설명했습니다. 관광객들은 탄성을 지르며, 좁은 버스 창문으로 조금이라도 더 자세히 보려고 안달이었습니다.

그러나 시간이 지날수록 관광객들은 세계 최고, 세계 최대라는 가이드의 말에 무감각해지기 시작했습니다. 마침내 자칭 타칭 세계 유일의 7성급 호텔이라 불리는 버즈알아랍 호텔이 관광객들의 시야에 들어왔습니다. 가이드는 그 호텔이 세계 최첨단 기술과 최고의 화려함을 갖추었다고 설명했지만 관광객들은 별다른 반응을 보이지 않았습니다.

최고, 최대는 하나밖에 존재할 수 없기 때문에 그것은 언제나 바뀔 수밖에 없습니다. 한때 '63빌딩'이 우리나라 최고最高의 건물이었지만 그것이 최고의 자리를 넘겨 준 지도 오래되었고, 세월이 지날수록 빌딩 높이의 순위는 점점 내려가게 될 것입니다. 두바이에는 세계에서 가장 높은 빌딩과 가장 높은 호텔이 있습니다. 사막에 지은 실내 스키장도 있습니다. 그러나 그것이 두바이를 두바이답게 만들어 주는 것은 아닙니다. 최근 경제뉴스에 의하면 국제신용평가회사들은 두바이의 대형 국영기업들에 대해 기업이나 국가가 빌려온 돈의 이자나 원금을 계약대로 갚지 못하는 '디폴트'(채무불이행)의 위험을 경고하고 있습니다.

《스토리가 스펙을 이긴다》의 저자가 두바이를 다녀오고 몇 달 뒤 필리핀 마닐라로 출장을 갔습니다. 숙소가 '마닐라 호텔'이었는데, 그곳은 이전에 투숙한 적도 없음은 물론 이름도 처음 듣는 호텔이었습니다. 도착해서 짐을 풀고 숙소 안을 둘러보다가 테이블 위에 놓인 조그만 책갈피를 발견했습니다. 거기에는 이렇게 적혀 있었습니다. "It's a good story if it is like the Manila hotel"(만약 마닐라 호텔과 같다면 그것은 좋은 이야기입니다). 이 문구는 '좋은 소설이 무엇이냐'는 기자들의 질문에 소설가 헤밍웨이가 한 답변입니다.

100여 년 전에 세워진 마닐라 호텔은 아이젠하워 미국 대통령, 비틀즈, 영화배우 존 웨인, 정치인 로버트 케네디 등 많은 명사들이 묵은 곳입니다. 비록 건물 여기저기 전쟁의 상흔傷痕도 있고, 세월의 무게로 많이 낡았지만, 그 호텔에는 그 호텔만의 정서와 역사가 있어서 세계 각국의 여행자들을 불러 모은다고 합니다. 필리핀의 전통적인 인테리어와 민속의상을 입은 직원들이 그곳에서만 누릴 수 있는 멋진 스토리를 제공하여 투숙객들로 하여금 '나도 여기서 헤밍웨이처럼 글을 쓰거나 책을 읽어 볼까'라는 생각을 하게 만든다는 것입니다.

두바이의 버즈알아랍 호텔이 최고·최대의 호텔이라면, 마닐라 호텔은 유일한 호텔입니다. '최고'와 '최대'는 시간이 지나면 그 타이틀을 잃게 됩니다. 현대 기술과 자본은 언제나 더 높은 것,

이것들을 생각하라

더 큰 것을 만들어 내려 하기 때문입니다. 그러나 '유일함'은 시간이 지나도 그 타이틀을 잃지 않습니다. 오히려 시간이 지날수록 유일함은 빛을 발합니다. 그래서 최고와 최대를 추구하는 스펙은 유일함을 추구하는 스토리를 이길 수 없습니다.

스토리의 사람이 된 스펙의 사람

오늘 본문은 '스펙의 사람'이 된 것을 그토록 자랑스럽게 여기던 바울이 어떻게 '스토리의 사람'이 되었는지를 증거합니다.

대부분의 초대교회가 그러했듯 빌립보교회에도 거짓 교사들이 있었습니다. 그들은 '율법주의자들'이었습니다. 구원을 얻기 위해서는 그리스도를 믿는 것만으로는 부족하고, 거기에다 율법을 지키는 것을 더해야 한다고 가르쳤습니다. 율법을 잘 지키는 것은 유대인들이 갖는 최고의 스펙 중의 하나였습니다. 그래서 바울은 빌립보교회에도 율법을 지키는 것은 구원을 얻은 사람들의 마땅한 도리이기 때문이지 구원을 얻기 위한 조건이 아니라고 여러 번 편지를 써야 했습니다. 그리고 '진정한 할례파'는 어떠해야 하는지 3절이 증거합니다.

■ 하나님의 성령으로 봉사하며 그리스도 예수로 자랑하고 육체를 신뢰하지 아니하는 우리가 곧 할례파라

진정한 할례파로 사는 사람들은 '하나님의 성령으로 봉사'합니다. '봉사하다'는 '예배드리다', '하나님을 섬기다'라는 의미입니다. 그래서 우리가 하나님께 드리는 최고의 봉사는 하나님께 바르게 예배드리는 것입니

다. 예배드림을 통해 자기 부인이 없을 때 봉사는 자기 증명이거나 자기
과시로 나아가기 때문입니다.

또한 진정한 할례파는 자기 자신이나 세속적인 것을 자랑하지 않고 '그
리스도 예수를 자랑'합니다. 내가 무엇을 이룬 것이 자랑이 아니라, 형편
없는 나로 하여금 그러한 일을 이룰 수 있도록 은총을 베풀어 주신 주님
이 자랑스러운 것입니다. 그래서 자랑이 자신에게 있는지, 주님께 있는
지 확인하는 것은 우리 신앙의 정도를 확인하는 시금석과 같습니다.

그리고 진정한 할례파는 '육체를 신뢰하지 아니'합니다. 바울은 태어난
지 8일 만에 할례를 받았고, 이스라엘 족속의 베냐민 지파였고, 바리새
인이었고, 율법의 의로는 흠 없는 사람이었습니다. 이것들은 모두 당시
사람들이 생각하기에는 육체를 신뢰할 만한 것에 해당했습니다. 그러나
그것은 바울이 신뢰할 대상이 아니었습니다.

오늘 본문 4-9절은 3절의 해석과도 같습니다. 하나님을 예배하고, 그
리스도 예수를 자랑하고, 자기 자신을 신뢰하지 않는 사람이 어떠해야 하
는지 잘 일러 줍니다. 4절이 이렇게 증거합니다.

■   그러나 나도 육체를 신뢰할 만하며 만일 누구든지 다른 이가 육
        체를 신뢰할 것이 있는 줄로 생각하면 나는 더욱 그러하리니

바울은 율법주의자들이 가르치는 것이 바르지 않다는 것을 알려주기
위해 그들이 그렇게 중요하다고 생각하는 것, 사람들이 그토록 갖기 원
하는 스펙을 어떻게 버렸는지 이렇게 고백합니다. 5절입니다.

■   나는 팔일 만에 할례를 받고 이스라엘 족속이요 베냐민 지파요

첫째로, 바울은 8일 만에 할례를 받았다고 합니다. 이스라엘 자손들은 비가 온 후 하늘에 떠 있는 무지개를 볼 때마다, 또 매주 안식일을 지킬 때마다, 그리고 할례를 행할 때마다 자신들이 하나님과 계약을 맺은 민족임을 상기합니다. 하나님과 이스라엘 자손들 사이에 계약이 있었다는 사실이 공간 속에 나타나는 것이 무지개라면, 시간 속에 나타나는 것이 안식일입니다. 또한 자기 몸에 나타나는 것이 할례입니다. 무지개는 비가 오고 해가 떠야 볼 수 있고, 안식일은 일주일에 한 번씩 돌아오지만, 할례의 흔적은 생존하는 날까지 있습니다. 그래서 유대인들은 할례를 몹시도 중요하게 여겼습니다.

할례는 출생한 지 8일째 되는 날 행했습니다. 보통 오전에 했고, 다른 절기와 겹치는 날이라도 일정을 바꾸지 않았습니다. 예를 들면 일하는 것이 철저하게 금지된 안식일과 겹치더라도 할례는 행했습니다. 또한 유대인들에게 7월 10일은 '대속죄일the Day of Atonement'이었습니다. 그날과 겹치더라도, 그날이 아기가 태어난 지 8일째 되는 날이면 할례를 했습니다. 아기가 아프거나 미숙아인 경우, 또는 할례를 하기에 의학적으로 문제가 있다고 판단되는 경우에는 할례를 연기했습니다. 건강상 문제로 연기한 경우에는 안식일이나 다른 절기에 할 수 없고, 평일에만 가능했습니다. 할례 전날 밤, 가족과 친지, 이웃이 모여 과일과 마실 것으로 축하 파티를 열었습니다. 그날 밤 부모들은 하나님과 계약을 맺을 아기를 사탄으로부터 보호하기 위해 밤새 성경을 공부했습니다. 이와 같이 밤새도록 말씀을 공부하며 아기를 보호하는 밤을 '지키는 밤'이라고 했습니다. 유대인들은 그 밤이 사탄이 아기를 공격할 마지막 기회며, 아기를 지켜 줄 수 있는 것은 말씀밖에 없다고 생각했기 때문입니다.

8일 만에 행하는 할례는 이삭으로부터 시작되었는데, 유대교로 개종한 부모의 아들은 받을 수 없고, 순수한 유대인의 아들만 받을 수 있었습니다. 그래서 바울이 자신은 8일 만에 할례를 받았다고 한 것은 자신이 정통 유대인임을 말하는 것입니다.

둘째로 바울은 자신이 '이스라엘 족속'이라고 합니다. 이는 바울의 부모가 정통 유대인이었을 뿐만 아니라 조상 대대로 그러했다는 의미입니다. 또한 이스라엘 족속은 하나님께서 언약을 체결하신 민족이라는 의미이기도 합니다. 바울은 우리나라 조선시대로 하면 '양반 중의 양반'이었던 것입니다. 그래서 바울은 하나님의 약속의 수혜자로서 모든 특권을 누릴 수 있는 사람이었습니다.

셋째로 바울은 자신이 '베냐민 지파'라고 합니다. 베냐민 지파는 이스라엘의 12지파 가운데 수는 적지만 자랑거리가 많은 지파였습니다. 베냐민은 야곱―국호 이스라엘―이 그토록 사랑했던 라헬의 둘째 아들이자, 야곱에게는 열두 번째, 막내아들입니다. 야곱은 라헬을 얻기 위해 7년간 일했는데, 그 7년을 며칠처럼 여길 정도로 라헬을 사랑했습니다. 게다가 라헬이 베냐민을 낳고 바로 죽었기 때문에 베냐민을 향한 야곱의 마음은 특별했습니다. 특히 베냐민의 형 요셉이 다른 형들의 계략으로 애굽으로 팔려가고 다시 만날 때까지 22년간 야곱의 온 마음은 베냐민을 향해 있었습니다. 야곱의 열두 아들이 이스라엘의 12지파가 되었는데, 그 열두 아들 중에서 베냐민만 약속의 땅 가나안에서 태어났습니다. 어느 나라든 많은 왕들이 있었을지라도 첫 왕은 한 사람밖에 없습니다. 우리나라에는 고구려, 백제, 신라의 삼국시대부터 고려시대, 조선시대까지 모두 176명의 왕이 있었습니다. 그들 중에서 첫 왕은 고구려의 동명왕입니다. 이스라엘에는 바벨론에 포로가 될 때까지 모두 42명의 왕이 있었습니다. 그중에 첫 왕이 사울인데 그가 베냐민 지파였습니다.

이스라엘에서 가장 중요한 땅은 예루살렘일 것입니다. 거기 성전이 있기 때문입니다. 그 예루살렘이 바로 베냐민 지파의 땅입니다. 솔로몬이 죽은 뒤 이스라엘은 남북으로 두 동강이 났습니다. 남쪽에는 두 지파밖에 없었습니다. 유다 지파와 베냐민 지파였습니다. 하나님의 언약은 북쪽으로 이어지지 않고 남쪽으로 이어졌습니다. 70년간의 바벨론 포로 생활 후 돌아와 새로운 공동체 재건에 핵심적인 역할을 감당한 지파가 유다 지파와 베냐민 지파입니다. 페르시아 아하수에로 왕 시절 하만의 간계로 이스라엘 자손들이 몰살당하게 되었을 때, '죽으면 죽으리다'라는 심정으로 왕에게 나아가 유대인들을 죽이기로 한 왕의 조서를 무효화시켜 달라고 간청했던 왕후 에스더와 그를 그렇게 나아가게 만든 모르드개가 베냐민 지파입니다. 이스라엘 역사에 이러한 역할을 한 지파가 베냐민 지파입니다. 바울의 본래 이름이 '사울'이었던 것을 보면 바울도 베냐민 지파임을 자랑으로 여긴 것으로 보입니다.

넷째로, 바울은 자신이 '히브리인 중의 히브리인'이라고 합니다. 이 의미는 '히브리인 부모에게 태어난 히브리인'인데, 설명이 좀 필요합니다.

사도행전 6장에는 구제 문제에 대한 히브리파 유대인들과 헬라파 유대인들의 갈등이 나옵니다. 헬라파 유대인 과부들이 구제품을 받는 것에서 제외되었기 때문입니다. 유대인들 가운데 이스라엘에 살지 않고 세계 곳곳에 흩어져 사는 사람들을 '디아스포라 유대인'이라고 합니다. 그들은 대부분 헬라 문화권에 살았습니다. 세월이 지나면서 그들의 모국어인 히브리어를 잊어버리고 헬라어를 사용했습니다. 이런 사람들을 헬라파 유대인이라고 합니다. 반면 히브리파 유대인들은 히브리어를 모국어로 쓰며 주로 유대에 사는 사람들이었습니다. 이 둘의 결정적인 차이는 언어였습니다. 그래서 같이 외국에 살아도 헬라어를 쓰는 사람들은 '헬라어 회당'을 만들고 거기 모여 예배를 드렸습니다. 반면 히브리어를 쓰는 사람들은 '히브리어 회당'을 만들고 거기 모여 예배를 드렸습니다. 바울은 다소(남부 터키)에서 태어나 자랐기 때문에 표면적으로는 완전히 헬라파였음에도 히브리어를 말하는 가정과 회당에서 자랐습니다.

바울이 3차 전도여행을 마치고 예루살렘으로 올라왔을 때, 유대인들은 바울이 성전을 모독했다는 죄목으로 체포했습니다. 그때 바울은 천부장에게, 유대인들에게 자신을 변론할 시간을 달라고 하고는 이렇게 말했습니다. 사도행전 22장 1-3절입니다.

■   부형들아 내가 지금 여러분 앞에서 변명하는 말을 들으라 그들이 그가 히브리말로 말함을 듣고 더욱 조용한지라 이어 이르되 나는 유대인으로 길리기아 다소에서 났고 이 성에서 자라 가말리엘의 문하에서 우리 조상들의 율법의 엄한 교훈을 받았고 오늘 너희 모든 사람처럼 하나님께 대하여 열심이 있는 자라

바울은 자신이 철저하게 율법을 지키던 유대인의 삶에서 지금과 같은 삶을 살게 된 것을 변호(간증)하면서, 그것을 히브리말로 전했습니다. 그것은 유대인들에게 충격이었습니다. 다소 출신이 히브리어를 유창하게 하리라고는 생각하지 못했기 때문입니다. 마치 미국이나 유럽에서 태어나고 자란 교포 3세나 4세가 우리말을 유창하게 하는 것과 같습니다.

히브리파 유대인들은 헬라파 유대인들에게 우월감을 갖고 있었습니

이것들을 생각하라

다. 유대인들은 예루살렘을 중심으로 세계를 열 개의 동심원으로 나누었습니다. 성전 지성소에서 멀어지면 멀어질수록 거룩함의 순도가 떨어진다고 생각했습니다. 그래서 예루살렘에서 멀리 떨어져 이방인들 사이에 섞여 사는 사람들은 거룩하지 못하다고 생각했습니다. 이방 땅에 사는 유대인들의 소망은 돈을 많이 벌어서 나이가 들면 예루살렘 성전 가까이에서 살다가 그곳에 묻히는 것이었습니다. 그랬기 때문에 예루살렘에는 헬라파가 많았습니다. 그런 점에서 바울이 자신을 히브리인 부모의 슬하에서 자란 히브리인이라고 하는 것은 자신이 헬라 문화에 오염되지 않은 순수한 유대인임을 자랑하는 것입니다.

이 네 가지는 바울이 태어날 때부터 갖고 있던 자랑거리였습니다. 유대교 입장에서 보는 한, 바울은 입에 은스푼, 아니 금스푼이나 다아이몬드 스푼을 물고 태어난 사람입니다. 이 네 가지와 다음 주에 나눌 세 가지(율법으로는 바리새인인 것, 열심으로는 교회를 박해한 것, 율법의 의로는 흠이 없는 것)는 유대인이라면 누구나 부러워하는 것이었고, 누구나 갖고 싶은 스펙이었습니다. 그러나 바울은 그것이 자랑이 아니라고 합니다.

바울은 자신에게 가장 소중한 것이 무엇인지를 7-8절 상반절에서 이렇게 고백합니다.

> ■ 그러나 무엇이든지 내게 유익하던 것을 내가 그리스도를 위하여 다 해로 여길뿐더러 또한 모든 것을 해로 여김은 내 주 그리스도 예수를 아는 지식이 가장 고상하기 때문이라

바울도 이전에는 8일 만에 할례 받은 것, 이스라엘 족속 중에 베냐민 지파의 후손인 것, 히브리 가문에 태어난 것이 자랑이었습니다. 그랬기

에 바리새인이 되었고, 율법을 따라 살았습니다. 그것은 남들이 갖지 못한 스펙이었습니다. 그러나 그는 그것들이 오히려 그리스도를 만나는 데 방해가 되었다고 고백합니다.

우리에게도 마찬가지입니다. 남들보다 더 많이 알고 있다고 생각하는 사람, 더 많이 가지고 있다고 생각하는 사람, 더 높은 자리에 있는 사람이 예수 그리스도를 인격적으로 만나기가 참 어렵습니다. 자신은 쥐고 있는 것이 많다고 생각하고, 자기가 알고 있는 것, 할 줄 아는 것, 자신의 자리가 자기를 증명해 주고 돋보이게 해준다고 생각하기 때문입니다. 그러나 자기 명함이, 자기 배우자의 명함이, 부모나 자녀의 명함이 자신을 바르게 인도해 주지 못합니다.

스펙이 전부라 여기며 살았던 바울을 주님께서 찾아가 주셨습니다. 이전에 바울에게 예수란 존재는 배운 것 없는 가난한 목수의 아들에 불과했고, 유대교를 폄훼하다 십자가에 처형당한 사형수였습니다. 그래서 예수를 따르는 사람들을 잡아들이는 것이 마땅하다고 여겼습니다. 그러나 다메섹으로 가는 길에 그분이 자신을 만나 주심으로 진리에 눈떴고, 그분이 자신과 모든 인류의 죄를 대신 짊어지고 죽임을 당하심으로 영원한 생명을 주신 그리스도라는 사실을 깨닫게 되었습니다. 그래서 그분을 위해서라면 아무것도 아깝지 않았습니다. 그분을 따르느라 유대교에서 누리던 특권들을 모두 잃었지만 전혀 불평하지 않았습니다. 그리고 엄청난 핍박을 받았지만 그것을 고통이라 생각하지 않고 그리스도께서 주시는 훈장이라고 생각했습니다. 바울에게 '내 주 그리스도 예수'는 스토리가 되었습니다.

서두에 말씀드린 책, 《스토리가 스펙을 이긴다》의 저자가 원했던 제목

이것들을 생각하라

은 '하나님의 스토리가 인간의 스펙을 이긴다'였습니다. 그런데 출판사에서 성경 이야기나 기독교적 요소를 삭제하며 편집하는 바람에 이 제목이 되었다고 합니다. 스펙이 자신이 만드는 것이라면, 스토리는 하나님께서 인간을 찾아와서 주시는 것입니다.

모세에게는 당시 히브리 사람들이 갖지 못한 최고의 스펙이 있었습니다. 그래서 스데반은 설교 중에 모세를 언급하며 그가 "애굽 사람의 모든 지혜를 배워 그의 말과 하는 일들이 능했다"고 합니다. 지금으로 하면 모세는 당시 세계 최고의 제국 애굽으로 유학 가서 학위를 받았을 뿐만 아니라 그 나라 말을 원어민처럼 하고, 애굽에 관한 한 최고의 정보통이었습니다. 그러나 그것이 모세를 모세로 만들지 않았습니다. 40년간 미디안 광야에서 처가살이하며 양을 치고 있을 때, 불붙은 떨기나무에서 자신을 만나 주신 하나님께서 모세를 모세로 만들어 주셨습니다.

다니엘은 청소년이었을 때, 나라가 망하는 고통을 겪었습니다. 게다가 자신은 조국을 망하게 한 바벨론에 볼모로 잡혀 갔습니다. 그래서 그곳에서 교육을 받고, 그곳에서 총리가 되었습니다. 다니엘은 최소한 다섯 왕을 섬겼고, 그의 나라도 바벨론에서 앗수르제국으로 바뀌었습니다. 그럼에도 그는 여전히 총리였습니다. 우리나라에서는 대통령 임기 5년 동안 국무총리와 장관이 몇 번은 바뀝니다. 그러나 다니엘은 왕이 바뀌어도 그대로 있었습니다. 더구나 적국에서 말입니다. 다니엘은 당시 유대인들은 꿈꾸기도 어려운 스펙이 있었습니다.

다니엘을 모함하던 사람들은 도저히 그의 허물을 찾을 수 없었습니다. 그들은 하나님에 대한 다니엘의 신앙을 아는지라, 왕을 꾀어 30일 동안 왕 외에 어떤 신이나 사람에게 무엇을 구하면 사자굴에 던져 넣는 법령을 만들고, 그것에 도장을 찍게 했습니다. 그러나 다니엘은 조서에 왕의 도장이 찍힌 것을 알고도 집으로 돌아가 예루살렘으로 향한 창문을 열고 전에 하던 대로 하루 세 번 무릎 꿇고 기도하며 하나님께 감사했습니다. 다니엘은 잘 알고 있었던 것입니다. 자신이 적국에서 총리가 된 것이 자신이 총명해서이거나 화려한 스펙을 갖추었기 때문이 아니라, 10대 청소년 시절부터 80세가 넘은 고령이 되기까지 하나님께서 자신을 찾아와 주셨기 때문임을 말입니다.

어찌 모세와 다니엘만 그렇겠습니까? 성경에 나오는 사람들이 하나님의 자녀다운 자녀가 될 수 있었던 것은 그들이 화려한 스펙을 갖추었기 때문이 아니라 하나님께서 그들을 찾아가 주셨기 때문입니다.

성도님들을 지금의 모습이 되게 한 것은 무엇인가요? 남들보다 한 시간 더 일찍 일어나고, 한 시간 늦게 주무셨기 때문입니까? 아니면 남들보다 더 많은 것을 물려받았기 때문이거나 머리가 비상하기 때문입니까? 아니지 않습니까? 언제나 한결같은 모습으로 우리를 찾아와 주셔서, 우리 앞에서 인도해 주시고, 우리 곁에서 걸음을 맞추어 주시며, 우리 뒤에서 우리를 밀어 주신 '내 주 그리스도 예수님' 때문이 아닙니까? 인정하지 않으려 해도 세월이 지날수록 저절로 인정하게 되지 않습니까? 이 한 주간도 '내 주 그리스도 예수님'과 동행하는 설 명절이 되시기를 축복합니다.

하나님 아버지!

우리의 본성은 더 많은 스펙, 더 화려한 스펙, 더 큰 스펙을 갖기를 끊임없이 갈망합니다. 그것을 잘 갖출수록 나를 돋보이게 만들어 준다고 생각하고, 세상에서 큰소리 칠 수 있다고 생각하

이것들을 생각하라

곤 합니다. 그러나 바울의 고백이 아니어도, 남들이 갖지 않은 부나 명예, 학문, 재능이 나에게 있을 때 그것이 나로 하여금 나를 찾아와 주신 주님을 바르게 인식하며 살아가게 하는 데 얼마나 방해가 되는지 잘 알고 있습니다. 이제는 그 어리석은 생각을 벗어버리는 성숙한 하나님의 자녀가 되게 하여 주옵시고, 세상이 주는 상보다 하나님께서 주시는 상을 더 소망하게 하옵소서. 그리하여 주님께서 우리를 찾아와 주신 이야기(스토리)가 우리 신앙의 역사(히스토리)가 되게 하여 주옵소서.

설을 맞아 고향을 찾은 성도님들이 많습니다. 가족과의 유대관계가 더 깊어지게 하시고, 가족과 드리는 예배 속에 하나님의 찾아오심의 스토리가 깊이 나누어지게 하여 주옵소서. 아직 가족이 주님을 인격적으로 알지 못하고 신앙의 길에 서 있지 않음을 고통스러워하며, 명절 때마다 가슴앓이 해야 하는 성도님들도 기억해 주시고, 그분들의 눈물의 기도가 하나님의 때에 응답되는 것을 목도하게 하옵소서. 예수님의 이름으로 기도드립니다. 아멘.

03 가장 고상하기 때문이라

빌립보서 3장 4-9절

〈시민 케인〉

영화평론가나 영화감독들에게 지금까지의 영화 가운데 최고의 작품 중 하나로 평가되는 것이 1941년에 나온 흑백영화 〈시민 케인〉입니다. 70년 전 작품이지만, 촬영 기법이나 이야기 전개 방식이 지금과 비교해도 조금도 뒤떨어지지 않는다고 합니다. 그래서 영화를 공부하는 사람들은 반드시 보아야 하는 영화로 알려져 있습니다.

설교를 준비하다 문득 그 영화가 생각났습니다. 영화에 문외한인 제가 그 영화를 떠올린 것은 순전히 내용 때문입니다.

영화는 1940년, 거대한 성 같은 주택 제나두(Xenadu, 본래 제나두는 중국 원나라의 시조 쿠빌라이 칸이 살았던 수도)에서 언론 재벌 찰스 포스터 케인이 "로즈버드"(rosebud, 장미꽃봉오리)라는 한마디를 남기고 70세의 일기로 죽는 것으로 시작합니다. 제

이것들을 생각하라

나두는 플로리다에 세워진, 세계에서 가장 큰 개인 저택이었습니다. 그곳을 건축하는 데 10만 그루의 나무와 20만 톤의 대리석이 쓰였습니다. 게다가 그림, 조각품, 보석들은 얼마나 많았는지, 그곳에 있는 것들로 박물관 열 개를 만들 정도였습니다. 어마어마한 규모의 개인 동물원도 있었습니다.

케인은 한때 37개의 신문사와 여러 라디오 방송국을 거느렸습니다. 그뿐만 아니라 건축업과 해양업, 광산업까지 관장했던, 세계에서 여섯 번째 부자였습니다.

그가 죽고 난 후 여러 신문이 그의 삶을 대대적으로 보도했지만 그것으로 부족해서, 잡지사 톰슨 기자가 그가 최후에 한 말인 '로즈버드'의 의미를 알아내기 위해 케인의 주변인물을 취재하는 것으로 영화는 전개됩니다.

케인은 부자 집안에 태어난 것은 아닙니다. 어린 시절 그의 어머니는 하숙업을 했습니다. 하숙비 대신 버려진 광산 증서를 양도받았는데, 그 광산에서 노다지 금광맥이 발견되었습니다. 케인은 25세가 되면 모든 재산을 양도받기로 하고 부모와 떨어져서 은행가에 의해 양육되었습니다. 25세가 되었을 때 뉴욕 인콰이어러New York Inquirer 신문사를 인수한 뒤 여러 폭로 기사들로 발행부수를 급격히 늘렸고, 여러 신문사들을 인수하기 시작했습니다.

케인은 대통령의 질녀 에밀리와 결혼도 했습니다. 그가 주지사 선거에 출마했을 때 사람들은 에밀리가 주지사의 부인이 되는 것은 따놓은 당상이고, 장차 영부인이 되리라 생각했습니다. 그때까지만 해도 케인의 앞날은 탄탄대로처럼 보였고, 그가 이루지 못할 것은 아무것도 없는 듯했습니다.

그러나 처음에 그렇게 좋았던 아내와의 관계가 시간이 지나자 아침 식탁에서 얼굴을 보는 것이 전부가 되었고, 점점 대화가 사라짐은 물론 의견 차이로 갈등이 심해졌습니다. 결국 식탁에서도 서로 다른 신문을 보면서 신문 기사로 상대에게 무슨 일이 있었는지 확인하는 관계로 전락하고 말았습니다.

주지사 선거에 나선 케인은 투표 일주일 전에 오페라 가수 수잔과의 스캔들이 발각되어 낙선하고 말았습니다. 그 후 아내와 헤어졌고, 아내와 아들은 교통사고로 세상을 떠나고 말았습니다. 후에 케인은 수잔에게 300만 달러짜리 오페라하우스를 지어 주고, 개막 공연을 하게 했습니다. 그러나 수잔은 노래에 재능이 없었고, 연기도 형편없었습니다. 케인이 운영하는 신문에서조차 '수잔은 얼굴은 예쁘지만 형편없는 아마추어'라고 혹평을 실었습니다. 케인은 노래 선생에게 시간당 100달러를 주고 수잔으로 하여금 노래를 배우게 했고, 워싱턴, 샌프란시스코, 세인트루이스, 뉴욕 등에서 공연하게 했습니다. 그러나 신문마다 혹평을 쏟아 냈습니다. 수잔의 노래를 좋아하는 사람은 케인밖에 없었습니다. 수잔은 노래를 그만하겠다고 했지만, 케인은 자신만 만족하면 된다며 중단하지 못하게 했습니다. 결국 약을 먹고 자살 소동을 벌이고서야 노래하지 않게 되었습니다. 수잔은 조각 맞추기를 하며 제나두에서 살다가 케인을 떠나고 말았습니다. 그 후 케인은 극도로 난폭해졌고, 다른 사람과 단절된 삶을 살다가 손에 쥐고 있던 주먹만 한 유리구슬을 떨어뜨리면서 생을 마감합니다. 물론 그 구슬도 깨어지고 말았습니다.

이것들을 생각하라

톰슨 기자는 케인을 25세까지 양육한 후견인이자 은행가 대처 (W. P. Thatcher)의 자서전을 자세히 읽었습니다. 거기에는 그가 케인을 처음 만났을 때부터의 이야기가 상세히 기록되어 있었지만, 로즈버드가 무엇인지 알려 줄 만한 단서는 아무것도 없었습니다.

톰슨은 케인의 거의 유일한 친구를 만나서도 로즈버드에 대해 물었습니다. 그러나 그도 로즈버드에 대해서는 아는 것이 아무것도 없었습니다. 그는 케인에 대해 '이야기를 가슴속에 묻어두기만 하기에 잘 알 수 없는 사람이고, 오직 자기만 믿는 사람'이라고 했습니다.

톰슨은 케인의 비서를 만나서도 물었지만, 그는 케인이 만난 여자들이 하도 많아서 누군지 모르겠다고 했습니다. 그러면서 "로즈버드는 '그가 잃어버린 그 무엇'인지 모르겠습니다. 그는 자신이 가진 것의 거의 모든 것을 잃은 사람이니까요"라고 말했습니다.

톰슨은 케인의 두 번째 아내 수잔도 만났습니다. 그러나 그는 알코올 중독자가 되어 있었고, 누구와도 이야기하려 하지 않았습니다. 그도 로즈버드에 대해 아는 것이 아무것도 없었습니다.

'로즈버드'가 무엇을 뜻하는지 알아내지 못한 톰슨은 제나두에서 케인의 수집품을 정리하는 사람들에게 이렇게 말하고는 떠납니다.

"케인은 원하는 것을 모두 얻었지만 또한 모든 것을 잃었습니다. 어쩌면 로즈버드는 그가 얻지 못했거나 잃어버린 그 무엇일지 모릅니다. 그러나 무엇인지는 모릅니다. 어떤 말로도 인생을 설명할 수 없습니다. 로즈버드는 퍼즐 조각인지도 모릅니다. '잃어버린 한 조각' 말입니다."

톰슨 일행이 떠나고 인부들이 케인의 엄청난 수집품 중에서 팔 수 없는 폐품들을 소각하는데, 한 인부가 케인이 어린 시절에 탔던 썰매를 아궁이 속으로 던졌습니다. 그 썰매에 너무도 선명하게 '로즈버드'라고 쓰여 있었습니다. 그 썰매가 불타는 것으로 영화는 끝납니다.

케인이 죽음의 순간까지 그토록 소중하게 여긴 것은 세계 각국에서 사들인 값비싼 물건들로 가득한 제나두가 아니었습니다. 자신의 사회적 지위를 공고하게 해주는 신문사 회장이라는 명함도 아니었습니다. 티 없이 맑은 어린 시절 부모님과 지냈던 기억을 떠올리게 하는 눈썰매였습니다. 경제적인 가치로 하면 1달러도 되지 않는 그 썰매가 수억 달러도 넘는 제나두나 각종 예술품보다 더 소중하게 여겨졌습니다. 케인이 생의 마지막 순간 손에 쥐고 있던 유리구슬 안에는 맑은 액체가 가득 들어 있고, 조그만 나무 집이 있습니다. 그리고 그 구슬을 흔들면 작은 흰 알갱이들이 하늘에서 눈이 내리는 것처럼 보이는 것입니다. 그 집은 케인이 어릴 시절 살던 집과 비슷했습니다. 케인에게 가장 소중했던 것은 엄청난 부도 명예도 아닌, 어린 시절의 가족과 삶이었습니다. 그래서 영화 제목이 '신문왕 케인'이나 '거부巨富 케인'이 아닌 '시민 케인'인지 모릅니다.

이것들을 생각하라

인생의 천칭天秤에 가장 무거운 것

오늘 본문은 바울을 통해 우리가 그토록 소중하게 여겨야 하는 것이 무엇인지 잘 증거해 줍니다. 율법주의자들은 예수 그리스도를 믿기만 하면 구원받을 수 있는 것이 아니라 거기에다 율법 지키는 것을 더해야 한다며 빌립보교회 사람들을 충동했습니다. 율법주의자들에겐 율법을 지키는 것 자체가 그들의 자랑이고 신분증이었습니다. 그래서 그들은 자신들이 율법주의자인 것을 그렇게 소중하게 여겼습니다.

바울도 율법주의자들이 지켰던 것들을 자신을 드러내는 최고 덕목으로 삼았을 때가 있습니다. 과거에 바울이 존귀하게 여겼던 것이 무엇이었는지 5절이 이렇게 증거합니다.

> 나는 팔일 만에 할례를 받고 이스라엘 족속이요 베냐민 지파요 히브리인 중의 히브리인이요 율법으로는 바리새인이요

바울은 '8일 만에 할례'를 받았는데 그것은 그의 부모가 이방인이었다가 유대교로 개종한 것이 아니라 정통 유대인이었음을 뜻합니다. 그리고 '이스라엘 족속'이라는 것은 조상 대대로 유대인이었고, 하나님의 언약 속에 있었음을 의미합니다.

로마서 3장 1-2절은 할례와 유대인에 대해 이렇게 증거합니다.

> 그런즉 유대인의 나음이 무엇이며 할례의 유익이 무엇이냐 범사에 많으니 우선은 그들이 하나님의 말씀을 맡았음이니라

지난주에 살핀 바와 같이 하나님께서 인류를 구원하시는 통로로 유대인을 선택하셨는데, 할례를 받은 그들이 나은 점은 하나님의 말씀(언약)을 맡은 것입니다. 유대인은 하나님과 인간 사이에 언약이 있었다는 것을 보여 주는 본보기이고, 그것을 확증해 주는 것이 하나님의 말씀입니다. 이 말씀을 바울의 고백으로 표현하면 "나는 8일 만에 할례를 받았고, 이스라엘 족속입니다"입니다.

또한 바울은 자신을 '베냐민 지파'라고 하는데, 이는 자신이 이스라엘 역사의 정통성과 순수성의 피를 동시에 타고 났음을 말하는 것입니다. 게다가 자신이 '히브리인 중의 히브리인'이라고 합니다. 바울은 지금의 터키 남부에 있는 길리기아 다소 출신의 유대인임에도 헬라어를 모국어로 사용하지 않고 히브리어를 모국어로 사용하며 자랐다는 뜻입니다. 비록 바울이 헬라 문화권에서 성장했지만 그 문화에 혼합되지 않고 유대인의 전통을 지키며 살았음을 말해 줍니다.

이 네 가지는 바울이 태어날 때부터 갖고 있던 자랑거리이자 소중하게 여기던 것이었습니다. 그것만이 아닙니다. 후천적으로 노력해서 얻게 된 것 중에서도 그가 소중하게 여기던 것이 있었습니다. 5-6절이 이렇게 증거합니다.

> ■ 나는 팔일 만에 할례를 받고 이스라엘 족속이요 베냐민 지파요 히브리인 중의 히브리인이요 율법으로는 바리새인이요 열심으로는 교회를 박해하고 율법의 의로는 흠이 없는 자라

첫째로 바울은 '율법으로는 바리새인'이라고 합니다.

3차 전도여행을 마치고 예루살렘으로 올라온 바울은 성전모독죄로 유

대인들에게 체포되어 벨릭스 총독과 베스도 총독을 거쳐 아그립바 왕 앞에까지 서게 되었습니다. 바울은 허락을 얻어 자신의 삶에 대해 사람들에게 변론했습니다. 사도행전 26장 4-5절이 이렇게 증거합니다.

> ■   내가 처음부터 내 민족과 더불어 예루살렘에서 젊었을 때 생활
>   한 상황을 유대인이 다 아는 바라 일찍부터 나를 알았으니 그들
>   이 증언하려 하면 내가 우리 종교의 가장 엄한 파를 따라 바리
>   새인의 생활을 하였다고 할 것이라

바울은 자신이 유대인들에게 가장 엄한 분파인 바리새파의 생활을 했다고 합니다. 사실 바울의 부모도 바리새인이고, 바울의 스승 가말리엘도 바리새인입니다.

바리새인이 언제부터 시작되었는지는 알려져 있지 않습니다. 이스라엘 자손들이 바벨론에서 포로로 지낼 때는 성전에서 제사를 드릴 수 없었습니다. 그때는 선지자의 도움으로 회당에서 율법을 배우고 지키게 되었습니다. 그래서 그들의 신앙이 성전 중심에서 회당 중심으로, 제사 중심에서 율법 중심으로 바뀌게 되었습니다. 특별히 몰두해서 율법을 연구하고 삶으로 지키려던 사람들을 '하시딤Hasidim'이라고 했는데, 그들의 후예 중에 한 분파가 '바리새파'였습니다. 바리새인들은 제사장이 아닌 일반 유대인일지라도 일반 율법은 물론 제사장들이 지켰던 거룩에 관한 율법까지 지켜, 율법을 삶의 모든 영역에 적용했습니다. 그래서 이스라엘 자손 전체를 거룩한 제사장 민족으로 만들려 했습니다. 성경에 나오는 서기관(율법학자)들은 대부분 바리새인 출신입니다.

예수님께서 바리새인들의 위선을 많이 지적하셨지만, 그들은 유대 사

회에서 대단히 존경받는 그룹이었습니다. 그래서 바울이 자신을 '율법의 기준으로 하면 바리새인'이라고 한 것은, 자신이 율법을 깊이 연구하고 지키려는 것을 얼마나 소중하게 여겼는지를 보여 줍니다.

둘째로, 바울은 자신이 '열심으로는 교회를 박해했다'고 합니다.

'열심'은 마음의 상태를 나타내는 단어가 아니라 신학적인 언어입니다. 즉 바울은 열심당의 열성 회원이었다는 의미입니다. 열심당 사람들은 바리새인들보다 율법에 훨씬 극단적이었습니다. 그들은 로마의 팔레스틴 통치에 저항해서 나라를 되찾아 이스라엘을 다윗이 다스리던 시대와 같은 하나님의 왕국으로 건설하려고 했습니다.

열심당은 성경적으로는 민수기 25장에 나오는 제사장 비느하스에 기원을 둡니다. 이스라엘 자손들이 출애굽해서 싯딤에 머물 때 모압의 여사제들과 음행을 저지르며 모압 신을 섬겼습니다. 그때 이스라엘 자손들에게는 전염병(염병)이 돌아 2만 4천 명이 죽었습니다. 제사장 비느하스가 하나님에 대한 열심으로 음행을 저지르는 이스라엘 자손 한 명과 미디안 여인 한 명을 죽였더니 전염병이 멈추게 되었습니다.

또한 열심당의 역사적 기원은 마카비 운동에 있습니다. BC 323년 알렉산더 대왕이 33세로 요절한 후, 그의 거대한 제국은 휘하의 세 장군에 의해 분할되었습니다. 그때 셀류쿠스 니카토르 장군이 중동 지역을 장악했습니다. 그는 자신의 이름을 따서 셀류쿠스 왕조를 세웠고, 유대는 이 나라의 지배를 받았습니다. 그중에서도 안티오쿠스 4세(재위 175~163 BC)의 종교적인 박해는 극심했습니다. 그는 예루살렘 성전 안에 제우스 신상을 세우고, 유대인들이 부정하게 여기는 짐승인 돼지를 잡아서 제사를 드리게 했습니다. 성경을 읽고 소유할 수 없었음은 물론, 안식일, 절기, 할례도 금지되었습니다. 이것을 어기는 사람은 죽음을 면치 못했

이것들을 생각하라

습니다. 심지어 성전 안에서 매춘까지 하게 했습니다. 이러한 때 제사장 마따디아와 다섯 아들들이 율법에 열심이던 사람들과 독립운동을 일으켰습니다. 그 아들 중에서 셋째인 유다 마카비가 지도자였을 때, 예루살렘 성전을 되찾기도 했습니다. 그때를 기념하는 절기가 수전절Feast of Dedication입니다.

바울이 열심당의 신학으로 교회를 박해한 것은 율법을 파괴하는 나사렛 예수를 따르는 무리를 없애는 것이 하나님에 대한 헌신이요, 하나님께 제사를 드리는 것이라고 여겼기 때문입니다. 이것 또한 바울이 그토록 자랑스럽고 소중하게 여기던 것이었습니다.

셋째로 바울은 '율법의 의로는 흠이 없는 자'라고 합니다.

'율법의 의'는 '율법을 지킴으로 얻는 의' 또는 '율법 안에 있는 의'입니다. 바울은 율법을 지키는 것에 관한 한 타의 추종을 불허했기에 다른 사람들에게 조금도 비난받지 않을 정도였다는 의미입니다. 그래서 자신이 완벽하다고 생각했습니다. 적어도 다메섹으로 가는 길에 부활하신 예수 그리스도를 만나기 이전까지는 말입니다.

이 세 가지와, 그가 태어날 때부터 가진 네 가지(지난 시간에 살펴보았습니다)는 바울이 가장 자랑하던 것이고, 자신의 인생에서 가장 고상하게 여기던 것입니다. 그러나 지금은 무엇을 가장 고상하게 여기는지를 7-8절 상반절에서 이렇게 고백합니다.

> 그러나 무엇이든지 내게 유익하던 것을 내가 그리스도를 위하여 다 해로 여길뿐더러 또한 모든 것을 해로 여김은 내 주 그리스도 예수를 아는 지식이 가장 고상하기 때문이라

'해로 여기다'의 문자적인 뜻은 '손해를 보다'입니다. 바울은 자신의 인생 장부에 '8일 만에 할례', '이스라엘 족속', '베냐민 지파', '히브리인 중의 히브리인', '바리새인', '교회를 박해', '율법의 의로 흠이 없음'을 모두 '이익'이라 표시하고 기록해 놓았는데, 나중에 보니 그 모든 것들이 '손해'였다는 의미입니다. 그리고 '그리스도 예수를 아는 지식'보다 더 큰 손해는 없다고 생각하고 있었는데, 다메섹으로 가는 길에 자기를 찾아와 주신 예수 그리스도를 만나고 나서부터 주님을 아는 지식보다 더 고상한 것은 아무것도 없다는 것을 비로소 깨닫게 되었습니다.

그리스도를 아는 지식이 가장 고상함을 고백하는 것이 기독교 신앙의 핵심입니다. 초대교회 그리스도인들이 로마의 박해를 피해서 지하 동굴인 카타콤 속에 있을 때 그들에게 가장 고상했던 것은 예수 그리스도였습니다. 재산을 몰수당하고 사회적 신분을 박탈당해서 평생 편안한 삶을 살 수 없었음에도 그들은 예수 그리스도를 나누었습니다. 예수 그리스도는 로마제국이 줄 수 없는 영원한 소망이자 기쁨이었습니다. 그러나 313년 기독교가 공인되고 교회가 밖으로 나오자 궁전 같은 예배당을 짓고, 사제들이 화려한 예복을 입기 시작하고부터 기독교가 타락하기 시작했습니다. 베드로는 가진 것이 없어서 "은과 금은 없지만 내게 있는 것을 네게 주노니 예수 그리스도의 이름으로 일어나 걸으라"고 했지만, 교회는 은과 금이 너무 많았습니다.

오늘날 유럽 교회가 다 관광지가 된 원인도 바로 이것입니다. 그들은 처음에 예수 그리스도를 아는 지식을 가장 고상하게 여겼습니다. 그래서 그 고상한 예수님을 존중하기 위해 아주 고상하게 보이는 예배당을 지었습니다. 그러나 그리스도를 아는 지식이 고상해지지 않게 되자, 텅 빈 예배당만 남게 되었습니다. 그래서 지금의 예배당은 대부분 관광지가 되

이것들을 생각하라

었고, 하나님을 섬기는 사람들에 의해서가 아니라 관광 수입으로 운영되고 있습니다.

1885년 언더우드, 아펜젤러 선교사가 제물포항에 발을 디딘 이후 100년 동안 한국 교회는 그리스도를 아는 지식을 가장 고상하게 여겼습니다. 예수 그리스도를 바르게 배우기 위해 수백 리 길도 마다하지 않고 가서 하나님의 말씀을 들었고, 가진 것 없고 학교에서 배운 것 없어도 예수 그리스도를 아는 것이 지고至高의 기쁨이었습니다. 그러나 오늘날 엄청나게 큰 예배당도 많고 그리스도인들도 많지만, 사람들은 기독교를 '개독교'라 부르고 교회는 많은 욕을 먹고 있습니다. 그 이유는 너무도 간단합니다. 교회가, 그리스도인들이 그리스도 예수를 아는 지식을 가장 고상하게 여기지 않기 때문입니다. 목회자는 자기가 섬기는 교회 예배당의 크기와 교인 수를 자랑하고, 그리스도인들은 자기가 다니는 교회를 자랑합니다. 초라하고 형편없던 자기를 찾아와 주시고, 유한한 자신의 인생을 영원에 잇대어 주신 그리스도 예수를 자랑하지 않습니다.

우리 삶도 다르지 않습니다. 내가 지금 무엇을 가장 고상하게 여기고 있는지를 보면 5년 후, 10년 후, 20년 후 우리 신앙과 우리 자녀의 신앙이 어떻게 될 것인지 자명해집니다.

케인은 신문사를 하나라도 더 인수하고, 더 많은 작품을 구입하고, 조금이라도 더 높은 신분을 갖는 것이 가장 고상하다고 여기며 살았습니다. 그러나 그는 마지막 순간 어린 시절에 타던 눈썰매를 떠올리며 숨을 거두었습니다. 누구도 살아보지 못한 대저택 제나두에서의 삶과, 가난한 어린 시절 가족과 썰매 타며 지내던 삶 중에서 무엇이 그에게 더 행복하게 느껴졌겠습니까? 케인의 인생이라는 거대한 천칭에 한 쪽에는 제나두를,

다른 쪽에는 썰매를 올려놓으면, 천칭은 어느 쪽으로 기울겠습니까?

케인은 어린 시절의 삶은 아무런 가치가 없다고 생각하며 살았습니다. 그러나 사랑하는 사람들이 모두 떠나고 제나두에 홀로 남게 되었을 때 비로소 소중한 과거를 떠올렸습니다.

성도님들의 인생 천칭에 가장 무거운 것은 무엇인가요? 지금 가지고 계신 것, 지금 누리고 있는 사회적 지위, 지금까지 쌓은 모든 업적을 한쪽에 올려놓고, 다른 쪽에 내가 연약하고 아무데도 기댈 곳이 없을 때 나를 찾아와 주신 예수 그리스도를 아는 지식을 올려놓으면 그 천칭은 어느 쪽으로 기울게 됩니까? 예수 그리스도는 그런 분이십니다.

우리가 예수 그리스도를 고상하게 여기면 여길수록 주님도 우리를 고상하게 여겨 주실 것입니다. 주님을 고상하게 여기는 사람을 주님도 얼마나 고상하게 여겨 주시는지를 보여 주는 지난 2000년간의 본보기가 바울입니다. 우리가 오직 예수 그리스도를 고상하게 여기면, 이제는 우리가 주님께서 고상하게 여겨 주시는 이 시대의 본보기가 될 것입니다.

하나님 아버지!

오늘 말씀을 통해 우리가 무엇을 가장 고상하게 여기며 살아야 하는지 일깨워 주셔서 감사합니다.

삶과 신앙을 정직하게 돌아보면, 우리는 우리만의 제나두를 갈망하고, 그 성을 구축하기 위해 발버둥치고 있음을 인정하지 않을 수 없습니다. 더 크고 화려한 제나두를 구축하는 것이 자신의 삶을 가장 고상하게 만드는 것이라고 생각하곤 합니다. 그래서 세월이 지날수록 우리의 제나두는 점점 커져 갈지라도, 정작 가

이것들을 생각하라

장 고상해야 할 예수 그리스도는 잊고 살아갈 때가 얼마나 많은지 모릅니다. 그래서 우리의 신앙은 점점 정체되거나 퇴보했고, 우리 모두의 연합인 한국 교회의 모습도 주님 보시기에 민망한 상태가 되었습니다. 우리 죄를 용서해 주옵소서.

세상의 부귀나 명예가, 세상이 주는 즐거움과 행복이 예수 그리스도보다 결코 고상할 수 없음을 한 순간도 잊지 않게 하여 주옵소서. 의지할 수 있는 사람이 아무도 없고, 기댈 데가 아무 곳도 없이 오직 나 혼자밖에 없다고 여겨질 때, 우리에게 영원한 생명의 장미꽃봉오리로 다가오신 예수 그리스도를 가슴속에 뚜렷하게 새겨놓게 하여 주옵소서. 때로 주님의 모습이 낡은 눈썹매같이 보이고, 작게 보인다 할지라도 그것은 초라하고 연약한 나를 위한 배려와 사랑임을 기억하게 하여 주옵소서.

바라옵고 원하옵나니, 다시 한 번 한국 교회에 긍휼을 베풀어 주셔서 한국 교회가 그리스도 예수를 가장 고상하게 여기는 진리를 놓지 않게 하여 주옵소서. 나중에 "내 주 그리스도 예수님이 가장 고상함을 왜 몰랐던고!"라며 가슴 치는 일이 없도록 지금 돌이키게 하여 주옵소서. 진실로 진실로 그렇게 되기를 소망합니다. 예수님의 이름으로 기도드립니다.

아멘.

04 하나님께로부터 난 의

리처드 도킨스와 로완 윌리엄스

2011년 2월 23일, 영국 옥스퍼드대학 내 셸도니언 극장에서 '인간의 본성과 그 궁극적 기원에 대한 질문'이라는 주제로 공개토론회가 열렸습니다. 진화론과 창조론에 대한 토론이었습니다. 진화론자를 대표해서 진화생물학자 리처드 도킨스 옥스퍼드대학 교수가, 창조론자를 대표해서는 로완 윌리엄스 성공회 캔터베리 대주교가 나왔습니다.

2월 10일, 영국 법원은 지방의회에서 회의 전에 통상적으로 드리던 기독교식 기도를 종교 편향적이라며 불법이라 결정했습니다. 이 결정에 논란이 일자 옥스퍼드대학이 공개토론회를 연 것입니다.

로이터통신은 이 토론회를 무신론과 유신론의 '헤비급 타이틀전'이라고 표현했고, 사람들은 다윈의 《종의 기원》이 출판된 이

듬해인 1860년에 있었던 진화론자 토머스 헉슬리와 창조론자 새뮤얼 윌버포스의 논쟁의 재판再版이라 부르기도 했습니다. 두 사람의 대화 중 일부를 요약하면 이러합니다.

도킨스: 우주가 수십억 년 전부터 존재했다면, 성경 저자들이 틀린 게 아닐까요? 창세기를 꼭 21세기 시대에 맞추어 해석 해야 합니까?

대주교: 성경 저자들은 21세기의 영감을 받지 않았습니다. 그 들은 하나님께서 알려주기 원하시는 것들을 기록했을 뿐입 니다.

도킨스: 진화론이 맞다면 인류는 인간이 아닌 조상에서 나온 것입니다. 다윈은 우리에게 무無에서 모든 것이 창조됐다는, 정말 이해할 수 없는 생각에서 벗어날 용기를 줬습니다. 왜 신이라는 혼란스러운 개념 때문에 세상을 복잡하게 봐야 합 니까?

대주교: 하나님은 어떤 형태로 규정돼야 하는 존재라고 생각하 지 않습니다. 나는 하나님을 사랑과 수학(이성)이 연합된 분 이라 부르겠습니다. 하나님은 인간의 좁은 틀 너머에 계시는 분입니다.

여러 언론과 사람들의 기대와 달리 그날 토론회는 격렬한 논쟁 없이 시종일관 차분하게 이루어졌고, 서로 상대를 인정하는 모 습이었습니다. 도킨스 교수는 "오늘 아침 샤워할 때도 찬송가를 불렀다"며 "나도 문화적으로는 영국 성공회(신자)"라고 했고, 윌리엄스 대주교도 자신의 크리스마스 설교 내용을 도킨스 교수가 책에 인용한 점에 고마워했습니다.

그 토론회에서 도킨스 교수가 던진 가장 까다로운 질문은 '하나님이 창조주라는데 왜 매일 나쁜 일이 일어나고 인간이 고통 받아야 하는가?'였습니다. 이에 대해 윌리엄스 주교는 "답하기 어려운 문제지만, 하나님이 왜 더 큰 고통을 주지는 않을까도 생각해 봐야 한다"고 했습니다.

제 과학 지식은 도킨스 교수에 비하면 미미할 것입니다. 윌리엄스 대주교도 저보다 훨씬 많은 신학 지식이 있을 것입니다. 그러나 저와 이 두 분의 지식의 차이가 아무리 크다 한들, 인간과 하나님의 차이에 비기겠습니까? 인간이 하나님을 다 이해하려는 것은 작은 바가지에 바닷물을 다 담으려는 것과 같습니다.

"하나님이 선하신 분이라면 왜 세상에 악이 존재하고, 선한 사람이 고난을 당해야 하는가?" 하는 도킨스 교수의 질문은 유사 이래 많은 사람들이 가졌던 의문입니다. 시편 73편을 기록한 아삽도 같은 질문을 던졌고, 하박국 선지자도 "왜 악인이 의인을 등쳐먹고, 정의는 짓밟힙니까?"라며 절규했습니다. 이것을 신학 용어로 '신정론Theodicy'이라고 합니다. 하나님이 세상을 다스리신다는 것을 인정하지 않는 사람들은 세상에 악이 존재하는 것에 대해 이렇게 하나님을 탓합니다.

"하나님이 악을 막을 수 있는 분이심에도 막지 않으신다면 그분은 사랑의 하나님이 아니시다. 또한 악을 막으려 하지만 막지 못하신다면 그분은 전능하신 분이 아니시다."

누군가가 '선한 하나님이 존재한다면 왜 세상에 악이 존재하고,

이것들을 생각하라

선한 사람이 고통 받는가?'라고 묻는다면 그의 마음 깊은 곳에는 '나는 선하다'는 생각이 깔려 있습니다. 그러나 인간은 본질적으로 결코 선하지 않습니다. 만약 하나님께서 세상에 있는 악을 없애기 위해 악한 일이 일어날 때마다 응징하시고, 우리가 악한 일을 저지를 때마다 즉각 처벌하신다면 세상은 어떻게 되겠습니까? 온 세계 구석구석에 유혈이 낭자할 것입니다. 무엇보다 우리 중에 성한 사람은 아무도 없을 것이고, 어쩌면 아무도 살아남아 있지 않을지도 모릅니다.

어린 자녀들은 부모의 생각과 삶을 다 이해하지 못합니다. 다른 사람의 옷차림이나 머리 모양, 행동에 그렇게 관대하면서 자녀인 자신에게는 왜 그렇게 엄격한 잣대를 대시고, 때로는 매질까지 하시는지 이해되지 않습니다. 먹기 싫은 밥은 왜 그렇게 먹이려 하시는지, 귀가 시간은 왜 통제하시는지, 자유롭게 사용하는 언어를 왜 규제하시는지, 필요한 것을 사달라는데 왜 그렇게 이리저리 재시는지 이해되지 않는 것투성이입니다. 그러다 점점 자라고 철이 들면서 많은 부분을 이해하게 됩니다. 자신도 부모가 되어 자녀를 키우면서 부모님께 깊이 감사하게 됩니다. 자녀가 부모를 다 이해하는 것이 이러하다면 하물며 피조물과 창조주이겠습니까? 유한한 존재와 영원하신 분이 어떻게 동일하겠습니까?

도킨스 교수가 쓴 대표적인 저서가 《만들어진 신 *The God Delusion*》입니다. 이 책에서 그는 신앙은 허구이며, 인간은 신(하나님)이 없어도 충분히 선하고 도덕적일 수 있다고 합니다. 오히려 종교로 인해 전쟁과 가난, 아동학대와 동성애자 차별이 왔기에 종교와 신이 사라져야 사회가 희망적일 수 있다고 주장했습니다.

저는 도킨스 교수에게 묻고 싶습니다. 여성해방, 노예해방, 아동해방, 병자나 약자들을 돕는 사회기관 등이 도대체 어떤 사람들에 의해 시작되었는지 말입니다.

도킨스 교수의 주장처럼 사람들은 '인간이 신을 만들었다'고 생각할 수도 있고, 그리스도인들의 고백처럼 '신(하나님)이 인간을 만들었다'고 생각할 수도 있습니다. 인간이 신을 만들고, 스스로의 능력만으로 자신의 인생과 세상을 아름답게 만들어 갈 수 없다는 것은 이미 오래 전에 하나님께서 모세를 통해 말씀하셨습니다. 출애굽기 32장 1-4절이 이렇게 증거합니다.

백성이 모세가 산에서 내려옴이 더딤을 보고 모여 백성이 아론에게 이르러 말하되 일어나라 우리를 위하여 우리를 인도할 신을 만들라 이 모세 곧 우리를 애굽 땅에서 인도하여 낸 사람은 어찌 되었는지 알지 못함이니라 아론이 그들에게 이르되 너희의 아내와 자녀의 귀에서 금고리를 빼어 내게로 가져오라 모든 백성이 그 귀에서 금고리를 빼어 아론에게로 가져가매 아론이 그들의 손에서 금고리를 받아 부어서 조각칼로 새겨 송아지 형상을 만드니 그들이 말하되 이스라엘아 이는 너희를 애굽 땅에서 인도하여 낸 너희의 신이로다 하는지라

모세는 십계명을 받기 위해 시내산에 올라가 40일 동안 머물고

이것들을 생각하라

있었습니다. 그 기간 동안 이스라엘 자손들은 불안해서 견딜 수 없었습니다. 그래서 아론을 부추겨 제안하기를 '우리 앞에 서서 인도할 신을 만들어 달라'고 했습니다. 아론이 사람들로부터 금 귀고리를 받아서 송아지 형상을 만들었습니다. 사람이 만든 신입니다. 그러고는 "이스라엘아, 이 신이 우리를 애굽에서 꺼내 온 우리의 신이다"라고 선언하고 잔치를 벌였습니다.

사람을 인도하려면 모든 면에서 사람보다 뛰어나야 합니다. 그렇지 않고서야 어떻게 사람을 인도할 수 있겠습니까? 사람보다 못한 짐승이 사람을 인도할 수 있겠습니까? 그러나 사람이 만든 것은 사람보다 결코 뛰어날 수 없습니다. 사람이 만든 송아지 형상이 사람을 인도한다는 것은 있을 수 없는 일입니다. 우리는 우리가 만든 신을 믿거나 그 신이 우리를 인도한다고 믿지 않고, 우리를 만드신 하나님을 믿고, 하나님이 우리를 인도하신다는 것을 믿습니다. 또한 우리의 우리 됨, 우리가 하나님의 자녀다워질 수 있는 것은 우리의 능력이 만들어 내지 않고, 하나님께서 우리를 그렇게 만들어 가시는 것임을 믿습니다.

오직 그리스도 안에 있을 때

한때 바울도 자신의 의지나 노력만으로 최상의 삶을 일구어 다른 사람들보다 우월한 인생을 살 수 있고, 하나님 앞에 당당하게 서는 의로움을 갖출 수 있다고 확신했습니다.

그는 정통 유대인이고, 부모, 조상 대대로 유대인입니다. 그것도 이스라엘 민족 가운데 가장 자랑스러운 베냐민 지파 가문의 아들입니다. 그리고 비록 예루살렘에서 멀리 떨어진 터키 남부의 다소에서 태어나고 자랐을지라도 민족 고유의 언어인 히브리어를 잊지 않고 히브리식 교육을 받았습니다. 게다가 율법의 잣대로는 완벽에 가까운 삶을 살았습니다.

바울은 이러한 삶이 최상의 인생길을 걷는 것이라 생각했습니다. 그러나 다메섹으로 가는 도중 부활하신 주님께서 그를 만나 주셨습니다. 사흘 동안 눈이 멀었고, 눈에서 비늘이 떨어지고 나서야 최상의 삶이 무엇인지, 자신을 올바르게 가꾸어 가는 것이 무엇인지 비로소 눈뜨게 되었습니다. 본문 7-8절 상반절에서 바울은 이렇게 고백합니다.

■ 그러나 무엇이든지 내게 유익하던 것을 내가 그리스도를 위하여 다 해로 여길뿐더러 또한 모든 것을 해로 여김은 내 주 그리스도 예수를 아는 지식이 가장 고상하기 때문이라

바울은 자신이 붙잡고 있던 율법이 세상에서 가장 빛 된 삶을 살게 해주는 것이고, 그것보다 더 값진 지식이 없다고 생각했는데, 예수 그리스도를 만나고 나니 율법의 빛은 그리스도의 빛에 비하면 태양빛 앞의 전등이나 촛불에도 비길 수 없는 것이었습니다. 또한 율법을 아는 것과 그리스도를 아는 것의 차이는 초등학교에서 구구단을 깨친 아이의 지식과 아르키메데스나 뉴턴, 가우스 같은 수학자의 지식의 차이보다 엄청나게 큰 것이었습니다.

계속해서 바울은 고백합니다. 8절 하반절과 9절 상반절입니다.

■ 내가 그를 위하여 모든 것을 잃어버리고 배설물로 여김은 그리스도를 얻고 그 안에서 발견되려 함이니

이것들을 생각하라

영화 〈아마데우스〉에서 살리에리가 모차르트의 음악을 접하고서 자신의 음악이 얼마나 형편없는지 느낀 것처럼, 그리스도 앞에 있는 율법은 천박하기 그지없었습니다. 율법 안에서 발견되는 것보다 그리스도 안에서 발견되는 것은 무엇과도 비교할 수 없는 고상함이 있었습니다.

복음성가 〈낮엔 해처럼 밤엔 달처럼〉을 지은 최용덕이라는 분이 있습니다. 그분이 지은 복음성가 중에 〈참회록〉이라는 노래가 있습니다. 제 대학시절 참 많이 부르던 노래입니다. 그 노래의 1절과 3절 가사가 이러합니다.

■   1. 수없는 날들이 나에게 주어졌지만/ 이제 와 돌아보니 모두 허무함뿐이라/ 수많은 재물들 부귀 권세도 어느 것 하나 나에게 행복을 주지 못해/ 이제 와 후회하여 용서 비오니 불쌍한 이 몸을 주여 용서하소서
3. 주 앞에 엎드려 나의 인생길 돌아보니/ 눈물만 하염없이 나의 무릎을 적시네/ 불쌍한 이웃들 가난한 이들 아무리 그들 보아도 내 것만 찾은 인생/ 주님께 엎드려 용서 비오니 영 죽을 이 영혼 주여 구원하소서

그분이 악보를 그려 만든 찬양집에 이 노래를 지은 배경이 이렇게 기록되어 있습니다.

■   나는 '가망 없는 녀석' 가운데 하나였습니다. 나는 누나가 교회에 나가는 것이 그렇게도 싫었습니다. 책꽂이에서 '헌금'이라 적힌 돈 봉투를 발견하고는 누나를 증오하기 시작했습니다. 구멍

난 운동화도 새로 못 사주면서 어디다 돈을 갖다 바치느냐는 생각에서였습니다.

나의 종교관에서 하나님, 예수님은 어느 무당집 돌 신상과 다를 바 없는, 인간이 만들어 낸 창작품에 지나지 않았습니다. 나는 교회에 나가는 누나가 너무 싫어, 어느 날 심하게 다투다가 네 살 위인 누나의 뺨을 후려치고는 집을 나갔습니다. 내게 하나님이란 쓸모없는 허상이었습니다. 나는 철저한 무신론자였습니다. 특별한 가치관이나 사상도 아닌 맹목적인 거부였습니다. 그러나 누나와 헤어져 먼 이방에서 홀로 기거하던 유학시절, 내 마음의 문을 이미 오래 전부터 두드리고 계시던 주님을 친구로부터 소개받았을 때…… 내 의지와는 전혀 상관없이 그렇게 많은 눈물이 걷잡을 수 없이 흘러내리고…… 그리고 지난 84년 가을, 시집간 누나를 찾아 달려간 전남 해남 어느 마을 교회당에서 남매가 함께 특송을 할 때, 주체할 수 없을 정도로 펑펑 울어대시던 누나…… 나의 새로운 인생은 예수 그리스도를 만나고부터 그렇게 시작되었습니다.

바울은 당대에 가장 뛰어난 학자로 알려진 가말리엘의 문하생이었습니다. 그러나 바울은 그리스도인이 됨으로 총명한 학자에서 바보 취급 받는 사람이 되었습니다. 그가 함께했던 사람은 대부분 이방인 아니면 노예였습니다. 게다가 손수 천막을 지으며 생계를 마련해야 했습니다. 바울이 이러한 삶을 수용할 수 있었던 것은 그에게 그리스도를 아는 지식이 가장 고상했기 때문이고, 그리스도 안에서 발견되는 것보다 더 나은 삶이 없기 때문이었습니다.

대학 시절에 만난 한 목사님이 제게 준 명함이 잊히지 않습니다. 앞면은 여느 명함과 다르지 않게 이름과 전화번호가 적혀 있는데, 뒷면에는 영어와 한글로 이렇게 쓰여 있었습니다.

"If we meet and you forget me, you have lost nothing; but if you meet JESUS CHRIST and forget him, you have lost everything"(우리가 만나고 난 후, 당신이 나를 잊어도 당신은 잃어버린 것이 아무 것도 없습니다. 그러나 당신이 예수 그리스도를 만나고 난 후, 그분을 잊는다면 당신은 모든 것을 잃은 것이나 다름이 없습니다.) 바울에게 명함이 있었다면, 그의 명함 뒷면에도 이와 같은 글이 쓰여 있었을지 모릅니다.

바울의 고백은 9절 하반절에서 이렇게 이어집니다.

■ 　　내가 가진 의는 율법에서 난 것이 아니요 오직 그리스도를 믿음으로 말미암은 것이니 곧 믿음으로 하나님께로부터 난 의라

신앙생활 중에 자주 접하게 되는 '의義'는 참 중요한 단어입니다. 특히 로마서의 전체 주제가 '의'입니다. 로마서 3장 24절이 이렇게 증거합니다.

■ 　　그리스도 예수 안에 있는 속량으로 말미암아 하나님의 은혜로 값없이 의롭다 하심을 얻은 자 되었느니라

'의'라는 말을 바르게 이해하지 않고는 예수 그리스도의 구속 사역을 제대로 이해할 수 없습니다. 의는 많은 사람에게 큰 영향을 미쳤습니다. 성 어거스틴, 종교개혁가 마틴 루터, 영국 감리교 창시자 존 웨슬리가 모

두 이 단어로 인해 인생이 송두리째 바뀌었습니다. 수많은 그리스도인들이 의를 덧입고서 삶이 새로워졌고, 그들의 인생에 정직성과 도덕성이 회복되었습니다.

바울은 의가 율법에서 난 것이 아니라고 합니다. 그것은 인간의 행위로 만들 수 없는 것이라는 의미입니다. 그는 이전에 자신의 노력과 의지로 의를 만들어 내려 했습니다. 그래서 자신의 행위로 의를 완성하면 하나님 앞에 설 수 있을 거라고 자신만만해했습니다. 그렇게 생각하고 있었기 때문에 의를 완성하러 왔다는 예수님을 받아들일 수 없었고, 예수님을 추종하는 무리들은 하나님의 반대편에 서 있다고 확신했습니다. 그런데 예수 그리스도께서 자신을 만나 주신 후 자신이 얼마나 잘못된 생각 속에 있었는지 깨닫게 되었습니다.

그래서 바울은 그 의가 '하나님의 의'라는 것을 깨닫게 되었습니다. 그 의는 인간이 만들어 내는 게 아니라 하나님께서 주시는 것이라는 것입니다. 그래서 9절을 한 단어로 요약하면 '이신칭의以信稱義'입니다.

그리고 의를 이루어 가는 것은 오직 '그리스도 안에서'만 가능합니다. 고린도전서 1장 30절이 이렇게 증거합니다.

■   너희는 하나님으로부터 나서 그리스도 예수 안에 있고 예수는
     하나님으로부터 나와서 우리에게 지혜와 의로움과 거룩함과 구
     원함이 되셨으니

예수 그리스도께서 우리의 의로움이 되셨다고 합니다. 즉 의는 우리가 그리스도와 하나 됨으로 온전히 이루어 갈 수 있는 것입니다.

저는 그림을 잘 그리지 못합니다. 그래서 초·중·고등학교 시절 가장 싫었던 수업이 미술 시간입니다. 당시에 참 이해되지 않았던 것은, 미술 시간은 한 시간으로도 충분한데 왜 두 시간씩 이어져 있는가 하는 것이었습니다. 때로는 그림을 그리기 싫어서 일부러 준비물을 안 가지고 간 적도 있습니다. 그릴 줄 모르는 그림을 그리느라 힘들어 하니 차라리 벌을 서는 것이 더 편했기 때문입니다. 제 미술 성적은 대부분 '미'였던 것으로 기억됩니다. 다행히도 미술은 실기만 아니라 이론도 함께 시험을 봤기 때문에 '아름다운 성적'(미)이라도 받을 수 있었지, 실기로만 평가했다면 '양'이나 '가'를 받았을 것입니다.

초등학교 4학년 때였습니다. 두 시간 연속인 미술 수업 중에 첫째 시간에 그림을 다 그리고, 쉬는 시간에 운동장에 나와서는 다음 수업을 알리는 종이 울려도 들어가지 않았습니다. 저는 운동장 구석에서 돋보기로 종이를 태우고 있었는데, 선생님이 찾아오셨습니다. 저는 몹시 혼이 나리라 생각하고 있었지만 선생님은 이렇게 말씀하셨습니다. "한조는 미술보다 자연을 더 좋아하는가 봐." 지금도 참 감사하게 생각되는 선생님입니다. 그만큼 제게 그림 그리는 것은 어려운 일이었습니다. 제 아이들이 어릴 때에도 그림을 그려 달라고 하면 거의 그려 주지 못했습니다.

그런데 제가 미술 성적을 '수'를 받은 적이 있습니다. 중학교 2학년 때, 한번은 미술 시간에 판화를 했습니다. 그림도 잘 그릴 줄 모르는 제가 칼로 파서 작품을 만드는 것은 훨씬 어려운 일이었습니다. 그래서 무엇을 어떻게 해야 할지 몰라 우두커니 첫 시간을 보냈습니다. 쉬는 시간이 되자 한 친구가 한 시간 동안 어느 정도 팠는지 물었습니다. 할 줄을 몰라서 가만히 있었다고 했더니, 자신이 좀 해도 되겠느냐고 물었습니다. 저는 승낙했습니다. 그 쉬는 시간 10분 동안 그 친구는 조각칼로 저의 고무판을 갖고 뭔가를 파내기 시작하더니 '학'을 한 마리 파주었는데 아주 생생한 모습이었습니다. 그 학이 고무판을 뛰쳐나와 날아갈 듯했습니다.

그때부터 겁이 나기 시작했습니다. 평소 제 그림 실력을 뻔히 아시는 선생님이 그것을 보시면, 제가 하지 않았다는 것이 금방 들통 날 것이기 때문이었습니다. 수업이 끝나기 전, 조마조마한 마음으로 판화를 제출했는데 미술 선생님께서 뚫어지게 쳐다보시더니 이렇게 말씀하셨습니다. "굼벵이도 구르는 재주가 있다더니, 그림은 그렇게 못 그리는 놈이 판화는 이렇게 잘 할 줄 몰랐다." 저는 그 실기 성적에서 50점 만점에 49점을 받아서 학기말에 '수'를 받았습니다. 미술 선생님은 틀림없이 제 판화를 누군가 해주었다고 생각하셨을 것입니다. 그럼에도 그것을 제가 했다고 여겨 주셨을 것입니다.

저는 지금도 그림을 잘 그리지 못합니다. 빼어난 작품을 그리는 것이 저의 구원이라면 저는 결코 구원에 이르지 못할 것입니다. 제가 빼어난 그림을 그릴 수 있는 방법은 연필이나 붓을 쥐고 있는 제 손을 뛰어난 화가가 잡고서 함께 그리는 것입니다. 저는 힘을 빼고 화가가 그리는 대로 맡기는 방법밖에 없습니다. 그러면 연필이나 붓을 잡고 있는 제 손에서 빼어난 그림이 그려질 것입니다. 그러나 그것은 제가 뛰어나기 때문이 아니라 저를 잡고 있는 손이 뛰어나기 때문입니다. 그것이 '이신칭의'와 비슷합니다. 우리가 의롭게 된 것은 우리의 의로운 삶 때문이 아니라 주님의 의가 우리를 덮어 주셨기 때문입니다.

그래서 바울은 '그 안에서 발견되려 한다'고 합니다. 우리가 주님 안에 있게 될 때 주님 안에 있던 것이 우리에게 오는 것입니다. 우리가 오직 그리스도 안에 있을 때, 하나님께서는 우리가 죄 없다고 말씀해 주시고, 모든 율법을 지킨 사람으로 여겨 주십니다. 우리가 천 년을 산다 해도 우리 스스로의 능력으로는 의의 완성의 자리까지 나아가지 못합니다. 노아 홍수 이전에 살았던 사람의 평균 수명이 800살이 넘습니다. 그러나 그들도 모두 죄인이었습니다. 예수 그리스도라는 옷을 입을 때 우리는 비로소 의로워집니다.

바른 그리스도인이 되고 싶으십니까? 이 땅에서 우리의 권리를 쓸 수 있음에도 절제하는 삶을 살아 하나님 앞에 서게 되었을 때 상을 받고 싶으십니까? 그것은 오직 예수 그리스도를 통해 하나님께로부터 오는 의를 덧입을 때 가능합니다.

하나님 아버지!

인간들은 날이 갈수록 하나님을 하나님으로 인정하기 참 싫어합니다. 인간 스스로의 능력으로는 온전한 삶을 살 수 없음에도 끝까지 그렇지 않다며 고집 부리곤 합니다. 하나님을 혼란스러운 분으로 치부하기도 하고, 하나님의 사랑과 자비를 무관심으로 폄훼하기도 하며, 하나님의 전지전능하심을 유한한 인간의 머리로 재려고도 합니다. 그럼에도 오늘도 하나님의 성실하심으로 세상의 역사를 주관하시고, 우리 인생을 세심하게 인도해 주심으로 세상과 우리가 지금의 모습이라도 갖출 수 있게 됨을 감사합니다.

하나님 아버지, 우리 속에서도 하나님 없이 나 혼자 잘해 보려고 할 때가 많음을 고백합니다. 하나님 없이 나아가다 넘어져 깊은 상처를 입기도 하고, 때로는 길을 잃어 돌고 돌다가 많은 것을 잃고서야 비로소 하나님께 다시 나아오기도 했습니다. 그럼에도 여전히 나의 지혜와 의지와 결단을 자랑하고 싶어 합니다.

이 시간 다시 한 번 우리 마음의 태도를 고쳐 세우고 하나님을 향합니다. 예수 그리스도를 인격적으로 깊이 아는 것보다 더 고상함이 있을 수 없고, 그리스도 안에서 발견되는 것이 최고의 삶이며, 오직 예수 그리스도를 통하여 하나님께로부터 난 의로움만이 우리를 하나님의 자녀답게 만들어 감을 잊지 않게 하여 주옵소서. 그리하여 우리 모두가 예수 그리스도의 시선으로 세상을 바라보게 하시고, 날이 갈수록 예수 그리스도를 아는 지식이 고상하지 않다고 여겨지는 시대에 주님만이 소망임을 삶으로 보여 주게 하옵소서. 예수님의 이름으로 기도드립니다.

아멘.

이것들을 생각하라

2

빌립보서

3장 10-16절

10 내가 그리스도와 그 부활의 권능과 그 고난에 참여함을 알고자 하여 그의 죽으심을 본받아 11 어떻게 해서든지 죽은 자 가운데서 부활에 이르려 하노니 12 내가 이미 얻었다 함도 아니요 온전히 이루었다 함도 아니라 오직 내가 그리스도 예수께 잡힌 바 된 그것을 잡으려고 달려가노라 13 형제들아 나는 아직 내가 잡은 줄로 여기지 아니하고 오직 한 일 즉 뒤에 있는 것은 잊어버리고 앞에 있는 것을 잡으려고 14 푯대를 향하여 그리스도 예수 안에서 하나님이 위에서 부르신 부름의 상을 위하여 달려가노라 15 그러므로 누구든지 우리 온전히 이룬 자들은 이렇게 생각할지니 만일 어떤 일에 너희가 달리 생각하면 하나님이 이것도 너희에게 나타내시리라 16 오직 우리가 어디까지 이르렀든지 그대로 행할 것이라

05

알고자 하여

빌립보서 3장 10-12절

지식 아닌 지식

'지식'과 관련된 격언들이 있습니다. 대표적인 것이 '아는 것이 힘이다'와 '모르는 것이 약이다'일 것입니다. 이 두 격언은 서로 정반대 의미지만 공통점은 그 의미가 긍정적이라는 것입니다. 선하고 바르고 유익한 지식은 알면 알수록 삶에 도움을 주고, 악하고 그릇되고 유언비어 같은 지식은 모르는 것이 살아가는 데 훨씬 낫기 때문입니다.

그런데 아는 것과 모르는 것 사이에 해당하는 '어중간한 지식'은 어떻겠습니까? 우리 속담에 '선무당이 사람 잡는다'라는 말이 있습니다. 어정쩡하게 알기 때문에 오히려 상황을 악화시키는 경우에 쓰입니다.

어릴 때, TV를 보다가 잘 나오지 않으면 어른들이 TV를 탁 치곤 했습니다. 그러면 신기하게도 잘 나오는 것을 몇 번 보았습니다. 그때 어른들은 꼭 한 마디씩 했습니다. "TV와 애들은 맞아야 말을 잘 듣는다니깐……." 사실 TV가 잘 나오지 않은 것은 대부분 접촉 불량 때문입니다. 그 부분을 제대로 해주면 때리지 않아도 TV는 잘 나오게 되어 있습니다. 접촉 불량으로 잘 나오지 않는 TV를 'TV는 맞아야 잘 나온다'며 때리다가 TV를 망가뜨려 새로 TV를 산 사람이 적지 않을 것입니다. TV를 때려서 망가뜨렸는데 어디 가서 이야기할 수 있겠습니까? 망가뜨린 사람은 창피해서 말을 못 하고, 때렸다가 우연히 다시 접촉이 되어 TV가 나오게 되면 그것을 자랑하니까 'TV는 때려야 잘 나온다'는 것이 지식 아닌 지식이 된 것입니다.

어느 목사 이야기

신학대학원 시절, 저는 3년 동안 기숙사에서 지냈습니다. 당시 같은 층에 귀가 잘 들리지 않는 친구가 있었습니다. 남의 말을 긴장하고 듣지 않으면 옆에서 불러도 그냥 지나칠 정도였습니다. 또 귀에 이어폰을 꽂고 있으면 자기 목소리가 얼마나 큰지 잘 모르는 것처럼 그는 늘 큰 소리로 얘기했습니다. 그래서 입학한 지 얼마 안 되어 그와 대화를 나누면서 "그렇게 크게 이야기하지 않아도 알아들을 수 있으니까 작은 소리로 말해도 괜찮다"고 하기도 했습니다.

언젠가 그의 라이프 스토리를 들은 적이 있습니다. 자신이 신학을 공부할 수 있게 된 것은 전적인 하나님의 은혜라고 했습니다. 그는 어렸을 적에 뇌(척수)막염을 앓았는데 그때 부모님이 "만약 하나님께서 이 병을 낫게 해주신다면 아들을 하나님께 드

이것들을 생각하라

리겠습니다"라고 서원기도를 해서 그 병이 낫게 되었을 뿐만 아니라 대학도 졸업할 수 있었고, 신학대학원에도 올 수 있었다고 간증했습니다. 그 이야기를 듣고 하나님의 인도하심이 참 오묘하구나 생각했습니다.

제가 자랐던 교회에 아기 때 뇌막염을 앓은 후유증으로 농아聾啞가 된 친구가 있었습니다. 그는 농아학교에서도 수업을 잘 따라가지 못할 정도였습니다. 반면에 신대원 동기 친구는 대학을 졸업하고 신학대학원까지 진학하게 되었으니 자신에게는 얼마나 감격스러운 일이었겠습니까?

그는 늘 장발이었습니다. 머리가 귀를 덮고 있었습니다. 이발을 해도 귀 아랫부분이 약간 보일 정도로만 잘랐지 그 이상은 자르지 않았습니다. 긴 머리 때문에 종종 단정치 않게 보이기도 했습니다.

신학대학원 3학년 때의 일입니다. 당시 그는 한 교회 중등부에서 교육전도사로 섬기고 있었습니다. 2년 이상 같은 층에서 살았고, 제 방에도 자주 놀러 왔었기에 저는 다른 사람들보다 그에 대해 많이 알고 있다고 생각했습니다. 그래서 하루는 제가 "머리가 너무 길고 단정하지 못하면 교회 학생들에게 좋지 못한 인상을 줄 수 있으니 이발을 할 때는 좀 많이 자르면 훨씬 깔끔하게 보이지 않겠느냐"고 제안했습니다. 그러나 그는 '개성'이라며 일언지하에 거절했습니다. 속이 약간 상해서 다시 이야기했지만 같은 답변만 되풀이되었습니다.

며칠 후, 제 룸메이트가 그 까닭을 설명해 주었습니다. '그 친구는 어릴 때 뇌막염을 앓은 이후 청력이 아주 약해져서 지금은 귀에 보청기를 꽂고 있는데, 보청기를 빼면 거의 들을 수 없다'는 것이었습니다. 그 말을 듣는 순간 저는 참 미안하고 부끄러웠습니다. 저는 제 관점에서만 생각해서 조언했지, 그가 왜 머리를 길게 하고 다녀야 했는지를 생각해 본 적이 한 번도 없었기 때문입니다. 제가 그 친구였어도 그렇게 하고 다녔을 것입니다.

그래서 그에게 찾아가서 잘 몰라서 그렇게 말했다며 사과했습니다. 그는 교회에 가면 다른 사람들의 말을 알아듣기 위해 온 신경을 집중해서 초긴장 상태로 있어야 한다고 했습니다. 그래서 기숙사에 오면 긴장을 풀고 있기 때문에 다른 사람이 불러도 잘 알아듣지 못하고 그냥 지나가서 오해를 살 때가 많았다는 이야기도 해주었습니다.

제가 그 친구를 더 잘 알고 있다고 생각한 게 착각이었고, 그 착각이 신념이 되자 저는 가해자가 되었던 것입니다. 이처럼 부정확한 지식, 왜곡된 지식, 선입견이 된 지식은 무섭습니다. 다른 사람에 대해 바르게 알아갈수록, 또 온전하게 알아갈수록 그 사람을 더 잘 받아들일 수 있습니다.

바울이 간 길, 우리가 갈 길

오늘 본문에서 바울은 자신이 정말로 알기를 소망하는 세 가지를 피력합니다. 10절이 이렇게 증거합니다.

■ 내가 그리스도와 그 부활의 권능과 그 고난에 참여함을 알고자 하여 그의 죽으심을 본받아

이것들을 생각하라

첫째, 바울이 알기 원했던 것은 '그리스도'입니다.

바울은 이전에는 그리스도가 아니라 율법을 더 잘 알기를 원했습니다. 바리새인들은 하나님께서 율법, 특히 창세기에서 신명기까지인 모세5경을 먼저 만드시고, 그 율법에 따라 천지를 창조하셨다고 믿을 정도였습니다. 그래서 바울은 자신과 나이가 비슷한 사람들과는 비교할 수 없을 정도로 율법에 앞서 있었고, 율법에 관한 한 흠 잡힐 것이 없을 정도였습니다.

바울에게 예수 그리스도는 입에 담기도 싫은 존재였고, 당시 거의 버려진 곳과 같았던 갈릴리 나사렛 출신이, 그것도 천하디 천한 목수가 메시아라고 주장하는 것은 견딜 수 없는 일일 뿐만 아니라 하나님을 모독하는 행위와 같다고 생각했습니다. 그래서 그는 그런 사람을 추종하는 사람들이 매를 맞는 것뿐만 아니라 투옥당하는 것, 심지어 죽임을 당하는 것도 마땅하다고 여겼습니다. 그래서 스데반이 돌에 맞아 순교할 때도 그 자리에 있었고, 다메섹에 있던 그리스도인들을 잡아들이기 위해 대제사장에게 공문을 요청하기도 했습니다.

그러나 그랬던 바울이 이제는 그리스도 알기를 원한다고 고백합니다. '앎'은 배움을 통해, 본능을 통해, 분별을 통해 이루어지는 것이기도 하지만, 연합을 통해 이루어지기도 합니다.

가브리엘 천사가 마리아에게 나타나 '무서워하지 말라'며 '네가 잉태하여 아들을 낳으리니 그 이름을 예수라 하라'고 전했습니다. 그때 마리아가 보인 반응을 누가복음 1장 34절이 이렇게 증거합니다.

> 마리아가 천사에게 말하되 나는 남자를 알지 못하니 어찌 이 일이 있으리이까

마리아에게도 아버지가 있었을 것이고, 마리아가 살던 마을 사람들의 절반은 남자였을 것입니다. 요셉과는 약혼까지 했습니다. 그렇기 때문에 남자를 모를 리가 없습니다. 그럼에도 이렇게 말하는 것은 남자와 부부가 되어 관계를 맺어 본 적이 없다는 의미입니다.

부부는 서로에 대해 다른 사람이 알지 못하는 부분을 많이 압니다. 어떤 앎보다도 인격적이고 친밀한 앎입니다.

바울은 그리스도를 그렇게 알고 싶다고 소망하고 있습니다. 바울은 빌립보서 3장 8절에서 그리스도에 대해 이렇게 고백합니다.

■　　또한 모든 것을 해로 여김은 내 주 그리스도 예수를 아는 지식이 가장 고상하기 때문이라 내가 그를 위하여 모든 것을 잃어버리고 배설물로 여김은 그리스도를 얻고

바울은 그리스도를 아는 지식이 가장 고상하다고 고백합니다. 이전에 바울에겐 태어난 지 8일 만에 할례를 받은 것이 고상했고, 베냐민 지파로 정통 유대인인 것이 고상했고, 예루살렘이 아닌 이방 땅에 살았지만 히브리식 교육을 받고 히브리 말을 할 줄 아는 것이 고상했습니다. 또한 자신이 바리새인인 것과 율법에 신앙적 열정이 있는 것을 고상하게 여겼습니다. 그러나 그 고상함은 그리스도의 고상함에 비하니 태양 앞의 전구 밝기보다 못한 것이었고, 바다 앞의 풀장 크기보다 못한 것이었습니다.

그렇다면 예수 그리스도가 바울에게 어떤 분이었기에 생의 마지막을 살아가고 있는 지금도 더 알기를 원하는 것이겠습니까?

바울은 자신이 사울이었을 때 그리스도인들을 잡아들이기 위해 다메섹(다마스쿠스)으로 가다가 부활하신 주님을 뵈었습니다. 이 사건은 바울의

　　　　　　　　　　　　　　　이것들을 생각하라

인생을 완전히 바꾸어 놓았습니다. 이전에 자신이 알고 있던 그리스도와 자신을 만나 주신 그리스도는 전혀 다른 분이었습니다. 자신은 그리스도를 알고 있었다고 생각했지만 그것이 얼마나 부정확하고 왜곡된 지식, 선입견이 된 지식이었는지 비로소 눈뜨게 되었습니다.

예수 그리스도께서 만나 주신 후 눈이 멀었다가 회복된 바울은 곧바로 예수를 전파했는데, 사도행전 9장 20절은 이렇게 증거합니다.

■　　즉시로 각 회당에서 예수가 하나님의 아들이심을 전파하니

"예수님은 하나님의 아들이시다"가 바울이 전한 내용입니다. 사도행전에서 예수님을 '하나님의 아들'이라고 표현하는 것은 여기가 유일합니다. 토끼의 아들은 토끼이고, 사람의 아들은 사람이듯, '하나님의 아들'은 '하나님'이심을 표현하는 말입니다. 다메섹 사건이 바울로 하여금 주님이 누구인지 정확하게 알게 해준 것입니다.

바울의 '다메섹 사건'이 나오는 사도행전 9장을 '바울의 회심장回心章'이라고도 합니다. 회심은 스스로 마음을 돌려먹고 삶의 길을 돌이키는 것입니다. 그러나 바울은 그럴 의사가 결코 없었습니다. 주님께서 바울의 인생 행로를 바꾸어 주신 것입니다.

바울은 주님께 적대적이었고, 악의적 행동을 서슴지 않았던 자신을 외면하거나 포기하지 않고 찾아와 영원한 생명의 길을 보여 주신 주님의 은총을 잊지 않고 있는 것입니다. 그 은총이 그토록 감격스러워서 생을 얼마 남겨 놓지 않은 시점에서도 그리스도를 알기 원한다고 고백하는 것입니다.

둘째로, 바울이 알기 원했던 것은 '주님의 부활의 권능'입니다.

이것은 우리가 죽음 이후 경험하게 될 육체적 부활만을 의미하는 것이 아닙니다. 부활하셔서 그리스도인들의 삶 속에 역사하시는 그리스도의 능력을 의미합니다. 이 부활의 권능은 그리스도인들에게 새로운 삶의 원동력이 됩니다.

2011년 4월 22일부터 5월 6일까지 3주간 홍보관 1층 친교실에서 교회학교 전시회가 있었습니다. 벽면에 우리나라 기독교 초기 교회학교의 모습과 우리 교회의 교회학교 모습을 부서별로 전시해 놓았습니다. 그 전시회를 통해 교회학교 부서인 영아부, 유치부, 유년부, 초등부, 중등부, 고등부를 소개하고, 교회학교를 위한 교사와 교회학교를 위해 기도해 줄 사람들을 모집했습니다.

그 전시 공간에 초등부에서 부활 주일에 만든 것으로 보이는 '부활나무'가 있었습니다. 다양한 모양의 자그마한 색지에 자신이 생각하는 부활이 무엇인지를 써서 나무에 나뭇잎처럼 달아 놓은 것이었습니다. 초등학교 4, 5, 6학년이 생각하는 부활에 대한 정의였습니다. 그 가운데 가장 많은 것은 '부활은 계란이다'였습니다. 이유는 설명드리지 않아도 충분히 연상됩니다. 그 부활나무에 이런 글들이 있었습니다.

- 예수님의 부활은 '형광등'이다. 왜냐하면 예수님은 형광등처럼 꺼지셨다가 다시 켜지셨기 때문이다.
- 부활이란 '생일'이다. 왜냐하면 예수님 때문에 깨끗한 영을 얻어서 생일보다 기쁘고 축하해야 하기 때문이다.
- 예수님의 부활이란 '양화진'이다. 왜냐하면 양화진에는 부활을 기다리는 선교사님들이 묻혀 있기 때문이다.

이것들을 생각하라

그런데 제게 가장 인상적으로 다가온 쪽지가 있었습니다. 거기에는 이렇게 쓰여 있었습니다. '최종병기 부활.'

처음에는 혼자서 소리 내어 웃었습니다. 그 글을 쓴 아이는 틀림없이 영화 〈최종병기 활〉을 기억에 떠올리며 썼을 것입니다. 저도 그 영화를 떠올렸습니다.

그러다가 갑자기 눈물이 날 것 같았습니다. '최종병기 부활, 최종병기 부활…… 그렇지! 기독교의 가장 강력한 무기는 부활이지!' 하는 생각이 들었습니다.

인간이 가장 두려워하는 대상은 죽음입니다. 죽음은 모든 것을 단절하게 합니다. 아무리 많은 재물이 있어도 죽음이 임하면 자신과는 아무 관계가 없습니다. 아무리 지위가 높아도 죽음을 당하면 자신이 앉았던 의자에는 다른 사람이 앉게 됩니다. 아무리 뛰어난 재능이 있어도 죽음의 엄습을 당하면 손끝 하나 움직일 수 없습니다. 아무리 사랑한다고 한들 죽음에 접한 인생은 병풍의 가림을 당하게 됩니다. 그러나 우리에게 언제나 소망이 있는 것은, 죽음이 그리스도인들을 완전히 지배할 수 없기 때문입니다. 그래서 부활장이라 불리는 고린도전서 15장에서 바울은 이렇게 외칩니다. 55-57절입니다.

> ■ 사망아 너의 승리가 어디 있느냐 사망아 네가 쏘는 것이 어디 있느냐 사망이 쏘는 것은 죄요 죄의 권능은 율법이라 우리 주 예수 그리스도로 말미암아 우리에게 승리를 주시는 하나님께 감사하노니

우리 삶의 최후에 기다리는 것은 '사망'이 아니라 '우리에게 승리를 주

시는 하나님'이십니다. 우리 삶에 불편함이 있고, 한숨이 있고, 눈물이 있고, 좌절스럽고 절망스러운 일이 있을지라도 우리가 소망을 갖는 것은 우리에게 승리를 주시는 하나님께서 함께하고 계시기 때문입니다. 그 부활의 권능을 바울은 알기 원한다고 합니다. 비록 지금 몸은 감옥에 갇혀 있을지라도 말입니다.

셋째로 바울이 알기 원했던 것은 '주님의 고난에 참여함'입니다.

그리스도와 상관없이 살았던 사람들이 그리스도를 알게 되는 것은 참 놀라운 경험입니다. 주님의 부활의 권능을 깨닫게 되는 순간도 잊힐 수 없습니다. 많은 사람들은 그 단계에 머물러 즐기기를 원합니다. 그러나 바울이 알기 원했던 것은 주님의 고난에 동참하는 것까지였습니다. 바울은 같은 감옥에서 써서 보낸 편지인 골로새서에서 이렇게 고백합니다. 1장 24절입니다.

■   나는 이제 너희를 위하여 받는 괴로움을 기뻐하고 그리스도의
     남은 고난을 그의 몸된 교회를 위하여 내 육체에 채우노라

바울은 그리스도의 남은 고난을 자기 육체에 채운다고 합니다. '그리스도의 남은 고난'은 그리스도가 당한 고난이 불충분함을 의미하는 것이 아닙니다. 예수님께서는 십자가 위에서 "다 이루었다"고 선언하셨습니다. 이 고난은 그리스도의 몸된 교회가 교회답게 되는 데서 비롯하는 고난입니다. 그리스도는 교회의 머리이시고 교회는 그리스도의 몸이기에 그리스도와 교회는 하나입니다. 그래서 교회를 위한 고난을 '그리스도의 남은 고난'이라고 표현하는 것입니다.

또한 갈라디아서에서는 자신의 겪은 고난을 이렇게 표현합니다. 6장

17절입니다.

■　　　이 후로는 누구든지 나를 괴롭게 하지 말라 내가 내 몸에 예수의 흔적을 지니고 있노라

바울은 자기 몸에 '예수의 흔적'을 지녔다고 합니다. 쇠붙이로 만들어 불에 달구어 찍는 도장을 '낙인烙印'이라고 합니다. 목재나 가축 따위에 주로 찍는데, 고대에는 노예들에게 찍어서 주인이 누구인지 표시하기도 했고, 형벌로 죄인의 몸에 찍기도 했습니다.

바울은 전도 여행 중에 수없이 매를 맞았고, 유대인들에게 사십에 하나 감한 매를 다섯 번이나 맞았으며, 태장으로 세 번 맞았습니다. 심지어 루스드라에서는 돌에 맞았는데 사람들이 그가 죽은 줄 알고 버리기까지 했습니다. 그 외에도 강의 위험, 바다의 위험, 강도의 위험, 동족의 위험, 이방인의 위험, 광야의 위험 등을 겪었습니다. 그러한 것이 그의 몸에 고스란히 남아 있었는데, 그것을 바울은 '상처'라 하지 않고 '예수의 흔적'이라 했습니다.

바울은 주님께 그렇게 적대적이었던 자신을 불러주신 주님의 은총을 잊지 않고 있었기에 자신의 몸에 난 상처들은 상처나 낙인이 아니라 예수님을 위한, 예수님께서 만들어 주신 스테인드글라스로 여긴 것입니다.

바울이 알고 싶었던 것은 그리스도와 그분의 부활의 권능, 그분의 고난에 동참함이었습니다. 이것은 바울이 걸어간 인생길의 요약입니다. 다메섹으로 가다 부활하신 그리스도를 만났고, 아니, 그리스도께서 그를 만나 주셔서 주님을 향해 눈뜨게 되었고, 1~3차 전도 여행 중에 셀 수 없는 부활의 권능을 경험했으며, 많은 고난을 겪고, 참수당하기까지 주님

의 고난에 동참했던 것이 바울의 삶입니다.

바울이 걸어간 길과 우리가 걸어야 할 길이 다르지 않음을 아십니까?

오늘 예배에 참석하신 분들 중에 혹 아직 그리스도가 어떤 분인지 알지 못하고, 다만 호기심에서나 아니면 뭔가 붙잡고 싶어서 오신 분들이 계실 것입니다. 이성 친구가 가자고 해서이거나 가정의 평화를 위해 오신 분들도 계실 것입니다. 그런 분들은 그리스도를 인격적으로 만나실 수 있기를 바랍니다. 아니, 지나온 인생길을 가만히 돌아보십시오. 이미 주님께서 나를 만나 주셨음을 깨닫게 될 것입니다.

또한 그리스도를 인격적으로 만나고, 그분의 부활의 권능 속에 머무시는 분들도 계실 것입니다. 주님의 권능을 만끽하십시오. 주님의 부활의 권능은 홍해를 가르고, 만나를 내리시고, 병자도 치유하시고, 죽은 자도 살리시며, 떡 다섯 조각과 물고기 두 마리로 5천 명을 먹이고도 열두 바구니나 남습니다. 그뿐만 아니라 주님의 부활의 권능은 시몬을 베드로로 만드시고, 사울을 바울로 만드십니다. 이 부활의 권능이 우리에게 임했기 때문에 진리에 눈멀었던 우리가 진리에 눈뜨게 되었고, 눈에 보는 것과 세상이 전부라고 생각했던 가치관이 바뀌어 영원한 것에 소망을 두고 살아가게 되었습니다.

이제 우리에게 남은 것은 '그분의 고난에 참여하는 것'입니다. 주님의 고난에 참여하는 은총을 알아갈수록 우리 몸에도 예수의 흔적이 남게 될 것입니다. 이 길, 끝까지 걸어가 주시겠습니까?

'그리스도를 앎', '그분의 부활의 권능을 앎', '그분의 고난에 참여함을 앎' 중에 지금 어느 길에 머무르고 계십니까? 우리가 그 길을 묵묵히 걸어가다 보면 그 길 끝에서 팔을 벌리고 계신 주님을 만나 이렇게 고백하게 될 것입니다.

이것들을 생각하라

우리가 지금은 거울로 보는 것같이 희미하나 그때에는 얼굴과 얼굴을 대하여 볼 것이요 지금은 내가 부분적으로 아나 그때에는 주께서 나를 아신 것같이 내가 온전히 알리라(고전 13:12)

하나님 아버지!

우리는 알고 싶은 것이 많지만, 그것의 대부분은 세속적인 것이고, 나를 바르게 만들어 주고 영원한 길로 인도해 주는 것보다 내 욕심을 채우고, 나를 세상적으로 돋보이게 만들어 주는 것임을 인정하지 않을 수 없습니다.

오늘 말씀을 통해 우리가 무엇을 알아야 하는지 일깨워 주셔서 감사합니다.

바울은 30년 이상 그리스도를 알았음에도 여전히 자신에게 가장 고상하게 여겨지는 주님을 더 알고 싶은 소망이 있었습니다. 우리도 그러하게 하옵소서. 아직 주님을 인격적으로 알지 못하는 분들에게 역사하여 주셔서 오늘 그 눈에서 비늘이 떨어져 늘 함께하신 주님을 확인하는 은총이 임하게 하옵소서.

또한 이미 그리스도를 인격적으로 아는 분들에게는 주님의 부활의 권능을 더하셔서 주님의 부활은 어떤 장애물도 이기게 하는 '최종병기'가 됨을 소망하게 하여 주옵소서.

하나님 아버지!

우리는 주님의 부활의 권능에 머물기는 좋아하지만 주님의 고난에 참여하는 것은 본능적으로 싫어하는 존재입니다. 그 앎이 쉽지 않을지라도 그 앎까지 온전하게 나아가게 하옵소서. 우리

가 이 땅에서는 우리의 한계로 인해 그리스도를 온전하게 알 수
없다 할지라도 인생이 길어지고 신앙이 햇수가 더해질수록 주
님을 알아감이 더 넓어지고 깊어지게 하옵소서. 그리하여 우리
모두가 이 시대의 바울이 되게 하옵소서. 예수님의 이름으로 기
도드립니다.
아멘.

이것들을 생각하라

06 잡힌 바 된
그것

빌립보서 3장 10-12절

사극 〈선덕여왕〉

2009년 방영된 〈선덕여왕〉이라는 사극이 있습니다. 후에 선덕여왕이 된 덕만공주는 딸 쌍둥이 중에 동생으로 태어났습니다. 그러나 '임금에게서 딸 쌍둥이가 태어나면 성골(왕족) 남자의 씨가 마를 것이라'는 예언으로 인해 덕만은 왕궁을 떠나 중국에서 갖은 고초를 겪으며 살다가 신라로 들어와 마침내 공주가 되었습니다. 당시 '미실'이라는 여인이 신라를 좌지우지하고 있었습니다. 그는 일식과 월식 등 천문학에 관한 지식을 활용해서 백성들에게 일기日氣와 농사의 때를 알게 해주는 것이 마치 자신에게 신적인 능력이 있기 때문인 것처럼 백성들을 속여서 백성들에게 추앙받고 있었습니다.

선덕은 생각이 달랐습니다. 그는 공주로서 첫 소임으로 '첨성대'라는 천문대를 만들어 천문과 기상氣象에 관한 것을 백성들에게 공개하겠다고 했습니다. 천문으로 백성들을 통제하고 있었던 미실에게는 엄청난 충격이었습니다. 두 사람의 대화가 이렇습니다.

미실: 그래서 신권神權을 포기하시겠다는 말씀입니까?

선덕: 그렇게 하려고 합니다.

미실: 공주님! 세상은 종縱으로도 나뉘지만 횡橫으로도 나뉩니다. 종으로 나누면 이렇습니다. 백제인, 고구려인, 신라인. 또 신라 안에서는 공주님을 따르는 자들, 이 미실을 따르는 자들. 하지만 세상을 횡으로 나누면 딱 두 가지밖에 없습니다. 지배하는 자와 지배당하는 자. 세상을 횡으로 나누면 공주와 저는 같은 편입니다. 우린 지배하는 자입니다. 미실에게서 신권을 빼앗으셨으면 공주님께서 가지세요. 그걸 버리고 어떻게 통치하려고 하십니까?

선덕: 버리는 것이 아니라 백성에게 돌려주는 것입니다.

미실: 공주님! 우리는 정쟁政爭을 하고 있습니다. 정쟁에도 규칙이 있는 것입니다. 이것은 규칙 위반입니다. 무엇으로 왕권을 세우고, 조정의 권위를 세우겠습니까?

선덕: 진실이요.

미실: 진실? 무슨 진실을 말하는 것입니까? 백성들이 새로운 천신황녀라고 공주님을 외치고 있습니다. 그들에게 무슨 진실을요? '난 사실 아무것도 모른다. 나에게는 신비스러운 능력이 없다.' 이런 진실요?

선덕: '격물格物'이란 사물의 이치를 밝히는 것이며, 진실을 밝

이것들을 생각하라

히는 것입니다. 세주께선 진실을 밝히려는 격물을 가지고 마치 세주께서 천기를 운영하는 듯한 환상을 만든 것입니다.

미실: 백성은 환상을 원하니까요. 가뭄에 비를 내리고, 흉사를 막아 주는 초월적인 존재를 원하니 그 환상을 만들어 내야만 통치할 수 있는 것입니다.

선덕: 아니요. 백성은 희망을 원하는 것입니다.

미실: 백성이 희망을? 공주님, 군중의 희망 혹은 군중의 욕망, 이런 것들이 얼마나 무서운 것인지 모르시죠?

선덕: 예, 저는 무섭지 않습니다. 적어도 백성은 조금 더 잘 먹고 잘 살 수 있겠다는 희망을 원하는 것이지 환상을 원하는 것이 아니니까요.

미실: 백성은 왜 비가 오는지 알고 싶어 하지 않습니다. 일식이 왜 일어나는지 알고 싶어 하지 않습니다. 누군가 비를 내려 주고, 누군가 일식이라는 흉사를 막아 주면 그만입니다. 무지하고 어리석은 존재들입니다.

선덕: 그건 모르기 때문입니다.

미실: 예! 모릅니다. 자신들이 뭘 원하는지도 모릅니다.

선덕: 백성이 책력을 알면 스스로 절기를 알게 되고, 스스로 파종할 때를 알게 됩니다. 그리 되면 비가 왜 오는지는 몰라도 비를 자신들의 농사에 어떻게 이용할 수 있는지 알게 됩니다. 그렇게 한 발짝씩이라도 더 나아가고 싶은 게 백성입니다.

미실: 안다는 것은, 지혜를 갖는다는 것은 고통스러운 일입니

다. 그들에게 안다는 것은 피곤하고 괴로운 것입니다.

선덕: 희망은 그런 피곤과 고통을 감수하게 합니다. 희망과 꿈이 있는 백성은 신라를 부강하게 할 것입니다. 저와 같은 꿈을 꾸는 사람들과 함께 신라를 만들 것입니다.

미실과 선덕은 신라를 통치하는 최정점에 있습니다. 신라의 모든 백성이 그들 손 안에 있습니다. 그 둘의 말 한 마디, 행동 하나가 신라의 방향을 좌지우지합니다. 그러나 그 둘 역시 무엇인가에 사로잡혀 있습니다. 미실이 '통치와 환상'에 사로잡혀 있다면, 선덕은 '진실과 희망'에 사로잡혀 있습니다. 표면적으로 이 두 사람이 권좌에 있는 것은 비슷하게 보일지라도, 내면은 정반대의 것에 사로잡혀 있습니다.

수동태의 삶과 신앙

오늘 본문은 바울이 사로잡혔던 것에 대해 소개합니다. 바울은 '잡힌 바 된 것' 때문에 바울이 될 수 있었고, 평생 신실하게 살 수 있었습니다. 먼저 10절이 이렇게 증거합니다.

■ 내가 그리스도와 그 부활의 권능과 그 고난에 참여함을 알고자 하여 그의 죽으심을 본받아

바울은 '그리스도'와 '그분의 부활의 권능', '그분의 고난에 참여함'을 더 알고 싶어 했습니다. 이 부분은 지난주에 상세히 살폈습니다. 바울에

게 그리스도는 이미 '가장 고상한 지식'입니다. 그럼에도 그분을 더 알기 원한다고 고백하는 것은, 주님은 알면 알수록 그 고상함이 더욱 빛나기 때문입니다.

〈주 내 맘에 오신 후에〉라는 복음성가가 있습니다. 가사가 이렇습니다.

■   주 내 맘에 오신 후에 주 날 인도하시네/ 주께 내 맘 드린 후에 더욱 섬길수록 더 귀한 주님/ 더욱 섬길수록 더 귀한 주님 더욱 사랑할수록 주 날 사랑해/ 매일 내 맘에 기쁨이 넘치네 더욱 섬길수록 더 귀한 주님

주님 예수 그리스도는 실제로 이런 분이십니다. 그러나 우리의 병든 환상과 세속적 야망은, 주님을 더 잘 알아가야 하고 더 잘 섬겨야 하는 것을 가로막고 있습니다. 그래서 오랫동안 신앙생활을 해도 주님을 잘 모르는 것이 우리의 민망함이고, 아픔입니다.

10절 후반부에서 바울은 주님의 죽으심을 본받는다고 합니다. '본받다'의 헬라어 '쉼모르피조symmorphizo'는 '같은 틀을 갖다to conform'는 의미입니다.

붕어빵이나 국화빵을 같은 모양으로 만들어 내려면 손으로 정교하게 만들기보다 그냥 붕어빵틀이나 국화빵틀에 반죽을 부으면 됩니다.

바울은 주님의 고난에 참여하는 것의 의미를 아는 것만을 소망하지 않았습니다. 주님과 같은 삶의 틀로 살고 싶었고, 자신이 주님의 붕어빵이나 국화빵이 되고 싶었던 것입니다. 주님께서 인류의 죄를 위해 십자가에서 대속의 죽음을 당하시고 찬란하게 부활하셨듯이, 자신도 죄 된 옛사람

을 그리스도와 함께 장사 지내고, 그리스도께서 주시는 눈부신 부활의 생
명을 지니고 계속 성장하고 싶은 소망을 피력하고 있는 것입니다.

11절이 이렇게 증거합니다.

■　　어떻게 해서든지 죽은 자 가운데서 부활에 이르려 하노니

바울은 지금 로마의 감옥에 투옥된 상태입니다. 그러나 시선은 '부활'
에 머물고 있습니다. 부활의 새 생명을 입은 구원의 완성을 바라볼 수 있
게 된다면 주님과 같이 모욕당하고, 죽임을 당하게 되는 것 같은 고통을
겪는다 할지라도 묵묵히 감당하겠다는 결단을 하고 있는 것입니다.

잘 사는 것이 잘 죽는 것이고, 잘 죽는 것이 잘 사는 것입니다. 죽음의
바른 의미를 알고 있는 사람만이 바른 삶을 살 수 있습니다.

비록 지금의 상황은 로마의 감옥 안일지라도, 바울은 자신의 삶의 태
도에 대해 이렇게 고백합니다. 12절입니다.

■　　내가 이미 얻었다 함도 아니요 온전히 이루었다 함도 아니라
　　　오직 내가 그리스도 예수께 잡힌 바 된 그것을 잡으려고 달려
　　　가노라

이 구절은 우리에게 바울의 다메섹 사건을 떠올리게 합니다. 그리스도
인으로서의 바울, 사도로서의 바울에 대해 말할 때, 이 사건을 빼고 말하
는 것은 불가능합니다. 이 사건 때문에 그가 그리스도인이 되었고 사도
가 되었기 때문입니다.

다메섹 이전에 바울은 '잡은 바 된 그것'과 '잡을 바 된 그것'을 향해 달

려가는 인생이었습니다. 그러나 이제는 '잡힌 바 된 그것'을 위해 달려간다고 합니다.

이전에 바울은 자신이 '잡은 바 된 그것'이 많다고 생각했습니다. 태어난 지 8일 만에 할례를 받은 것과 베냐민 지파의 후손으로 정통 유대인이었던 것은 태어날 때부터 잡은 바 된 것이었습니다. 예루살렘이나 유대 지방이 아닌 이방인의 땅 다소에서 태어나고 자랐을지라도 히브리식 교육을 받고, 히브리말을 할 줄 아는 것은 다른 사람들이 쉽게 잡을 수 없는 잡은 바 된 것이었습니다. 바리새인인 것과 율법에 대해 신앙적 열정을 가졌던 것도 다른 사람들이 부러워할 만한 잡은 바 된 것이었습니다.

그러나 그 잡은 것은 그리스도께서 잡아 주신 것과 비교하니 아무것도 아니었고, 밋밋하기 그지없었습니다. 그래서 지금은 잡힌 바 된 그것을 위해 달려간다고 합니다. '달려가다'의 원래 의미는 '뛰어가다'가 아니라 '박해하다'입니다.

바울이 가장 나중에 써서 보낸 편지가 디모데전후서입니다. 거기서 바울은 자신이 과거에 어떤 존재였는지를 이렇게 고백합니다. 디모데전서 1장 13절입니다.

> 내가 전에는 비방자요 박해자요 폭행자였으나 도리어 긍휼을 입은 것은 내가 믿지 아니할 때에 알지 못하고 행하였음이라

바울은 자신의 과거 모습을 세 단어로 표현합니다. 비방자, 박해자, 폭행자입니다.

비방자는 말로 상대를 모독하는 것입니다. 이 단어는 주로 신성모독할 때 쓰는 단어입니다. "하나님 있으면 나와 보라고 해. 내가 하나님이

야” 하는 식의 개념입니다. 바울은 자신이 과거에 하나님을 위해 살았다고 생각했지만 주님을 만나고 보니까 하나님을 모독하는 것과 같은 삶이었다고 고백하는 것입니다.

폭행자는 '거만한 태도로 다른 사람을 학대하는 사람'을 뜻합니다. 바울 자신이 과거에 얼마나 많은 사람을 짓눌렀는지를 말하는 것입니다.

박해자는 '달아나는 사람을 따라가서 쓰러뜨리는 사람'을 뜻합니다. 그러니까 바울은 자신을 무서워해서 도망가는 사람마저 따라가서 폭력을 행사했던 사람이라고 고백하는 것입니다. '박해자'가 바로 오늘 본문 12절의 '달려가다'라는 동사에서 왔습니다.

실제로 바울은 그러했습니다. 그가 다메섹으로 간 것은 마지못해서이거나, 상부의 명령이기 때문이 아니었습니다. 그가 다메섹으로 가기 전에 주님의 제자들에 대해 위협을 가하고 있었고, 살기가 등등했습니다. 다메섹으로 가서 거기서 주님을 따르는 사람이 있으면 남녀노소를 막론하고 체포해서 예루살렘으로 호송하겠노라며 공문을 요청한 것도 그 자신이었습니다. 그때는 그것이 '잡은 바 된 그것'을 이루는 최고, 최선의 삶이라고 여겼기 때문입니다.

주님께서 그런 원수 같은 인간, 악질 같은 인간을 찾아가 만나 주셨을 뿐만 아니라 주님의 사역을 전하는 통로로 삼아 주셨습니다. 그것이 그토록 감격스러웠던 바울은 이제는 '자신을 잡아 주신 분'을 위해, 또 '잡힌 바 된 그것'을 위해 달려간다고 고백합니다. 이전과 동일한 삶의 열정이지만 이제는 그 방향이 반대로 바뀐 것입니다.

이전에 바울이 자기 의로 가득한 욕망과 야망의 옷을 입었다면, 주님을 만난 후에는 하나님의 의로 가득한 진리와 소망의 옷을 입게 된 것입니다. 이 옷은 자신이 잡았기 때문에 입을 수 있게 된 것이 아니라 그리

이것들을 생각하라

스도게 잡혔기 때문에 입힘 받은 옷입니다.

이스라엘의 초대 왕은 사울입니다. 사무엘상 15장에는 그의 인생이 영적으로 곤두박질치게 되는 사건을 보여 줍니다.

사울이 등극한 지 몇 년 지나지 않았을 때, 하나님께서는 사무엘을 통해 사울 왕에게 아말렉을 쳐서 진멸하고 아무것도 남기지 말라고 명령하셨습니다. 그러나 사울 왕은 21만 명의 군사들을 모집해서 전쟁을 치렀는데, 아말렉 왕 아각을 사로잡은 것을 비롯하여 양 떼와 소 떼 중에서 가장 좋은 것들과 가장 기름진 것들, 그리고 탐스러운 것들은 남겨두고 나머지 쓸모없고 값없는 것들만 골라 진멸했습니다. 하나님께서는 '모두'를 요구하셨지만 사울 왕은 '부분적으로' 순종했던 것입니다.

이 일로 하나님께서는 사울을 왕으로 세운 것을 후회하실 정도로 안타까워하셨고, 사무엘 선지자는 사울 왕을 위해 밤 새워 기도했습니다. 그러나 사울 왕은 자기를 위해 기념비를 세울 정도로 전쟁에서 승리한 것에 도취되어 있었습니다. 그리고 사무엘을 만났을 때, 하나님의 명령에 순종해서 승리했다고 자랑스럽게 말했습니다.

사무엘 선지자는 하나님께서 아말렉에 속한 것은 진멸하라고 하셨는데, 귀에 들리는 양과 소의 소리는 무엇이냐고 반문했습니다. 사울은 하나님께 제사드리기 위해 남겨 두었다고 변명했습니다. 그러나 사무엘 선지자는 "순종이 제사보다 낫고, 듣는 것이 숫양의 기름보다 낫다"며 "왕이 여호와의 말씀을 버렸으므로 여호와께서도 왕을 버려 왕이 되지 못하게 하셨습니다"라고 했습니다. 이 이후 사울은 30년 이상을 통치했지만 영적으로 회복되지 못했습니다.

사무엘 선지자의 바른 지적에 사울 왕은 비로소 왜 아말렉 왕 아각을 살려두고 좋은 짐승들을 전리품으로 삼았는지를 이렇게 고백했습니다.
사무엘상 15장 24절입니다.

> ■   사울이 사무엘에게 이르되 내가 범죄하였나이다 내가 여호와의
>   명령과 당신의 말씀을 어긴 것은 내가 백성을 두려워하여 그들
>   의 말을 청종하였음이니이다

　이스라엘에서 처음에 왕을 세울 때 몇몇 사람들이 의견을 모아서 한
것이 아닙니다. 열두 지파에서 각각 대표자 1,000명씩 모두 12,000명
을 뽑고 그들 중에서 사울을 왕으로 옹립했습니다. 그랬기에 사울은 명
실상부한 이스라엘의 왕이었고, 이스라엘 모든 백성이 그의 손 안에 있
었습니다. 사실 이스라엘 자손이 사울을 왕으로 세웠을지라도 실상은 하
나님께서 하신 것이었습니다. 그럼에도 사울 왕은 '하나님께 잡힌 바 된
사람'이 되지 못하고, '백성들에게 잡힌 바 된 사람', '권력에 잡힌 바 된
사람'이었습니다.
　모세도 아말렉과 전쟁을 치른 일이 있습니다. 이스라엘 자손들이 출애
굽한 후 처음으로 치른 전쟁입니다. 이스라엘 자손들은 전직 군인이나 경
찰이 아니라 노예들이었습니다. 그들이 엘림이나 광야에서 조직적으로
군사 훈련을 한 것도 아니었습니다. 여호수아가 사람들과 함께 아말렉과
싸우고 있지만, 승패가 여호수아와 이스라엘 자손들의 칼날에 있지 않았
습니다. 그들의 전략과 전술에 있지도 않았습니다. 그 승패는 모세가 올
린 손에 있었습니다. 전쟁에서 손을 들면 항복하는 것인데, 하나님께서
는 그것이 승리이고, 손을 내리는 것이 패배라고 하셨습니다.
　이 전쟁에서 승리한 모세가 행한 일을 출애굽기 17장 15-16절이 이

　　　　　　　　　　　　　　　이것들을 생각하라

렇게 증거합니다.

> ■ 　　모세가 제단을 쌓고 그 이름을 여호와 닛시라 하고 이르되 여호
> 　　　 와께서 맹세하시기를 여호와가 아말렉과 더불어 대대로 싸우리
> 　　　 라 하셨다 하였더라

사울 왕은 '기념비'를 쌓았지만 모세는 제단을 쌓고 그 이름을 '여호와
닛시―여호와는 나의 깃발(승리)'이라고 불렀습니다. 모세는 전쟁의 승리
가 여호수아와 이스라엘 자손들의 손에 있지 않고 하나님께 있었음을 알
았기 때문입니다. 모세는 진정 '하나님께 잡힌 바 된 사람'이었습니다.

오늘 말씀을 요약하면, '그리스도인의 삶과 신앙은 붙잡는 것이 아니
라 사로잡히는 것이다'라고 할 수 있습니다. 그래서 우리의 삶과 신앙은
'능동태'가 아니라 '수동태'입니다. 수동태라고 해서 소극적이라는 의미는
결코 아닙니다. 오히려 정반대입니다.

바울은 스스로 유대교를 포기하고, 기독교를 받아들이지 않았습니다.
기독교에 관한 이야기를 듣거나, 관련 서적을 읽고 흥미를 느껴서 그리
스도인이 된 것도 아닙니다. 그는 주님에 대한 호의가 조금도 없었음에도
그런 자신을 포기하지 않고 찾아와 주신 그 은총에 감격해서 평생 자신을
드리는 삶을 최선을 다해 살았습니다. 사람들이 바울의 겉모습을 보고 로
마 제국에 잡힌 바 되어 매인 몸이 되었다 생각할지라도 바울은 그리스도
께 잡힌 바 되었다고 생각했기 때문에 주님의 사람이 될 수 있었습니다.

우리 중에 어떤 분은 바울과 동일하지는 않다 할지라도 극적인 경험을
통해 '잡힌 바 된' 분들이 있을 것입니다. 명의名醫도 도저히 손 쓸 수 없

는 상황에서 하나님의 기적적 치유를 경험했을 수도 있습니다. 경제적 파산으로 모든 게 끝났다고 생각했는데 다시 시작할 수 있도록 신비한 방법으로 사람을 만나게 해주시고, 전혀 기대하지 않았던 환경이 열리는 것을 경험했을 수도 있습니다. 삶의 의미를 찾지 못하고, 미래에 대한 희망도 없고, 모든 것이 암울해 보일 때, 주님께서 희망과 빛으로 다가오시는 것을 경험했을 수도 있습니다. 죄와 허물, 방탕으로 일관한 삶을 살아, 나도 나를 용서할 수 없는 지경에 이르렀는데 '용서와 회복'으로 찾아오신 주님을 만나셨을 수도 있습니다. 이런 분들의 공동적인 특징은, 예전에는 스스로의 힘으로 충분히 살아갈 수 있다고 자신했지만 자신의 한계 밖에서 일어나는 일들, 자신의 능력으로는 도저히 해결할 수 없는 상황 앞에서 주님께 항복을 선언하게 되는 경우입니다.

언제 그리스도를 영접했는지 기억도 없는데 어느 날 보니까 '잡힌 바 된' 분들도 있을 것입니다. 이 경우의 대부분은 그리스도인 가정에서 자란 사람들입니다.

물론 청장년이 되었을 때 주님을 믿었음에도 너무도 자연스럽게 주님이 나의 구원자로 받아들여져 '잡힌 바 된' 경우도 있고, 그리스도인 가정에서 자랐음에도 불신자처럼 살다가 인생의 쓰디쓴 경험과 좌절과 절망을 경험하고서야 '잡힌 바 된' 분들도 있을 것입니다.

우리가 어떻게 해서 그리스도인이 되었는가는 그리 중요하지 않습니다. 중요한 것은 '잡힌 바 됨에 대한 인식'입니다. 우리는 '잡힌 바 된 그것'의 수준을 따라 살게 됩니다.

거지 손에 잡힌 바 된 아이는 거지처럼 살게 됩니다. 농부나 어부의 손에 잡힌 바 된 아이는 농부나 어부가 됩니다. 침팬지 손에 잡힌 바 된 아이는 타잔이 될 것입니다. 뛰어난 학자나 장인의 손에 잡힌 바 되면 아무

이것들을 생각하라

렇게나 인생을 살아갈 수 없습니다. 그 학자와 장인의 수준까지 되기를 요구받기 때문일 것입니다.

바울을 잡아 주신 주님께서 이제는 그 손으로 우리를 붙잡고 계십니다. 그리고 이제 우리에게 이 세상 속에서, 가정에서, 일터에서, 학교에서 그리스도인으로, 하나님의 자녀답게 살라고 말씀하십니다. 우리가 주님의 손에 잡힌 바 된 삶을 살기로 결단하고 그 길을 묵묵히 걸어갈 때, 이런 주님의 음성이 들릴 것입니다.

> ■ 두려워하지 말라 내가 너와 함께함이라 놀라지 말라 나는 네 하나님이 됨이라 내가 너를 굳세게 하리라 참으로 너를 도와주리라 참으로 나의 의로운 오른손으로 너를 붙들리라(사 41:10)

하나님 아버지!

우리의 신앙과 인생은 붙잡는 것이 아니라 붙잡히는 것임을 일깨워 주셔서 감사합니다. 우리의 지난 삶을 돌아보면 뭔가를 붙잡으려고 끊임없이 발버둥쳐 온 것이었습니다. 주님께서 주시기를 소망하기보다도 세상이 주는 환상과 내가 만들어 낸 허상을 잡기 위해 참 많이도 동분서주했습니다. 그래서 무엇인가를 잡았다고 생각했는데 잡은 그것이 나에게 아무런 의미를 줄 수 없는 것이거나, 잡지 못한 것을 잡았다고 착각할 때가 얼마나 많았는지요?

그럼에도 우리를 잡아 주신 것을 끝까지 놓지 않아 주셔서 정말 감사합니다. 우리가 교만으로 우리의 기념비를 만들 때도 묵묵히 기다려 주시고, 전리품에 눈멀어 있을 때도 동행해 주셔서 감사합니다. 이제는 우리 인생에 여호와닛시의 제단을 만들게 해 주옵소서. 인생의 순간순간에 누렸던 작은 승리들이 나의 잘남이 아니라 하나님의 은총이었음을 잊지 않게 하여 주옵소서. 그리스도께 '잡힌 바 된 그것'을 잊지 않은 바울을 본받기 원합니다. 바울을 통해 주님이 어떤 분이신지 더욱 선명하게 드러나고, 곳곳에 하나님의 사람들이 세워졌듯이, 우리도 주님께 '잡힌 바 된 그것'을 잊지 않음으로, 만신창이가 되어 떨어질 대로 떨어진 주님의 이름이 다시 높아지게 하시고, 우리가 서 있는 그곳이 하나님의 역사의 현장이 되어서, 우리의 삶이 하나님을 보여 주는 통로가 되게 하옵소서. 예수님 이름으로 기도드립니다. 아멘.

이것들을 생각하라

07

오직
한 일

빌립보서 3장 12-16절

'바른 잡힘'을 통한 행복

바울 일행은 그들의 계획이 아니라, 오직 성령님의 인도하심으로 빌립보에 이르게 되었습니다. 그러나 그들을 반기는 사람은 아무도 없었습니다. 두 번씩이나 성령님께서 인도하셨음에도 눈에 보이는 것은 아무것도 없었습니다. 이것이 '성령님의 인도하심인가' 하는 의구심이 들 정도였습니다. 당시 대부분의 큰 도시에는 흩어진 유대인들이 지은 회당이 있었습니다. 바울은 그 회당에 나오는 이방인들에게 복음을 전하곤 했습니다. 하지만 빌립보에는 그것마저도 없었습니다.

바울 일행이 기도하는 곳으로 가다가 귀신 들려 점치는 소녀를 만났는데, 그가 여러 날 동안 바울 일행을 괴롭게 했습니다. 그래서 예수 그리스도의 이름으로 그 소녀를 고쳐 주었는데, 그녀의 주인들은 이젠 더 이상 그 소녀가 돈벌이의 수단이 되지 못한다는 것을 알고 바울과 실라를 아고라로 끌고 가서 관리들에게 고발했습니다. "우리의 돈벌이가 끊어졌다"는 이유에서가 아니라 "이 사람들이 유대인인데 우리 성을 심히 요란하게 하여 로마 사람인 우리가 받지도 못하고 행하지도 못할 풍속을 전하"(행 16:20-21)기 때문이었습니다. 인간은 늘 자신의 욕망을 교묘하게 포장합니다. 그 고발로 바울과 실라는 옷 벗김을 당하고, 매를 심하게 맞고, 차꼬에 차여 깊은 옥에 갇히게 되었습니다.

그 매임으로 인해 간수와 그 가족들이 영적인 속박에서 벗어나는 역사를 경험하게 되었고, 빌립보에 교회가 시작되는 하나님의 신비로운 역사가 이루어지게 되었습니다.

그로부터 10여 년의 세월이 지났지만 바울은 여전히 감옥에 매여 있습니다. 장소가 빌립보에서 로마로 바뀌었을 뿐입니다. 바울은 로마의 감옥에서 빌립보교회에 편지를 써서 보냈습니다. 이전에 빌립보에서의 매임이 빌립보교회를 시작되게 했다면, 지금 로마에서의 매임은 빌립보교회를 교회답게 하는 매임이 되었습니다.

비록 지금의 상황은 로마의 감옥 안일지라도, 바울은 자신의 삶의 태도에 대해 이렇게 고백합니다. 12절입니다.

■ 　내가 이미 얻었다 함도 아니요 온전히 이루었다 함도 아니라 오직 내가 그리스도 예수께 잡힌 바 된 그것을 잡으려고 달려가노라

지금 바울은 표면적으로는 로마에 잡힌 바 되어 있습니다. 그러나 바울은 자신이 그리스도 예수께 잡힌 바 되어 있다고 고백합니다. 바울은 그리스도인들을 잡아들이기 위해 다메섹으로 가다 그리스도께 잡힌 바 되었습니다. 이전에는 '잡은 바 그것', '잡을 바 그것'을 위해 달려가던 인생

이었습니다. 그것이 최상의 삶이라고 확신했습니다. 그러나 자신이 이전에 잡았던 것—태어난 지 8일 만에 할례를 받은 것, 이스라엘 족속이요, 베냐민 지파요, 히브리인 중에 히브리인인 것, 바리새파 사람인 것, 신앙적 열심으로 교회를 박해하고, 율법의 의로는 흠이 없었던 것은 그리스도께 잡힌 바 된 것에 비하니 아무것도 아니었습니다.

잡히는 것이 불편하고 억압당하는 것 같아도 실은 '바른 잡힘'이 우리에게 자유와 행복을 줍니다. 결혼한 지 오래된 남편들이 공통적으로 고백하는 말이 있습니다. "마누라에게 잡혀 사는 것이 편해!" 이 말은 성경에 넣고 싶을 정도로 진리입니다. 남편이 아내에게 매이지 않는다면 어떤 삶을 살겠습니까? 아내에게 매이지 않은 삶을 꿈꾸다 패가망신한 남편들이 얼마나 많습니까? 물론 아내도 남편에게 매여야 합니다. 남편에게 매이지 않는 아내는 바른 아내의 역할을 할 수 없습니다. 부부가 서로에게 매여야 건강한 가정을 가꾸어 갈 수 있습니다.

학생은 학교에 매이는 것이 바른 것이고, 직장인은 직장에 매이는 것이 바른 것입니다. 학생이 학교에 매이지 않는다면 학생이라 할 수 없습니다. 직장인이 직장에 매이지 않는다면 직장인이라고 할 수 없습니다.

과거에는 전화가 대부분 유선이었습니다. 그래서 비밀스러운 통화를 하려면 전화 연결선을 길게 하고는 전화기통을 들고 방으로 들어갔습니다. 그러나 지금은 대부분 무선입니다. 전국 방방곡곡 전화 연결이 안 되는 곳이 없을 정도입니다. 그러나 아무리 성능이 뛰어난 무선전화라 한들 스스로 통화 능력을 지닌 전화기는 없습니다. 모든 무선전화기는 기지국에서 보내 주는 전파에 매여(잡혀) 있습니다. 전파는 우리 눈에 보이지 않지만, 그 전파로 인해 전화기는 전화기다울 수 있습니다. 또한 모든 무선전화기는 일정 시간이 지나면 충전기에 붙잡혀야 됩니다. 충전되지 않은 전화기는 아이들 장난감으로 사용할 수도 없는 고철 덩어리에 불과합니다. 그래서 잡힘(매임)이 중요합니다.

　일상생활에서의 매임이 중요함은 물론, 신앙에서의 매임은 더욱 그러합니다. 주님께 잡히지 않고, 주님께 매이지 않는다면 아무리 고매한 인격을 지니고 있을지라도, 그 삶이 선하다 해도 그는 결코 그리스도인일 수 없습니다.

　복음성가 중에 〈오직 주의 사랑에 매여〉라는 노래가 있습니다. 가사가 이러합니다.

　■　　오직 주의 사랑에 매여 내 영 기뻐 노래합니다/ 이 소망의 언덕 기쁨의 땅에서 주께 사랑 드립니다/ 오직 주의 임재 안에 갇혀 내 영 기뻐 찬양합니다/ 이 소명의 언덕 거룩한 땅에서 주께 경배드립니다/ 주께서 주신 모든 은혜 나는 말할 수 없네/ 내 영혼 즐거이 주 따르렵니다/ 주께 내 삶 드립니다

　매여 있는데 어떻게 기뻐하며 노래할 수 있고, 갇혀 있는데 찬양하며 경배할 수 있습니까? 우리를 매어 주시고 보호해 주시는 분이 우리를 영원히 살리기 위해 십자가에서 피 흘려 주신 우리 주님이시기 때문입니다. 그래서 주님께 매이면 매일수록 자유함을 누리게 될 것이고, 붙잡히면 붙잡힐수록 더욱 신실한 삶을 살아가게 될 것입니다.

　13절이 이렇게 증거합니다.

　■　　형제들아 나는 아직 내가 잡은 줄로 여기지 아니하고 오직 한 일

　　　　　　　　이것들을 생각하라

바울은 자신이 잡은 것이나 잡을 것이 아니라 그리스도 예수께 잡힌 바된 그것을 위해 달려간다고 합니다. 그러려면 뒤에 있는 것을 잊어버리고 앞에 있는 것을 잡기 위해 달려야 한다고 합니다.

이번 런던올림픽 남자 육상 100미터 결승전은 역대 경기 중 최고의 레이스였다고 합니다. 결승전에 오른 8명 중에서 7명이 9초대로 달렸습니다. 경기 중 부상으로 후반에 거의 걸어 들어오다시피 한 아사파 파월만 11초 99로 달렸습니다. 파월은 준결승전에서 9초 94를 기록했기 때문에 정상적으로 레이스를 펼쳤더라면 결승 출전자 8명 전원이 9초대로 들어올 수도 있었을 것입니다. 메달을 딴 세 선수는 모두 9초 80 이내에 들어왔습니다. 우리나라 남자 육상 100미터 기록은 2010년에 세워진 10초 23입니다. 그 기록도 31년 만에 깨진 것입니다.

100미터 경주를 하는 선수들은 몇십 미터나 몇 미터씩 차이가 나지 않습니다. 불과 몇십 센티미터, 어떤 때는 몇 센티미터로 메달 색깔이나 순위가 바뀌기도 합니다. 100미터 경주에서는 가슴이 결승선에 닿는 순간을 기록으로 잽니다. 그래서 마지막에 선수들은 기록을 조금이라도 단축하려고 가슴을 앞으로 최대한 내밉니다. 만약 결승점에 있는 줄을 잡는 것으로 100미터 경주 기록을 잰다면, 선수들이 마지막에 팔을 최대한 내밀어서 줄을 잡으려고 할 것입니다.

바울은 신앙의 경주를 그와 같은 방법으로 하고 있다고 고백하고 있습니다. 자신의 인생은 이미 그리스도 예수께 잡힌 바 되었지만 자신도 그분을 붙잡기 위해 전력질주하고 있다고 합니다.

그러한 경주를 위해 오직 한 가지 염두에 두어야 하는 것이 있는데, 그것은 '뒤에 있는 것을 잊어버리는 것'입니다. 인생살이 중에 기억해야 할 것을 기억하지 못해서 당하는 고통보다 잊어야 하는데 잊지 못해서 겪는 아픔이 훨씬 많고, 더 큽니다.

생물학자 최재천 교수가 쓴 《알이 닭을 낳는다》라는 책에는 다람쥐에 관한 내용이 있습니다.

다람쥐는 가을이 되면 겨울 채비로 부산을 떱니다. 겨우내 먹을 도토리들을 여기저기 숨기느라 여념이 없습니다. 인간들처럼 창고를 만들 수 없기 때문에 숲속 여기저기 먹을 것을 숨겨 두었다가 나중에 찾아 먹습니다. 우리 속담에 '가을 다람쥐처럼 욕심만 낸다'는 말이 있습니다. 다람쥐가 가을에 겨우내 먹을 것을 사방에 묻어 놓고는 어디 묻었는지 몰라서 먹지 못하는 것에서 유래했습니다. 그래서 이 속담은 필요 이상으로 욕심내는 사람을 비유할 때 사용합니다. 사실 이 속담은 다람쥐의 입장에서는 꽤 억울합니다. 어느 다람쥐도 긴 겨울 내내 걱정 없이 먹을 수 있을 정도로 도토리를 모아 두지 못하기 때문입니다. 그래서 다람쥐들은 한겨울에도 먹을 것을 찾기 위해 온 산을 뒤집니다.

사람들은 자신이 숨겨 둔 돈이나 귀중품을 잊어버리는 경우가 거의 없지만 다람쥐들은 자기가 묻어 둔 도토리를 다 기억하지 못합니다. 그렇다고 식량을 숨겨 둔 곳에 대한 지도를 만들 줄 아는 것도 아니고, 푯말을 세울 줄도 모릅니다. 숨겨 둔 식량을 찾지 못하는 것은 다람쥐에게는 안타깝기 그지없는 일이지만 그것은 자연을 유지해 가는 하나님의 신비입니다. 다람쥐가 기억하지 못하는 땅 속의 도토리들은 거기서 싹을 틔워 나무가 됩니다.

인생에서도 잊을 수 있는 것은 큰 은총입니다. 인생에 일어나는 일을 전부 기억하게 된다면 우리의 정신은 온전하기 어려울 것입니다. 우리

이것들을 생각하라

가 자면서 꾸는 꿈은 뇌 속에 저장된 기억들 중, 남길 것과 지울 것을 결정하여 정리하는 과정이라고도 합니다. 다람쥐에게 잊혀진 도토리가 견고한 나무로 자라듯이, 우리에게 잊혀진 기억들이 인생을 더욱 견고하게 만드는 버팀목이 될 것입니다.

그런데 문제는 잊고 싶은 것은 잘 잊히지 않는다는 것입니다. 과거에 경험했던 큰 사건들, 상처들, 경험들이 완전히 기억에서 사라지는 것이 가능합니까? 아무것도 생각나지 않는 사건들과 상처들, 경험들이 있다면 그것은 자신에게 별로 중요하지 않았던 일들일 것입니다. 어떤 의미에서는 생각나지 않는 것과 잊는다는 것은 동의어일수도 있지만 전혀 그렇지 않을 수도 있습니다. 그렇다면 어떠한 상태가 되는 것이 잊혀지는 것이겠습니까?

10여 년 전에 본 영화 〈빅타임〉(원제목: Gorgeous)의 한 장면이 기억납니다. 그 영화에서 성룡은 카레이스를 즐기고, 스카이다이버들과 기록 경쟁을 하고, 제트스키로 주말을 보내는 부자 한량입니다. 게다가 사랑까지도 뭔가 화끈한 것을 바라는 통에 사랑해서는 안 될 여자와 사귀는 무모함도 서슴지 않습니다.

한편, 타이완의 작은 어촌에서의 생활을 지루해하던 서기Shi Qi는 어느 날 바닷가에서 유리병 하나를 발견했는데, 그 안에는 "당신을 몹시도 기다리고 있소. 알버트"라는 내용과 홍콩의 주소를 쓴 편지 한 장이 있었습니다.[이 영화의 본 제목은 '유리병'(琉璃樽)입니다.]

그래서 서기는 홍콩으로 무작정 날아갔지만 분장사 알버트는 동성연애자였습니다. 서기는 알버트의 바다 촬영 현장에 따라가서 호화 유람선에서 벌어지는 싸움을 구경하다가 성룡을 구해 주고 둘은 친해집니다. 둘은 좋은 시간을 보냈습니다. 그러나 서기에게 성룡은 사랑이었지만, 성룡에게 서기는 많은 여자들 중 하나일 뿐이었습니다. 결국 상처 받은 서기는 집으로 돌아옵니다. 후에 성룡도 자신에게 서기가 사랑이었음을 깨닫고 찾아가 재회하는 것으로 영화는 끝을 맺습니다.

그 영화가 아주 재미있는 것도 아니고, 소위 '성룡표 영화'인 것도 아닙니다. 하지만 지금도 뇌리에 선명한 대목이 있습니다. 서기가 홍콩에서 돌아와 사랑의 상처로 힘들어하고 있을 때 어머니가 들려 준 말입니다.

"사랑하더니 많이 의젓해졌구나. 사랑의 기억은 억지로 잊으려 해도 소용이 없어. 그럴수록 괴로울 뿐이야. 시간이 한참 지나고 난 뒤, 목욕을 하거나 음악을 듣고 있을 때 문득 생각나면 그때 잊혀진 것이야."

우리는 인생을 살아가면서 크고 작은 일들을 겪습니다. 그 일들로 한동안 고통스러워 하기도 하고 몸서리치기도 합니다. 그런 일들을 겪지 않았으면 얼마나 좋았을까 생각하기도 합니다. 그 일은 생각하기조차 싫기도 합니다. 다른 사람에게도 이야기하지 못합니다. 그러나 세월이 지나고 나면 그때 왜 그런 일들을 겪었는지, 그 일들이 내 인생을 얼마나 깊게 만들어 주었는지 비로소 깨닫습니다. 그때 가만히 미소 지을 수 있고, 다른 사람에게 담담히 이야기할 수 있고, 잠잠히 하나님을 바라볼 수 있게 된다면 그때 그것은 잊혀진 것입니다.

바울에게도 잊어버리려고 한 것, 잊고 싶었던 것이 있었습니다. 그것은 그의 우월함을 드러내려던 것일 수도 있고, 그를 좌절에 빠뜨리게 했던 것일 수도 있습니다. 그가 잊어버리려 했던 것이 그의 우월함을 드러내 주는 것이었다면 틀림없이 앞에서 언급한 내용들일 것입니다. 빌립보서 3장 4-6절이 이렇게 증거합니다.

이것들을 생각하라

> 그러나 나도 육체를 신뢰할 만하며 만일 누구든지 다른 이가 육
> 체를 신뢰할 것이 있는 줄로 생각하면 나는 더욱 그러하리니 나
> 는 팔일 만에 할례를 받고 이스라엘 족속이요 베냐민 지파요 히
> 브리인 중의 히브리인이요 율법으로는 바리새인이요 열심으로
> 는 교회를 박해하고 율법의 의로는 흠이 없는 자라

이것은 바울을 더욱 돋보이게 해주는 것이었고, 어디 가든 자랑할 수 있는 부분이었습니다. 하지만 바울은 이것이 그리스도를 아는 데 방해가 되었음을 누구보다 잘 알고 있었습니다. 그래서 이것을 배설물로 여긴다고 고백합니다. 바울은 이 부분을 정말로 잊었습니다.

자신의 우월한 부분을 잘 잊지 못해서 그것이 올무가 되는 경우가 있습니다.

다윗의 셋째 아들 압살롬은 여느 아들과 달랐습니다. 그의 어머니 마아가는 그술 왕 달매의 딸이었습니다. 그러니까 압살롬은 그의 어머니도 공주였기 때문에 남다른 기품이 있었을 것입니다. 그 압살롬에 대해 사무엘하 14장 25-26절은 이렇게 증거합니다.

> 온 이스라엘 가운데에서 압살롬같이 아름다움으로 크게 칭찬
> 받는 자가 없었으니 그는 발바닥부터 정수리까지 흠이 없음이
> 라 그의 머리털이 무거우므로 연말마다 깎았으며 그의 머리털
> 을 깎을 때에 그것을 달아본즉 그의 머리털이 왕의 저울로 이백
> 세겔이었더라

압살롬은 완벽한 외모를 지니고 있었습니다. 도대체 얼마나 멋지게 생

졌으면 발바닥부터 머리끝까지 흠이 없다고 성경이 증언하겠습니까? 아무리 잘생기고 예쁜 배우들도 한두 가지 콤플렉스가 있다는데 압살롬은 아니었습니다. 특히 그의 자랑은 머리카락이었습니다. 당시 이스라엘 사회에서 머리카락은 힘과 아름다움의 상징이었습니다. 사람들은 긴 머리카락을 잘라서 그것을 은으로 바꾸어 가난한 사람들을 돕기도 했습니다.

압살롬은 연말에 한 번씩 머리카락을 잘랐는데, 자른 것의 무게가 왕의 저울로 200세겔이었습니다. 1세겔은 약 11.4그램입니다. 하지만 왕실에서 사용하는 세겔은 일반 세겔보다 15를 더한 무게였습니다. 그러니까 압살롬이 연말에 자른 머리카락은 2,500그램이 넘었습니다. 일반인과는 비교할 수 없을 정도입니다.

머리카락이 그토록 자랑이었던 압살롬이 어떻게 죽음을 맞이하게 되었는지를 사무엘하 18장 9절이 이렇게 증거합니다.

■　　압살롬이 다윗의 부하들과 마주치니라 압살롬이 노새를 탔는데 그 노새가 큰 상수리나무 번성한 가지 아래로 지날 때에 압살롬의 머리가 그 상수리나무에 걸리매 그가 공중과 그 땅 사이에 달리고 그가 탔던 노새는 그 아래로 빠져나간지라

아버지 다윗에 반기를 들었던 압살롬은 처음에는 파죽지세로 자신의 군사를 모아 갔지만 시간이 지날수록 전세戰勢가 역전되기 시작했습니다. 다윗의 군대와 만난 압살롬은 노새를 타고 있었는데, 울창한 상수리나무 가지 아래를 달려가다 머리카락이 상수리나무에 휘감기는 바람에 노새는 빠져나가고, 그는 나무에 매달리게 되었습니다. 그가 가장 자랑

스럽게 여기던 머리카락 때문에 상수리나무에 걸려 독 안에 든 쥐 신세가 된 것입니다. 그는 요압 장군에게 죽임을 당했는데, 그에게 상수리나무는 교수대가 되고 말았습니다.

하나님께서 우리에게 남들보다 우월하게 주신 것이 있을 수 있습니다. 그러나 그것을 하나님을 알아가는 통로로, 하나님과 사람을 섬기는 도구로 삼지 않으면 그것이 흉기가 되어 우리를 찌를 수 있습니다. 바울은 율법에 관한 한 누구에게도 뒤지지 않았지만 그것을 배설물과 같이 여기고 잊어버림으로 그는 신앙인의 사표師表가 되었습니다.

사실 바울이 정말 잊어버리고 싶었던 것은 그의 잘남이 아니라 오히려 반대였을 것입니다. 그가 사역할 때 끊임없이 그의 발목을 잡은 것은 두 가지였습니다. 하나는 예수님의 공생애 중에는 주님을 몰랐다는 것이고, 또 하나는 그리스도인들을 핍박했다는 것입니다. 이것은 바울에게 항상 눌림이 되었습니다.

바울과 베드로는 예수님의 사역을 가장 훌륭하게 이은 두 사람입니다. 그러나 세상적인 관점에서 보면 베드로는 바울에 비할 바가 되지 못합니다. 베드로는 갈릴리의 어부 출신이지만, 바울은 당시 유대인들이 가장 존경하는 바리새인이었습니다. 또한 어부였던 베드로는 많은 공부를 할 수 없었을 것입니다. 사람들은 베드로를 학교를 다니지 않은 사람으로 알고 있었습니다. 하지만 바울은 당대 최고 석학이라는 가말리엘에게 배웠습니다. 성격적으로도 베드로가 덜렁거린다면 바울은 치밀하고 목적 지향적이었습니다. 그래서 두 사람의 사역을 보면 바울이 훨씬 많은 사역을 한 것을 알 수 있습니다. 우리가 알고 있는 대부분의 교회는 바울이 세웠고, 신약성경 서신서의 절반 이상을 바울이 기록했습니다.

베드로와 바울의 약력으로만 본다면 베드로보다 바울은 훨씬 나은 대접을 받아야 합니다. 하지만 바울은 사역을 하며 거의 제대로 대접받아 본 적이 없습니다. 바울은 천막을 지으며 복음을 전하는 자비량 선교사였습니다. 그럼에도 사도로서 잘 인정받지 못했습니다. 자기가 세운 교회에서마저 신임을 얻지 못한 경우도 있습니다. 그 이유가 바울이 잊고 싶었던 것, 즉 예수님께서 공생애를 보내실 때는 주님을 알지 못했다는 것입니다. 좀 구체적으로 말씀드리면, "베드로와 다른 사도들은 예수님 밑에서 3년 동안 신학 수업을 받았기 때문에 사도가 되는 것은 당연하지만, 바울 당신은 신학도 하지 않은 사람이 계시 한 번 받았다고 어떻게 사도가 될 수 있습니까?" 하는 것입니다. 만약 교우님들께서 저에게 "목사님은 신학을 어디서 하셨어요?"라고 물었을 때 제가 "저는 신학대학원을 다니지 않고, 북한산을 등산하는데 주님께서 저에게 목사가 되라며 안수해 주셨습니다"라고 한다면 어떻게 하시겠습니까? 아마 "목사님! 아니, 정한조 씨. 우리가 문제 삼지는 않을 테니 당장 공부를 시작하셔서 신학대학원을 졸업하고 안수받은 후 목회를 하시죠!"라고 할 것입니다.

그래서 바울이 편지 쓸 때마다 서두에 쓰는 문구가 있습니다. "하나님의 뜻으로 말미암아 그리스도 예수의 사도 된 바울은"(엡 1:1)입니다. 이것은 바울의 사도권에 정당성이 없다고 시비를 거는 사람들에 대한 바울의 해명과도 같습니다. 그러나 바울은 사도가 될 계획이 조금도 없었습니다. 제게는 이 부분이 이렇게도 읽힙니다.

"그래요, 저는 정말 제가 무자격자인 것을 압니다. 저는 원래 주님을 잘 믿는 독실한 사람이 아니었고, 주님에게 3년 동안 신학 수업을 받은 사람도 아닙니다. 아니, 그것은 고사하고 저는 생전의 주님을 한 번도 뵌 적이 없습니다. 오히려 예수님을 믿는 사람을 잡아다 죽이던 사람입니다. 주님을 따르던 사람들이 그렇게 많았는데 왜 저같이 자격이 갖추어지 않

이것들을 생각하라

은 사람을 세웠는지 저도 이해할 수 없습니다. 정말 하나님의 뜻이 아니었으면 사도가 아니 되었을 것입니다. 그런데 어느 날 주님이 저를 부르셔서 당신의 도구로 쓰겠다고 하셨습니다. 그분이 저를 부르셨기 때문에 저는 순종할 수밖에 없습니다."

바울에게 다메섹 이전의 삶은 사역자의 삶을 사는 데는 주홍글씨와 같습니다. 그러나 바울은 그것 때문에 좌절하거나 절망하지 않았습니다. 그는 이전의 삶 때문에 그리스도 예수께 더욱 붙잡힌 바 된 삶을 살 수 있었고, 푯대 되신 주님만 바라볼 수 있었고, 하나님이 위에서 부르신 부름의 상을 향해 달려갈 수 있었습니다.

교우님들의 삶에 있는 '오직 한 일'은 무엇입니까? 뒤에 있는 자랑스러운 일도 잊어버리게 해주고, 뒤에 있는 상처, 좌절, 수치도 잊게 해주며, 앞에 있는 푯대를 향해, 하나님께서 위에서 부르신 부름의 상을 향해 달려갈 수 있게 만드는 오직 한 일은 무엇입니까? 그것은 바로 우리를 붙잡아 주신 예수 그리스도를 목적 삼는 삶입니다. 그래서 하나님께 붙잡힌 인생으로 평생 살았던 다윗도 이렇게 고백했습니다.

> 내가 여호와께 바라는 한 가지 일 그것을 구하리니 곧 내가 내 평생에 여호와의 집에 살면서 여호와의 아름다움을 바라보며 그의 성전에서 사모하는 그것이라(시 27:4)

바울은 '오직 한 일'을 향해 달려갔습니다. 다윗은 평생 '한 가지 일'을 소망했습니다. 이젠 우리가 달려가고 소망해야 할 '오직 한 일'만 남아 있습니다.

하나님 아버지!

우리의 신앙과 인생에 '오직 한 일'이 있어야 함을 일깨워 주셔서 감사합니다. 우리 모두는 신앙생활을 시작한 장소도 다르고 시간도 다릅니다. 그렇기에 신앙의 깊이와 넓이도 다 다릅니다. 그러나 우리의 '오직 한 일'은 같게 하여 주옵소서. 그러기 위해 각자의 삶을 잘 돌아보게 하여 주옵소서. 무엇이 내 마음을 빼앗아 가는지, 무엇이 나를 오직 한 일에 집중하지 못하게 만드는지 잘 돌아보게 하여 주옵소서. 또한 이미 잊어야 함에도 잊지 못하고 있는 부분이 있다면 그것이 자랑스러운 일이든 수치스러운 일이든, 상처와 눌림이든 잊는 은총을 덧입게 하여 주옵소서. 그리하여 우리를 위에서 부르시는 분을 향해 날마다 달려가게 하여 주옵소서.

삶이 흔들릴 때마다 우리를 수렁과 진창에서 건져 주신 주님을 기억하게 하시며, 오직 예수 그리스도께서만 우리를 잡아 주셨고, 우리를 위해 십자가에서 피 흘려 주셨고, 오직 주님만이 이 땅에서와 죽음 이후 우리 인생을 책임져 주실 수 있음을 기억하게 하여 주옵소서. 그리하여 이전에 달려왔던 인생보다 앞으로 더욱 '오직 한 일' 주님을 목적으로 삼아 바르게 달려가게 하여 주옵소서. 예수님 이름으로 기도드립니다.

아멘.

이것들을 생각하라

08 그대로 행할 것이라

빌립보서 3장 12-16절

소유나 존재냐

정신분석학자이며 사회철학자인 에리히 프롬의 책 중에 《소유
냐 존재냐》가 있습니다. 그는 상실된 인간성 회복에 대한 글을
많이 썼는데, 《자유로부터의 도피》는 마흔한 살에 썼고, 《사랑
의 기술》은 쉰여섯 살에 썼습니다. 하지만 《소유냐 존재냐》는
그의 80년 생애 중 일흔여섯 살, 즉 삶의 완성 단계에서 쓴 것
입니다. 그래서 이 책에서 말하는 인간의 유형은 청년이 꿈꾸는
이상적인 인간이 아니라 인생을 많이 산 사람이 바라보는 실제
적인 인간입니다.

프롬은 인간이 '소유양식'을 추구하는 것은 지극히 일상적이라
고 합니다. 살기 위해서는 무엇이든 가져야 하고, 가져야 즐길
수 있기 때문입니다. 하지만 인생의 위대한 교사들은 소유의 갈
망을 넘어서야 '존재양식'에 이른다는 것을 가르쳤다고 강조합

니다. 그래서 '소유양식'의 삶에서 '존재양식'의 삶으로 바꾸는 것만이 인간을 경제적으로, 심리적으로, 사회적으로 건져 낼 수 있다고 합니다.

이 책에서 소유유형과 존재유형을 잘 나타내 주는 두 편의 시를 소개합니다. 19세기 영국 시인 알프레드 테니슨의 시와 17세기 일본 시인 바쇼芭蕉의 하이쿠(俳句, 5, 7, 5자의 17자로 된 시)입니다. 내용은 두 시인이 산책 중에 본 꽃에 대한 비슷한 경험을 표현한 것입니다. 테니슨의 시가 이러합니다.

갈라진 암벽에 피는 꽃이여/ 나는 그대를 갈라진 틈에서 따 낸다/ 나는 그대를 이처럼 뿌리째 손에 들고 있다/ 작은 꽃이 여— 그대가 무엇인지/ 뿌리뿐만 아니라 그대의 모든 것을 이 해할 수 있다면/ 그때 나는 하나님과 인간이 무엇인지 이해할 수 있으리라

바쇼의 시입니다.

자세히 살펴보니/ 냉이꽃이 피어 있네/ 울타리 밑에!

꽃에 대한 테니슨의 관계는 '소유양식'이라 할 수 있습니다. 테 니슨은 꽃을 뽑아서 자신이 소유할 수 있게 되었지만 꽃은 파괴 되고 말았습니다. 하지만 꽃에 대한 바쇼의 관계는 '존재양식'이 라 할 수 있습니다. 바쇼가 원하는 것은 그냥 꽃을 '보는' 것입니 다. 단지 바라보기만 하는 것이 아니라, 꽃과 일체가 되는 것입

이것들을 생각하라

니다. 그래서 꽃도 계속 살아 있게 되었습니다.

현대, 특히 서구 사회에서 동사의 사용이 점점 줄고 명사의 사용이 늘어나는 것은, 존재보다 소유에 더 많은 관심이 있음을 말해 주는 것입니다.

'나는 휴대폰을 갖고 있다', '나는 책을 갖고 있다' 등은 소유의 본래적인 표현입니다. 하지만 '나는 생각을 갖고 있다'는 표현은 '나는 생각한다'를 소유적으로 표현한 것입니다. 정신과 의사의 도움을 받기 원하는 사람이 다음과 같이 이야기를 시작했다고 해보십시다. "선생님, 저는 문제를 '가지고' 있습니다. 저는 불면증을 '가지고' 있습니다. 저는 아름다운 집과 좋은 자녀, 행복한 결혼생활을 '가지고' 있지만 걱정거리를 많이 '가지고' 있습니다." 하지만 이것을 더 제대로 표현한다면 '저는 괴로워하고 있습니다', '저는 잠을 잘 잘 수 없습니다', '저는 행복한 결혼생활을 하고 있습니다'라고 해야 할 것입니다.

'소유양식'의 삶은 벗겨도 알맹이를 만날 수 없는 양파처럼 돈이나 권력, 명예를 얻어도 '지금보다 조금 더 소유하기'라는 목표 때문에 결코 만족하지 못하게 됩니다. 많이 소유할수록 큰 존재가 되고, 적게 소유할수록 작은 존재가 된다고 생각하는 것은 사물을 인간의 주인으로 만드는 것입니다.

그러나 '존재양식'의 삶은 인간의 삶을 능동적이고 안정적이게 만들어 줍니다. 내가 '가지고 있는 그것' 때문이 아니라 '나 자신' 때문에 기쁨을 느끼면 외적 변화에 흔들리지 않는 자아를 갖게 됩니다.

'소유양식'과 '존재양식' 중 어떤 것을 추구하는지는 각자의 가치관과 세계관, 인격 성숙의 방향과 정도에 따라 다를 것입니다. 하지만 '소유양식'에서 '존재양식'으로 바꾸는 것이 새로운 사회를 만드는 것이라는 프롬의 말을 따른다면, 소유양식의 삶보다 존재양식의 삶이 우위에 있는 것이고 훨씬 성숙한 것이라 할 것입니다.

신앙에도 성숙의 차이가 있습니다. 우리가 지금 동일하게 예배 드리고 있지만, 삶과 신앙의 성숙도는 동일하지 않습니다. 우리는 지금보다 좀더 높은 인격과 더 깊은 신앙을 향해 나아가고 있습니다.

사랑의 사도라 불리는 요한이 말년에 에베소교회에 보낸 편지에서 이렇게 권면합니다. 요한일서 2장 12-13절입니다.

자녀들아 내가 너희에게 쓰는 것은 너희 죄가 그의 이름으로 말미암아 사함을 받았음이요 아비들아 내가 너희에게 쓰는 것은 너희가 태초부터 계신 이를 알았음이요 청년들아 내가 너희에게 쓰는 것은 너희가 악한 자를 이기었음이라

사도 요한은 그리스도인들이 알아야 하는 것 세 가지에 대해 말합니다. 자녀들(아이들)이 알아야 할 것은 우리 죄가 사함을 받았다는 것이고, 청년들이 알아야 하는 것은 우리가 악한 자를 이길 수 있다는 것이고, 아비들(장년들)이 알아야 하는 것은 태초부터 계신 분, 특히 성자 하나님이라고 합니다. 처음 그리스도인이 되면 내 죄가 용서받았고 영원한 생명을 얻게 되었다는

이것들을 생각하라

것 자체만으로도 감격스럽게 여겨집니다. 그 후에는 나와 동행하시는 하나님께 감사드리게 됩니다. 그래서 주님이 우리와 함께 계셔 주셔서 좌절하거나 절망하지 않을 수 있고, 때로 비틀거릴지라도 아주 넘어지지 않을 수 있고, 세상에 함몰되지 아니할 수 있습니다. 순간순간은 패배하는 것 같은데 지난 세월을 돌아보면 승리였다는 것을 확인하게 됩니다. 그래서 신앙과 연륜이 깊어지면 주님을 알아가고 주님과 교제하고 있다는 것 자체가 자부심이 되고 용기가 되어 주님을 생각만 해도 미소 짓게 되는 단계로 나아갈 것입니다. 우리는 반드시 이런 단계로 나아가게 됩니다. 주님을 향해 있기만 하면 말입니다.

중요한 것은 사도 요한이 그리스도인들을 '자녀들'(아이들), '청년들', '아비들'(장년들)이라는 단계로 나누어 이야기했다는 것입니다. 그렇다면 우리 각자에게는 '자람'의 책임과 의무가 있습니다. 아이가 태어나면 온 집안의 기쁨이 됩니다. 때로 아이가 예쁠 때는 그때 성장이 멈추었으면 좋겠다 싶을 때가 있습니다. 그러나 실제로 그 단계에서 성장이 멈추어 버린다면 어떻게 되겠습니까? 그 아이는 더 이상 기쁨이 되지 못할 것입니다.

소유와 존재를 넘어서서

오늘 본문은 우리가 어떻게 자라 갈 수 있는지에 대해 잘 말해 주고 있습니다. 12절이 이렇게 증거합니다.

■   내가 이미 얻었다 함도 아니요 온전히 이루었다 함도 아니라

오직 내가 그리스도 예수께 잡힌 바 된 그것을 잡으려고 달려
가노라

우리의 신앙이 자라가기 위해 첫 번째로 생각할 것은, '신앙의 완성은
없다'는 것입니다.

부활하신 주님께서는 자기 혈기와 세속적 야망, 잘못된 열심으로 다메
섹으로 향하던 바울(사울)에게 나타나셔서 그의 인생의 방향을 바꾸어 주
셨습니다. 그 후 바울은 30년 동안 한 방향으로 달렸습니다. 그럼에도 아
직 온전히 이루지 못했다고 고백합니다. 그런데 온전히 이루지 못했음에
도 온전히 이루었다고 착각하던 사람들이 빌립보교회에 있었습니다. 15
절이 이렇게 증거합니다.

■ 그러므로 누구든지 우리 온전히 이룬 자들은 이렇게 생각할지
니 만일 어떤 일에 너희가 달리 생각하면 하나님이 이것도 너희
에게 나타내시리라

여기서 '온전히 이룬 자들'은 '온전히 이루었다고 오해하는 사람들'을
뜻합니다. 당시 그리스도인 중에는 율법주의의 가르침에 물들어 율법을
제대로 지키면 온전하다고 생각한 사람들이 있었습니다. 그래서 율법을
철저하게 지키는 사람은 더 이상 배우지 않아도 된다고 생각한 것입니
다. 물론 이런 사람이 교회 공동체 내에서는 'trouble-maker'가 됩니
다. 자신은 완성되었다고 생각하는데 어떤 사람의 말을 듣겠습니까? 또
한 자기 말과 생각은 언제나 옳다고만 여깁니다. 그래서 상대방의 말과
생각은 틀린 것이 됩니다. 이런 사람은 자신을 사람들 앞이 아니라 주님

　　　　　　　　　　　　　　　이것들을 생각하라

앞에 세워서 자신의 실상을 직시해야 합니다. 그래야 하나님의 인도하심을 받을 것이기 때문입니다.

'온전히 이루다'는 헬라어로 '텔레이오오teleioō'인데, '완전(완벽)하다'를 뜻합니다. 런던올림픽 10미터 사격과 50미터 사격에서 진종오 선수가 금메달을 땄습니다. 하지만 그가 쏠 때마다 과녁 한가운데를 맞추어 10.9점을 받은 것은 아닙니다. 금메달리스트일지라도 완벽한 선수는 아닙니다. 그래서 그도 사격에 대해 말할 때 "내가 이미 이루었다 함도 아니요, 온전히 이루었다 함도 아닙니다"라고 고백해야 하는 것입니다.

현재 마라톤 세계신기록은 2시간 3분 38초입니다. 황영조 선수가 1992년 바르셀로나올림픽에서 금메달을 딸 때의 기록보다는 10분 가까이 빠르고, 손기정 선수가 1936년 베를린올림픽에서 우승할 때의 기록보다는 약 26분이나 빠릅니다. 현재 마라톤 세계신기록을 100미터 경기로 환산하면 100미터마다 17.58초의 속도로 달려야 합니다. 일반인은 100미터를 전력질주해야 17.58초 안에 들어올 것입니다. 그 속력으로 1000미터를 뛰는 것은 참 어렵습니다. 그런데 40킬로미터가 넘는 거리를 그렇게 뛰는 것은 일반인에게는 거의 불가능한 일입니다. 그렇다고 2시간 3분 38초가 마라톤의 온전함은 아닙니다. 언젠가는 그 기록을 넘어서는 선수가 나타날 것입니다.

우리는 모두 신앙의 마라톤 경주를 하고 있습니다. 빠르게 뛰어가는 사람도 있을 것이고, 천천히 뛰어가는 사람도 있을 것입니다. 뛰다가 힘들어서 걷는 사람도 있을 것입니다. 하지만 온전히 이룬 사람은 아무도 없습니다.

우리의 신앙이 자라가기 위해 두 번째로 생각할 것은 바르게 분별한 것에 집중하는 것입니다. 13절이 이렇게 증거합니다.

■　　형제들아 나는 아직 내가 잡은 줄로 여기지 아니하고 오직 한 일
　　즉 뒤에 있는 것은 잊어버리고 앞에 있는 것을 잡으려고

바울은 이미 그리스도께 잡힌 인생이 되었습니다. 그리스도께 잡힌 바
되는 것은 자신의 삶의 이유와 가치, 목적이 모두 바뀌는 것입니다. 그래
서 신앙생활은 예수 그리스도라는 힘센 친구를 얻어서 내 환경을 바꾸는
것이 아니라, 예수 그리스도라는 영원하신 분에 의해 나 자신이 바뀌는
것입니다. 그리스도께 잡힌 인생을 사는 사람은 '뒤에 있는 것을 잊어버
리고' 앞에 있는 것에 집중합니다.

아이들이 어릴수록 꿈(장래 희망)이 많습니다. 일 년에 몇 번씩 그 꿈이
바뀌기도 합니다. 그러나 자랄수록 자신이 할 수 있는 것과 없는 것을 구
분할 줄 알게 되고, 자신이 잘하는 것과 좋아하는 것을 구분하게 됩니다.
또한 자신에게 어울리는 것과 어울리지 않는 것을 분별하게 됩니다. 그
러한 것을 잘 분별하고, 분별한 결과에 집중하는 것이 삶과 신앙이 자라
가고 성숙해지는 것입니다.

우리의 신앙이 자라가기 위해 세 번째로 생각할 것은, 바른 목표에 시
선을 두는 것입니다. 14절이 이렇게 증거합니다.

■　　푯대를 향하여 그리스도 예수 안에서 하나님이 위에서 부르신
　　부름의 상을 위하여 달려가노라

그리스도인의 바른 목표는 영원한 푯대가 되시는 그리스도께 시선을
두는 것이고, 하나님께서 주시는 상을 소망하는 것입니다.

일차적으로 바울이 생각했던 '위에서 부르신 부름의 상'은 자신과 같

　　　　　　　　　　　　　　　　　　　이것들을 생각하라

이 예수 그리스도께 적대적이었던 사람을 불러 주시고, 사역을 맡겨 주심에 대한 소명일 것입니다. 우리에게도 동일하게 부르심 자체가 상입니다. 세상에는 우리보다 선하고 뛰어난 사람이 정말 많습니다. 그럼에도 그들보다 우리를 왜 먼저 부르셨는지는 모릅니다. 그래서 우리의 부르심은 모두 '은혜'이고 '상'입니다. 그러나 '부름의 상'은 불러 주셨다는 것으로 끝나지 않습니다. 그것보다 더 중요한 것은 부르심을 받고 어떻게 사느냐입니다. 남들이 앉고 싶은 자리에 앉아서 자신에게 주어진 기간 동안 그 역할을 잘 감당하고 아름답게 마무리 짓는 사람이 있는 반면, 여러 가지 비리에 연루되어 도중에 옷을 벗어야 하는 사람도 있습니다. 바른 삶이 부르심을 더욱 아름답고 거룩하게 만듭니다.

그리고 본문 14절의 '위에서'라는 단어 앞에 제 성경책에는 1)이라는 작은 숫자가 있고, 아래 해당 각주란을 보면 '또는 위로'라고 되어 있습니다. 즉 '위에서 부르신'이라고 번역할 수 있지만, '위로 부르신'이라고 번역할 수도 있다는 의미입니다.

바울은 이 말씀을 기록하면서 당시 경기장의 모습을 머리에 그리고 있었을 것입니다. 지금과 마찬가지로 당시에도 경기장에는 경기가 가장 잘 보이는 곳에 귀빈석이 있었습니다. 그곳에는 주로 통치자들이 앉았습니다. 마라톤 경기에서 1등 한 사람이 결승점에 도착하면 나팔수가 축하 나팔을 불었고, 그 선수의 이름과 아버지의 이름을 불렀습니다. 국제경기에서는 국가명도 불렀습니다. 선수는 자신의 이름이 불리면 위로 올라가서 상을 받았습니다. 일반적으로 마라톤의 상은 '월계관'이고, 다른 경기의 상은 '야자수관'이었습니다.

우리도 이 땅에서 우리 각자의 부름의 상을 향해 달려가기를 마친 후 하나님나라에 입성하면, 천사들이 나팔을 불고 우리 이름을 불러 줄 것입니다. 그러면 우리는 하나님이 계신 곳인 위로 올라가 하나님께서 주시는 상을 받을 것입니다. 바울은 이 상을 향해 몸을 앞으로 내밀면서 전력질주한다고 고백합니다.

이러한 바울의 신앙의 태도는 늘 한결같았습니다. 그래서 바울이 빌립보교회에 보낸 편지뿐만 아니라 고린도교회에 보낸 편지에도 이런 내용이 있습니다. 고린도전서 9장 24-27절이 증거합니다.

■   운동장에서 달음질하는 자들이 다 달릴지라도 오직 상을 받는 사람은 한 사람인 줄을 너희가 알지 못하느냐 너희도 상을 받도록 이와 같이 달음질하라 이기기를 다투는 자마다 모든 일에 절제하나니 그들은 썩을 승리자의 관을 얻고자 하되 우리는 썩지 아니할 것을 얻고자 하노라 그러므로 나는 달음질하기를 향방 없는 것같이 아니하고 싸우기를 허공을 치는 것같이 아니하며 내가 내 몸을 쳐 복종하게 함은 내가 남에게 전파한 후에 자신이 도리어 버림을 당할까 두려워함이로다

고대의 경기는 크게 두 가지였습니다. 기록경기와 격투기입니다. 기록경기에는 육상과 경마 같은 것들이 있었고, 격투기에는 권투와 레슬링 등이 있었습니다. 당시에도 선수들은 10개월 동안 우리나라 태릉선수촌 같은 곳에서 훈련을 받았다고 합니다. 그때 훈련받는 사람들에게 하는 말 중에 이런 것이 있었습니다.

"경기에 승리하기 원하는 젊은이는 많이 참아야 하고, 많이 노력해야 한다. 그는 더위와 추위를 겪어야 하고, 사랑과 술을 끊어야 한다."

또 이런 말도 있었습니다. "선수들은 얼굴에 주먹을 얼마나 맞아야 하

이것들을 생각하라

며, 또 몸에는 얼마나 맞아야 하는가! 그러나 그들은 모든 고통을 영광의 갈망 때문에 참는다."

하지만 그렇게 노력해서 얻게 되는 것이 '썩을 승리자의 관'입니다. 썩는다는 것은 '부질없다', '무의미하다'는 의미보다 '일시적'이라는 뜻입니다. 우수한 운동선수들은 많은 메달과 트로피를 받습니다. 그러나 그것들은 5년, 10년…… 세월이 지나면서 다 색이 바래지고 맙니다. 우리가 어렸을 때 받은 상장들을 지금 본다면 어떤 생각이 들겠습니까? "내가 과거에 정말 똑똑했구나"라고 생각하기보다 세월의 빠름을 훨씬 많이 느낄 것입니다. 그러나 우리의 달려감은 '썩지 않을 것—일시적이지 않고 영원한 것'을 얻기 위함입니다.

이러한 썩지 않을 것을 얻기 위해서는 바른 방향과 바른 목적은 필수적입니다. 달리기를 하는데, 우사인 볼트나 이봉주보다 빠르다 할지라도 앞으로 달리지 않고 뒤쪽을 향해 달린다면 이길 수가 없습니다. 그 달림은 달릴수록 손해가 되는 것이고, 바른 달림에서 멀어지게 될 것입니다. 달리는 것보다 방향이 더 중요합니다. 그래서 열심히 사는 것보다 무엇을 위한 열심인가를 아는 것이 훨씬 중요합니다.

또한 내가 아무리 훌륭한 권투선수라 할지라도 상대를 정확하게 때려야 이길 수 있습니다. 헛스윙은 많이 하면 할수록 힘이 빠져서 자신에게 불리하게 됩니다.

권투에는 이런 말이 있습니다. "복부는 맞으면 맞을수록 강해지고, 턱은 맞으면 맞을수록 약해진다." 권투선수가 연습할 때, 맷집을 키우기에 최선을 다합니다. 그래서 배를 맞는 연습을 많이 합니다. 그러나 아무리 맞아도 끄떡없는 강력한 무쇠 머리를 만들려고 머리를 맞는 연습을 하는 선수는 없습니다. 오히려 머리를 보호하기 위해 헤드기어를 쓰고 연습합니다. 아마추어 경기에서는 아예 머리에 헤드기어를 씁니다.

그러나 바울은 썩지 않을 승리자의 관을 쓰고, 하나님 앞에서 무자격자로 여김 받지 않기 위해 상대를 치는 것이 아니라 자신을 친다고 합니다.

올해 우리 교회 표어가 '내 상이 무엇이냐'입니다. 우리가 진정으로 하나님께 상 받는 사람이 되기 위해서는 자기를 치지 않고서는—자기를 부인하지 않고서는 어려울 것입니다.

제가 이 땅에서의 삶을 마치고 나서 주님 앞에 섰을 때 소망하는 것이 있습니다. 주님께서 저를 꼭 안아 주시며 "한조야! 고맙다. 정말 고맙다"라고 하시는 말을 듣고 싶습니다. 그래서 자주 "하나님! 제가 변질되지 않게 해주십시오. 하나님 앞에 설 때까지 하나님을 존중하며, 세속적 가치관에 물들지 않게 해주시고, 평생 목사로 살게 해주십시오"라고 기도합니다. 물론 제게도 악하고 연약한 본성이 있어서 그렇게 사는 것이 만만하지는 않습니다. 그래서 허물어지는 제 모습을 보고 다시 추슬러 세우기도 하고, 때로는 그런 모습이 좌절스러워서 주님께 다시 삶을 의탁하기도 합니다.

간혹 "상 때문에 예수를 믿어서야 되나? 예수님께서 우리를 위해 십자가에 달려 죽으신 것을 믿는다면 상이 없어도 열심히 봉사하고 섬겨야지"라고 하시는 분들을 만납니다. 그렇습니다. 우리는 구원받기 위해, 상 받기 위해 예수를 믿습니다. 그 상이 이 땅에서 받고 싶은 것이냐 천국에서 받고 싶은 것이냐가 관건입니다. 천국에서는 상이 필요없고 천국에 들어가기만 하면 되는 게 아니냐고 하는 사람도 있습니다. 그런 이상주의를 추구하는 그리스도인은 이상한 그리스도인입니다.

히브리서 11장을 '믿음장'이라고 합니다. 거기 등장하는 여러 신앙의

이것들을 생각하라

사람들의 공통점은 이 땅에서가 아니라 하늘에서 받을 영원한 상을 품고 살았다는 것입니다. 그래서 히브리서 11장 6절은 이렇게 증거합니다.

■ 믿음이 없이는 하나님을 기쁘시게 하지 못하나니 하나님께 나아가는 자는 반드시 그가 계신 것과 또한 그가 자기를 찾는 자들에게 상 주시는 이심을 믿어야 할지니라

하나님께서 상을 주겠다고 하시는데 상이 필요없다고 하는 것은 하나님을 무시하는 것입니다. 물론 그 상이 물질적이고 세속적인 것만을 의미한다고 생각하는 것은 하나님의 이름을 거룩하지 않게 만드는 것입니다. 하나님께서 주시는 상을 진심으로 믿는 사람들이 신실한 그리스도인들입니다.

우리의 신앙이 잘 자라가기 위해 이 땅에서는 신앙의 완성이 없음을 알고, 바르게 분별하는 것에 집중할 줄 알고, 바른 목표에 시선을 두어야 합니다. 이런 것들을 어떻게 실천해야 할지에 대해서는 16절이 이렇게 증거합니다.

■ 오직 우리가 어디까지 이르렀든지 그대로 행할 것이라

우리 삶의 성숙도와 신앙의 깊이는 다 다릅니다. 그러나 우리 모두에게 요구되는 것은 우리의 수준만큼 행하는 것입니다. 우리가 생각하는 정도가 우리 수준이 아니라, 사는 정도가 우리 수준입니다.

'행하다'(헬라어로 스토이케오stoicheō)의 원래 의미는 '줄을 지어 가다'입니다. 우리는 모두 하나님이 위에서 부르신 부름의 상을 위해 줄 지어

달려가는 사람들입니다. 앞선 사람도 있고, 뒤선 사람도 있습니다. 이 줄에서 벗어나지 않고 끝까지 달려가면 우리는 하나님께서 주시는 부름의 상을 받게 될 것입니다.

서두에 에리히 프롬의 《소유냐 존재냐》에 대해 말씀드렸습니다. 그는 인간을 '소유형 인간'과 '존재형 인간'으로 나누었습니다. 교우님들께 여쭈어 보겠습니다. "교우님들은 소유형 인간에 가까우십니까? 존재형 인간에 가까우십니까?" "being과 having 중 어떤 것이 삶을 더 잘 드러내고 있습니까?" 하지만 존재와 소유로 구분할 정도로 인간은 단순하지 않습니다. 모든 인간은 '존재-being'과 '소유-having' 사이를 오갑니다. 그래서 우리는 '존재-being'과 '소유-having'을 합한 'behaving-행하는' 존재들입니다. 그 행함의 수준만 다를 뿐입니다.

우리 각자가 삶이 성숙하는 만큼, 신앙이 깊어지는 만큼 행하다 보면 언젠가는 한국 사회는 맑아질 것이고, 한국 교회는 밝아질 것이며, 우리는 부름의 상을 향해 달려가는 하나님의 샘플들이 될 것입니다.

하나님 아버지!

우리의 삶과 신앙이 하나님 앞에 설 때까지 성장해야 하고 성숙해야 함을 다시 한 번 되새기게 해주셔서 감사합니다. 우리가 오래 신앙생활 했다 해서 내 신앙이 완성되었다고 한 순간이라도 오해하거나 착각하지 않도록 우리 마음을 붙잡아 주옵소서. 또한 가치관이 혼탁하고 세속의 물결이 넘실대는 이 땅을 살아갈 때 바르게 분별하는 통찰력을 더하여 주옵시고, 분별한 것에 집중하는 은총을 더하여 주옵소서. 그뿐만 아니라 우리의 시선을 푯대 되시는 예수 그리스도와 하나님께서 위에서 부르신 부름의 상에 둘 수 있게 하옵소서.

사도로 부름 받고서 30년이 지나도 여전히 신실한 경주자로 살았던 바울과 같이 우리도 이 땅에서 믿음의 경주자로 평생 살아가게 하여 주옵소서.

주님께서 우리를 불러 주신 때가 다르고, 걷고 달린 정도도 다릅니다. 때로 소유형 인간으로 살 때도 있었고, 존재형 인간으로 살아 보려고 발버둥칠 때도 있었습니다. 우리가 어디 이르러 있든지 그 성숙도와 수준만큼 행하는 주님의 자녀들이 되게 하여 주옵소서. 그리하여 세월이 지날수록 우리 행함이 더 바르고, 더 깊고, 더 넓어지게 하옵소서. 그래서 내 인생이 아름답고 거룩해지게 하시고, 우리 가정이 새로워지게 하시며, 한국 교회가 회복되고 대한민국이 성숙해지는 은총을 맛보게 하여 주옵소서. 예수님의 이름으로 기도드립니다.

아멘.

3

빌립보서

3장 17-21절

17 형제들아 너희는 함께 나를 본받으라 그리고 너희가 우리를 본받은 것처럼 그와 같이 행하는 자들을 눈여겨 보라 18 내가 여러 번 너희에게 말하였거니와 이제도 눈물을 흘리며 말하노니 여러 사람들이 그리스도의 십자가의 원수로 행하느니라 19 그들의 마침은 멸망이요 그들의 신은 배요 그 영광은 그들의 부끄러움에 있고 땅의 일을 생각하는 자라 20 그러나 우리의 시민권은 하늘에 있는지라 거기로부터 구원하는 자 곧 주 예수 그리스도를 기다리노니 21 그는 만물을 자기에게 복종하게 하실 수 있는 자의 역사로 우리의 낮은 몸을 자기 영광의 몸의 형체와 같이 변하게 하시리라

09 나를 본받으라

빌립보서 3장 17-21절

큰바위얼굴

소설 《주홍글자》로 알려진 소설가 너대니얼 호손의 작품 중에
〈큰바위얼굴〉이라는 단편소설이 있습니다. 내용이 이러합니다.
산맥으로 몇 겹이나 둘러싸인 골짜기 마을에 직업이 각기 다양
한 많은 사람들이 모여 살고 있었습니다. 이 마을에서는 자연
이 만들어 낸 거대한 암반으로 된 큰바위얼굴이 멀리 보였습니
다. 이마의 높이만 해도 30미터는 족히 되어 보였습니다. 그 바
위가 말이라도 했다면 목소리가 온 산에 울려 퍼질 정도로 우렁
찼을 것입니다. 그런데 그를 얼핏 보면 절벽에 새긴 것처럼 보
이지만, 실은 거대한 바위들의 절묘한 조화가 그렇게 보이게 한
것이었습니다. 그래서 가까이 가서 보면 얼굴의 모습은 온데간
데없고, 거대한 바위들이 무질서하게 나열되어 있을 뿐이었습니
다. 하지만 멀리서 보면 기품이 있으면서도 온화하고, 위엄이

나를 본받으라

135

있으면서도 따뜻하게 보였습니다.

엄마는 아들 어니스트에게 오래전부터 전해지는 이야기를 들려주었습니다. 언제가 이 마을에서 태어난 한 아이가 세상에서 가장 위대하고 고결한 인물이 되고, 그 아이가 성인이 되면 큰바위얼굴을 닮게 된다는 것이었습니다. 어니스트는 오래 살아서 꼭 그 인물을 만나고 싶었습니다.

어니스트는 농사일을 했기 때문에 온 얼굴이 까맣게 탔지만, 학교에 다니는 아이들보다 총기聰氣가 있었습니다. 그에게 유일한 스승은 큰바위얼굴이었습니다. 하루 일과가 끝나면 큰바위얼굴을 몇 시간이고 쳐다보곤 했습니다. 그러면 큰바위얼굴도 미소를 보내 주는 듯했습니다.

그때 마을이 술렁이기 시작했습니다. 한 젊은이가 이 골짜기를 떠나 항구도시에서 장사로 돈을 벌었는데, 그가 돌아온다고 했기 때문입니다. 사람들은 그를 '개더골드'(Gathergold, 금화 모으기)라고 불렀고, 그의 돈을 다 세려면 100년은 걸릴 거라고 했습니다. 그는 먼저 건축가를 보내서 궁궐 같은 집을 짓게 했습니다. 마침내 그가 도착했을 때 사람들은 "이분이야말로 큰바위얼굴을 빼닮았다"고 소리 지르며 열광했습니다. 하지만 어니스트는 고개를 가로저었습니다. 거지 신세인 한 할머니와 두 아이가 마차를 타고 있는 개더골드에게 자비를 청했습니다. 그는 얼굴도 내밀지 않고 동전 몇 닢을 던져 주었습니다. 그 모습을 본 어니스트는 그는 '개더골드'가 아니라 '스캐터코퍼'(Scattercopper, 동전 던지기)라고 생각했습니다.

많은 세월이 흘렀습니다. 개더골드 씨도 더 이상 이 세상 사람

이것들을 생각하라

이 아니었습니다. 그의 재산은 아무것도 남지 않았고, 그가 지은 궁궐 같은 집만 호텔로 사용되고 있었습니다.

어니스트는 청년이 되었습니다. 그는 근면, 성실했고 사교성이 좋아서 사람들이 좋아했지만, 큰바위얼굴을 쳐다보는 것은 바보 같은 행동이라고 여김 받았습니다.

그때 그 골짜기 출신의 사람이 전장戰場에서 혁혁한 공을 세우고 사령관이 되어 돌아온다는 말이 들렸습니다. 그는 '올드블러드앤드선더'(Old Blood-and-Thunder, 늙은 피비린내 장군)라 불렸습니다. 사람들은 축포를 쏘고 만찬을 열어 그를 환영하며, 그가 큰바위얼굴 그 자체라고 환호성을 질렀지만, 어니스트는 그렇게 생각할 수 없었습니다. 그의 얼굴에서 온화함이나 따뜻함은 찾을 수 없었습니다. 어니스트는 한숨지으며 말했습니다. "이제 또다시 얼마나 오랜 세월을 가다려야 하나?"

어니스트도 중년이 되었습니다. 그가 하는 일은 늘 동일했지만 조금씩 사람들에게 알려지기 시작했습니다. 그는 이웃에게 늘 따뜻했고, 그의 말은 사람들에게 감화를 주었습니다. 그때 큰바위얼굴을 닮았다는 정치가가 귀향한다는 말이 떠돌았습니다. 그에게는 세 치 혀밖에 없었지만 그 혀는 칼보다도 강했고, 재물보다도 강했습니다. 그가 말을 내뱉으면 어떤 때는 천둥처럼 들렸고, 어떤 때는 음악처럼 들렸습니다. 또 그가 말하면 악이 선이 되기도 하고, 선이 악이 되기도 할 정도였습니다. 사람들은 그를 '스토니피즈'(Stony Phiz, 돌 같은 얼굴)라고 불렀습니다. 사람들은 그가 대통령이 되기를 바랐는데, 그것은 그도 원하는 바였습니다. 하지만 그도 큰바위얼굴은 아니었습니다. 어니스트의 눈에 비친 그는 눈에 권태의 그림자를 드리우고 있었고, 더 큰 권력을 쥐지 못해서 분을 내는 어린아이같이 보였습니다.

세월이 흘러 어니스트도 노년이 되었습니다. 하지만 흰 머리카락이 늘어갈수록 학문의 지혜가 늘어갔고, 주름살이 깊어질수록 삶의 지혜도 깊어졌습니다. 대학교수들과 사업가들이 찾아와서 그에게 조언을 들을 정도가 되었습니다.

하루는 어니스트의 소문을 들은 그 골짜기 출신의 시인이 찾아왔습니다. 사실 어니스트는 그의 시를 읽으면서 혹시 이 사람이 큰바위얼굴일지 모른다고 생각하고 있었습니다. 하지만 그도 아니었습니다.

해 질 무렵이면, 오래 전부터 습관처럼 어니스트는 야외에서 동네 사람들과 삶의 지혜를 나누곤 했습니다. 시인이 보기에 그 나눔은 생명의 언어였고, 고결한 시였습니다. 그의 얼굴에는 온화함과 부드러움이 있었습니다. 그때 시인은 자신도 모르게 두 손을 높이 들고 외쳤습니다. "보라! 어니스트가 바로 큰바위얼굴을 닮았다!" 사람들은 시인의 말이 틀리지 않음을 깨달았습니다. 하지만 어니스트는 자신의 이야기가 끝나자 조용히 집으로 돌아가 자신보다 훨씬 더 큰 큰바위얼굴을 닮은 사람이 꼭 나타날 것을 기다렸습니다.

우리가 바라는 큰바위얼굴

오늘 본문은 큰바위얼굴을 닮는 것보다도 우리가 진정으로 닮고 본받아야 할 분이 누구인지 전해주고 있습니다.

이것들을 생각하라

바울 일행이 빌립보에서 전하는 복음을 받아들인 사람들은 두아디라 출신의 자색 옷감장사 루디아(행 16:14)와 그 가족, 귀신들려 점치던 소녀, 빌립보 감옥의 간수와 그 가족이었습니다. 그들이 중심이 되어 빌립보교회가 시작되었고, 10여 년 뒤 바울은 로마 감옥에서 빌립보교회에 편지를 보냈습니다.

표면적으로는 로마에 잡힌 바 된 죄수였지만, 바울은 한 번도 그렇게 생각한 적이 없었습니다. 그는 언제나 '그리스도 예수께 잡힌 바 되었다'고 생각했습니다. 그를 그렇게 붙잡아 주시고, 눈뜨게 해주시고 영원을 바라보게 해주신 분이 주님이셨기 때문입니다.

사실 주님께 붙잡히기 전의 바울은 자기 자신에게 사로잡힌 인생이었습니다. 태어난 지 8일 만에 할례를 받은 것, 이스라엘 족속과 베냐민 지파인 것, 이방 땅에서 태어나고 자랐을지라도 히브리 교육을 받고 히브리 말을 하는 것, 바리새파에 속한 것, 신앙적 열심으로 교회를 박해하고, 율법의 의로는 흠이 없었던 것이 그가 붙잡은 것이었습니다. 아니, 이것들에게 붙잡힌 인생이었습니다. 이것들이 자신의 인생을 남들 위에 서게 해주는 최상의 것이라 확신했습니다. 그러나 그리스도 예수께 잡힌 바 된 것에 비하니 아무것도 아니었습니다. 마치 엽서의 사진으로만 스위스 알프스나 미국 그랜드캐넌을 보던 사람이 실제 지형을 눈으로 보는 것과 같았습니다. 아니, 그것과도 비교할 수 없을 정도로 큰 차가 있었습니다. 알프스나 그랜드캐넌을 보고 인생이 바뀌는 사람은 거의 없지만 그리스도 예수께 사로잡힌 바 되고서 인생이 바뀌지 않은 사람이 거의 없기 때문입니다.

그리스도 예수께 잡힌 바 된 바울은 그 후 30년 동안을 오직 한 방향으로 달렸습니다. 그럼에도 아직 온전히 이루었다고 여기지 않았습니다.

그의 인생은 여전히 '영원한 큰바위얼굴'이 되시는 분을 향해 달려가는 것이었습니다.

우리 모두는 온전함을 향해, 영원을 향해, 하나님께서 위에서 부르신 부름의 상을 향해 달려가는 경주자들입니다. 앞선 사람도 있고 뒤선 사람도 있습니다. 다른 사람을 추월할 때도 있고, 추월당할 때도 있을 것입니다. 중요한 것은 이 경주로를 벗어나지 않는 것입니다. 우리가 끝까지 달려가게 될 때 '영원한 온전함'이 되시는 주님께서 우리를 꼭 품어 주실 것입니다.

하나님이 위에서 부르신 부름의 상을 향해 달려간다고 고백하며, 빌립보교회 사람들에게 함께 달려가자고 권면한 바울은 또 이렇게 호소합니다. 17절이 이렇게 증거합니다.

■ 형제들아 너희는 함께 나를 본받으라 그리고 너희가 우리를 본받은 것처럼 그와 같이 행하는 자들을 눈여겨보라

17절은 '형제들아'라는 단어로 시작합니다. 바울이 보낸 편지에 자주 등장하는 용어입니다. 목회자가 설교하며 문단을 전환하거나 분위기를 바꾸어 볼 때 "사랑하는 교우 여러분"이나 "사랑하는 형제자매 여러분"이라는 말을 잘 사용합니다. 그러나 이 단어는 단지 그런 의미가 아닙니다. 이 단어는 대단히 친밀하고, 따뜻함을 지닌 말입니다. 물론 여기서 말하는 형제는 자매와 남매를 포함하는 말입니다. "형제가 몇이냐?"는 질문은 아들만이 아니라 아들과 딸의 수를 모두 묻는 말인 것과 같습니다.

'형제'를 뜻하는 헬라어 '아델포스adelphos'는 '자궁子宮'이라는 말에서 왔습니다. 같은 자궁에서 태어난 사람은 친형제자매가 될 수 있기 때문

이것들을 생각하라

에 성경에서 말하는 형제(자매)는 아주 친밀함을 표현하는 단어입니다. 바울은 빌립보교회 사람들을 같은 하나님의 자궁에서 태어난 형제자매로 여기고 있었던 것입니다.

그렇게 친밀한 말로 바울은 빌립보교회 사람들에게 "너희는 함께 나를 본받으라"고 권면합니다. 신앙은 공동체적입니다. 그래서 '함께'라고 합니다. 나의 신앙이 연약해지거나 강해질 때 그 영향력이 다른 사람들에게 반드시 전달됩니다.

다른 사람의 신앙의 정도가 나의 신앙에도 영향을 줍니다. 그래서 우리 모두는 권면해서 함께 걷고 뛰어야 합니다. 우리가 매주 금요일 또는 주일에 마음을 다해서 구역성경공부로 모여야 하는 것은 우리의 신앙이 '함께'이기 때문입니다. 신앙에는 독불장군도 없고, 자수성가도 없습니다. 우리 모습이 지금 이만큼이라도 유지되고 있는 것은 하나님께서 우리에게 붙여 주신 하나님의 형제자매들이 있기 때문입니다.

과거 양말이 없던 시절에는 '버선'을 신고 살았습니다. 대부분의 버선은 집에서 만들어 신었기 때문에 집에는 '버선본'이 있었습니다. 옷을 만들어 입던 때는 '옷본'도 있었습니다. 그 본대로 잘라서 버선을 만들고 옷도 만들었습니다.

아이들이 영어 알파벳이나 한자를 배울 때 처음에는 그 모양을 잘 익힐 수 있도록 옅은 선이나 점선으로 된 '따라쓰기'가 있습니다. 그것이 '본'입니다.

그런데 "나를 본받으라"는 말은 쉽게 할 수 있는 말이 아닙니다. 부모가 자식에게 "네 형 본 좀 봐라"라든가 "네 언니 반만 따라가 봐"고 할 수 있지만, 정작 형이나 언니가 동생에게 그렇게 말하는 경우는 거의 없습니다. 신앙의 경우는 더욱 그러합니다. 신앙이 고결하게 보이는 분을 멘토로 삼고 본받기를 원하는 경우는 흔합니다. 그러나 "나를 멘토로 삼아서 나를 본받으십시오"라고 하는 사람은 본 적이 없습니다.

그렇다면 바울은 어떻게 이렇게 자신 있게 "나를 본받으라"고 할 수 있겠습니까? 그 근거는 그에게 또 다른 본이 있기 때문입니다. 고린도전서 11장 1절이 이렇게 증거합니다.

■　　　내가 그리스도를 본받는 자가 된 것같이 너희는 나를 본받는 자가 되라

바울에게는 '그리스도'라는 본이 있었습니다. 바울과 빌립보교회 사람들은 물론 우리 모두에게 '본'이 되시는 분은 오직 한 분 '예수 그리스도' 밖에 없습니다. 바울이 그리스도를 닮아가기 위해 몸부림치는 것처럼 빌립보교회도, 우리도 그 몸부림을 본을 삼아, 우리의 몸부림을 통해 그리스도를 본받고 그리스도를 닮아가는 사람이 되는 것입니다.

다른 유대인들과 마찬가지로 바울도 메시아를 기다리고 있었습니다. 그 메시아는 로마 황제보다 더 크신 분이어야 했습니다. 그래서 유대인들을 로마의 압제에서 벗어나게 해줄 뿐만 아니라 유대인이 최고임을 만천하에 드러낼 수 있는, 그런 분이어야 했습니다. 그러나 예수 그리스도는 천하디 천한 목수의 집안에, 그것도 처녀 마리아의 몸을 통해 오셨습니다. 그에게는 세상적인 권세도, 학문도, 재물도 없었습니다. 그래서 유대인들은 그런 분은 결코 메시아일 리가 없다고 생각했습니다. 바울도 그런 분은 결코 메시아일 수 없다고 확신하고 있었습니다. 바울은 예수 그리스도만 미워한 게 아니라 그를 따르는 사람들도 증오했습니다. 그래서 다메섹까지 가서 그리스도인들을 잡아들이겠다고 살기가 등등해서

　　　　　　　　　　　　이것들을 생각하라

가고 있을 때, 인간의 죄를 영원히 사해 주시기 위해 십자가에 달려 대속의 피를 흘려 주시고 죽음에서 부활하신 분이 자신을 찾아와 주셨습니다. 자신이 증오했던 그 예수 그리스도가 바로 그토록 기다리던 메시아였던 것입니다. 그분이 메시아가 아니셨고, 자신을 찾아와 주지 않으셨다면 그는 여전히 자신이 붙들었던 것, 아니, 세속적으로 나아 보이는 것에 붙들린 삶을 살고 있었을 것입니다. 바울은 그 주님이 그토록 감격스러워서 이전과는 전혀 다른 삶을 살았습니다. 이전에는 세상의 본, 율법의 본을 따라 살았지만 이제는 예수 그리스도 그분만을 본으로 삼고 산다고 합니다.

바울은 로마 정부의 고관대작이 아닙니다. 로마 대학 교수도 아닙니다. 로마 경제를 좌지우지하는 재력가도 아닙니다. 지금 미결수 신분으로 풀려날지 사형 당할지 모르는 이름 없는 죄수에 불과합니다. 그럼에도 "형제들아, 너희는 함께 나를 본받으라"고 자신 있게 권면합니다.

이 말에 우리는 참 많은 부끄러움을 느낍니다. 대한민국에는 웅장하게 지은 예배당도 많고, 아름답게 지은 예배당도 많습니다. 기독교인이 줄었다 하지만 여전히 많은 사람들이 예배드리는 교회도 참 많습니다. 교회들마다 성경공부도 많고 행사도 많습니다. 그런데 본이 별로 없습니다. '예수님을 믿는다는 것은 저런 분처럼 사는 것이야'라며 보여 줄 만한 사람들이 별로 없습니다. 또한 우리가 그런 본이 되지 못하는 것에 가슴이 아픕니다. 특히 저와 같은 목회자는 더욱 그러합니다. 교우들에게도 미안하고, 주님께는 더욱 면목이 없습니다.

누구나 그리스도를 만나기 전에 그리스도를 닮은 사람을 먼저 만난다고 합니다. 나를 통해 그리스도를 알고 배우는 사람은 나를 넘어서는 그리스도인이 되기가 참 어렵습니다. 물론 나중에 특별한 은총으로 뛰어넘는 경우도 있지만 대부분은 그렇지 못합니다. 내가 '선데이 크리스천'이면 내 곁에 있는 사람도 그렇게 될 가능성이 많습니다. 내가 겉은 기독교인인데 속은 세속적 가치관에 물들어 있는 사람이면 다른 사람도 그렇게 되도록 인도할 가능성이 많습니다. 자기가 그렇게 믿지 못하는 부분, 그렇게 살지 못하는 부분을 다른 사람은 그렇지 않도록 인도할 수 없습니다.

17절을 표준새번역으로 다시 읽어드리겠습니다.

■ 형제자매 여러분, 다 함께 나를 본받으십시오. 여러분이 우리를 본보기로 삼은 것과 같이, 우리를 본받아 사는 사람들을 눈여겨보십시오.

바울은 빌립보교회 사람들에게 자신을 본받으라고 하지만 정작 자신은 감옥 안에 있어서 사람들이 그의 삶을 들여다볼 수 없습니다. 게다가 재판 결과도 예측할 수 없습니다. 그래서 바울은 자신과 디모데와 에바브로디도를 본받아서 사는 사람들을 눈여겨보라고 합니다.

그리스도의 본이 복음서에 있습니다. 복음서 내용을 보고 그리스도를 본으로 삼는 것이 바른 신앙입니다. 또한 그 그리스도를 본받은 바울의 삶과 가르침이 바울서신에 있습니다. 그래서 그를 본으로 삼는 것도 바른 신앙입니다. 이 두 가지 모두 부담스럽고 어렵다면 주위에 예수 그리스도와 바울을 본으로 삼는 사람을 본받는 것이 바른 신앙의 태도입니다.

어거스틴의《고백록》, 존 버니언의《천로역정》과 더불어 기독교 3대 고전으로 불리는 토마스 아 켐피스의《그리스도를 본받아》라는 책이 있습니다. 이 책의 영문 제목이 'The Imitation of Christ-그리스도를 흉내 내기'입니다. 신앙은 그리스도를 흉내 내는 것에서 시작합니다. 아니, 그리스도를 흉내 내고 따라하는 것이 신앙의 출발이고, 과정이고 결과입니다. 그래서 마침내 그리스도의 장성한 분량까지 닮아가는 것입니다.

또 한 가지, 그리스도를 닮아갈 수 있는 좋은 방법은 그리스도인의 전기를 읽는 것입니다. 우리보다 먼저 살았던 신앙의 사람들이 어떻게 그리스도를 본으로 삼아 살았는지, 그리스도를 닮아가기 위해 어떤 생각과 삶의 태도로 임했는지를 배우고, 지금 나는 그리스도를 본받기 위해 어떻게 몸부림쳐야 하는지를 적용하는 것입니다.

어렸을 때 운동장에서 운동경기나 놀이를 하기 위해 금을 그어 보신 적이 있습니까? 어떻게 그으면 바르게 그을 수 있습니까? 손에 작대기를 들고 먼 곳에 움직이지 않는 한 지점을 정해서 그곳을 보고 그으면 됩니다. 그러면 구간 구간은 바르지 않은 것처럼 보여도 전체적으로 바르게 선을 긋게 됩니다. 만약 바르게 긋겠다고 땅을 보고 그으면 구간 구간은 바른 것 같아도 전체적으로 휘어져 있는 것을 알게 됩니다. 예수 그리스도와 그를 본으로 삼아 산 사람들을 보고 살면 우리의 인생도 바르게 될 것입니다.

큰바위얼굴이 어니스트를 어니스트가 되게 했다면, 우리에게도 우리를 우리답게 만들어 주는 바위가 있습니다. 고린도전서 10장 1-4절이 이렇게 증거합니다.

■ 　　　형제들아 나는 너희가 알지 못하기를 원하지 아니하노니 우리 조상들이 다 구름 아래에 있고 바다 가운데로 지나며 모세에게 속하여 다 구름과 바다에서 세례를 받고 다 같은 신령한 음식을

먹으며 다 같은 신령한 음료를 마셨으니 이는 그들을 따르는 신
령한 반석으로부터 마셨으매 그 반석은 곧 그리스도시라

이스라엘 자손들은 그들이 생각하지 못한 방법으로 홍해를 건넜습니
다. 그들이 홍해를 건넜다고 해서 그들이 입었던 옷이나 신었던 신발이
바뀌지 않았습니다. 그들의 소유가 두 배, 세 배가 된 것도 아닙니다. 그
들의 키가 갑자기 자랐거나 외모가 멋지게 보인 것도 아닙니다. 더 나아
가 그들의 지적 능력이 뛰어나게 되었거나 없었던 재능이 생긴 것도 아
닙니다. 표면적으로 바뀐 것은 아무것도 없었습니다. 하지만 그들에게
분명히 바뀐 것이 있습니다. 그들의 신분이 바뀐 것입니다. 건너기 전
에는 노예였지만 건넌 후에는 자유인이 되었습니다. 전에는 애굽에 속
해 있었고 어두움에 속해 있었지만, 이제는 가나안에 속하고 빛에 속하
게 되었습니다.

하나님께서는 그들에게 신령한 음식을 먹이시고, 신령한 음료를 마시
게 하셨습니다. 그런데 그들이 마신 물은 그들이 찾아서 마신 것이 아니
라 '그들을 따라다니는 신령한 반석'에서 나온 것이었다고 합니다. 그리
고 그 반석이 그리스도시라고 합니다. 이스라엘 자손들이 40년 광야 생
활을 이길 수 있게 한 원동력은 그들의 능력이 아니라 주님의 공급이었
던 것입니다.

우리도 삶을 돌아보면 우리에게 능력이나 재능이 있어서 지금까지 올
수 있었던 것이 아니라 반석이신 주님께서 우리와 동행하셔서 우리를 먹
이셨기 때문이라고 인정하지 않을 수 없습니다. 그래서 찬송가 384장 2
절은 이렇게 부릅니다.

이것들을 생각하라

■   나의 갈 길 다가도록 예수 인도하시니/ 어려운 일 당한 때도 족
한 은혜 주시네/ 나는 심히 고단하고 영혼 매우 갈하나/ 나의
앞에 반석에서 샘물 나게 하시네/ 나의 앞에 반석에서 샘물 나
게 하시네

우리 인생을 돌아보면 생의 순간순간마다 어김없이 반석이신 주님이
우리 앞에 계셔 주지 않으셨습니까?

큰바위얼굴은 멀리서 보면 사람 얼굴이지만 가까이서 보면 무질서한
바위임에도 어니스트의 인생을 바꾸었습니다. 하지만 우리의 영원한 반
석이신 주님은 멀리 떨어져 계신 것이 아니라 우리 앞에서 샘물이 나게
하기 위해, 우리에게 영원한 생명수를 마시게 하기 위해 이 땅에 인간의
몸으로 태어나셨습니다. 그것을 기다리는 시간이 다음 주일부터 시작되
는 대림절입니다. 주님이 우리의 반석이 되심과 영원한 큰바위얼굴이 되
심을 믿는다면 우리는 어떻게 살아야 할까요?

우리가 진정으로 주님을 본받는 사람이 될 때, 우리도 다른 사람들에
게 이렇게 말할 수 있을 것입니다.

"형제자매 여러분, 제가 그리스도를 본받는 사람인 것과 같이, 여러분
도 저를 본받으십시오." 이렇게 말할 수 있다면 그분은 이미 주님을 닮
은 큰바위얼굴입니다.

우리의 반석이신 하나님 아버지!
우리는 세상 속에서 큰바위얼굴을 참 많이 기다립니다. 우리가
큰바위얼굴이 되기를 간절히 소망하기도 합니다.

하지만 우리가 기대하고 소망하는 큰바위얼굴은 개더골드처럼
남들보다 훨씬 더 많은 부를 가진 모습일 때가 많습니다. 그 부
가 좀더 늘어나고 줄어듦에 따라 우월감과 열등감이 우리 속에
서 파도를 탑니다. 또한 우리가 바라는 큰바위얼굴은 올드블러
드앤드선더처럼 내 이름이 더 높아지는 모습일 때도 많습니다.
내 이름이 더 돋보이지 않으면 주눅들 때가 얼마나 많은지요?
때로는 스토니피즈의 모습처럼 더 큰 권력을 지니는 것을 큰바
위얼굴이 된 것으로 착각하기도 합니다. 하나님 앞에서보다 사
람들 앞에서 큰 자가 되는 것이 더 큰 소원이기도 합니다.

하나님 아버지!

이 시간 다시 한 번 우리의 마음을 다잡습니다. 우리의 진정한
큰바위얼굴은 오직 주님밖에 없고, 그 주님을 본받는 것보다 더
나은 삶이 없다는 것을 마음 깊이 새기게 하여 주옵소서. 우리
앞에서 샘물 나게 하는 반석이신 주님과 교제하고, 주님을 닮
아가는 것이 우리의 최상의 소원과 가장 간절한 기도제목이 되
게 하옵소서.

그리하여 우리 모두가 이 땅을 살아가는 큰바위얼굴들이 됨으
로, 만신창이가 되어 얼굴을 들 수 없는 한국 교회를 다시 세우
게 하시고, 다른 사람들이 주님을 본받게 하는 본보기가 되게 하
여 주옵소서. 예수님의 이름으로 기도드립니다.

아멘.

이것들을 생각하라

10

눈물을 흘리며 말하노니

빌립보서 3장 17-21절

청개구리의 후회

우리 전래 동화 가운데 〈청개구리 이야기〉가 있습니다. 이 청개구리는 어미 청개구리의 말을 듣지 않고 늘 반대로 행동했습니다. 이리 오라고 하면 저리 가고, 저쪽으로 가라 하면 이쪽으로 와서 치근댔습니다. 또 "숲에는 뱀이 있으니 냇가에서 놀아라"고 하면 "숲에서 놀아야지" 했습니다. 심지어 어미가 '개굴개굴' 하니까 자기는 '굴개굴개' 했습니다.

하루는 어미가 아들에게 "멀리 가지 말고 집 근처에서 놀아라. 황새에게 잡히면 큰일 난다"고 일러 주었습니다. 하지만 점심이 되어도 아들이 돌아오지 않았습니다. 어미는 틀림없이 멀리 갔을 거라고 생각하고 찾으러 나섰습니다. 한참 만에 아들 청개구리를 찾았는데 황새가 아들을 잡아먹으려 하기 직전이었습니다. 어미는 아들에게 소리를 질러 함께 도망쳤습니다. 그 와중

눈물을 흘리며 말하노니

149

에 어미 청개구리는 다리를 다쳤고, 그로 인해 몸져누워 회복할
수 없는 지경에 이르렀습니다.

어미 청개구리는 '나를 산에 묻어달라고 하면 냇가에 묻겠지?'라
고 생각하고, 가쁜 숨을 몰아쉬며 "내가 죽거든 산에 묻지 말고
냇가에 묻어다오"라고 했습니다. 그러자 아들 청개구리는 "그럴
게요"라고 했습니다. 어미 청개구리는 숨을 거두었습니다.

어미 청개구리가 죽던 날, 냇가에는 많은 비가 내렸습니다. 아
들 청개구리는 처음으로 어미의 부탁대로 냇가에 무덤을 만들
었습니다. 그날부터 아들 청개구리는 냇가를 떠나지 못했습니
다. 그래서 지금도 비가 올 때면 어미 청개구리의 무덤이 떠내
려갈까 봐 아들 청개구리가 구슬피 운다는 것입니다.

만약 이 청개구리가 사람이라고 한다면, 그가 처음에는 엄마
의 무덤이 걱정되어 울겠지만, 좀더 시간이 지나 철이 들고 나
면 '어머니가 살아 계실 때 그 말씀에 왜 순종하지 못하고 그렇
게 속을 썩였을까' 하고 지난 삶을 뉘우치며 울 것입니다. 그리
고 좀더 자라서 결혼하고, 자식을 낳아 기르면서 또 깨닫게 될
것입니다. 자신은 아쉬움과 후회로 눈물을 흘리지만, 어머니의
눈물은 자식을 향한 사랑의 눈물이요, 자식이 바르게 성장하기
를 바라는 호소의 눈물이었다는 사실을 말입니다. 그래서 그때
또다시 울게 될 것입니다. "내가 그때 어머니의 마음을 알았다
면…… 어머니가 흘리셨던 눈물의 의미를 알았다면…… 이렇게
후회하지는 않을 텐데…… ."

이것들을 생각하라

바울의 눈물, 우리의 눈물, 주님의 눈물

오늘 본문은 청개구리가 철없던 시절 자신의 행동을 후회하는 눈물이 아니라, 철없는 자식을 바라보며 안타까워했던 어미 청개구리가 흘린 눈물과 같은 눈물을 보이는 바울의 모습에 대해 알려 줍니다. 18절 상반절이 이렇게 증거합니다.

■ 내가 여러 번 너희에게 말하였거니와 이제도 눈물을 흘리며 말하노니

빌립보서의 별명 가운데 하나가 '기쁨의 복음'입니다. 바울이 자신의 몸은 영어囹圄의 상태에 있을지라도 조금도 자세를 흐트리지 않고 빌립보에 있는 사람들에게 그리스도인들이 누려야 할 참기쁨에 대해 전하고 있습니다. 자신의 삶이 제물에 포도주를 부어서 그 향기를 하나님께 드리는 '전제奠祭'와 같다 할지라도 기뻐하고 기뻐하겠다고 고백했습니다. 그래서 빌립보서 네 장 전체에 열여섯 번이나 기쁨과 관련된 말이 나옵니다.

그러나 본문 말씀은 '기쁨'과는 전혀 상반된 모습을 보여 줍니다. 바울은 지금 눈물을 흘리고 있다고 합니다. '눈물을 흘리다'에 해당하는 헬라어가 '클라이오klaiō'인데, 이것은 단순히 눈물이 흘러내리는 모습을 표현하는 말이 아닙니다. 심한 고통을 느끼며 소리 내서 우는 모습을 표현하는 말입니다. 어미 청개구리가 언제나 반대로만 행동하는 아들을 바라보며 흘렸던 눈물처럼 말입니다.

누가복음 7장은 한 장례식 장면을 보여 줍니다. 11-13절입니다.

■ 그 후에 예수께서 나인이란 성으로 가실 새 제자와 많은 무리가 동행하더니 성문에 가까이 이르실 때에 사람들이 한 죽은 자를 메고 나오니 이는 한 어머니의 독자요 그의 어머니는 과부라 그 성의 많은 사람도 그와 함께 나오거늘 주께서 과부를 보시고 불쌍히 여기사 울지 말라 하시고

예수님께서는 제자들과 '나인'이라는 성으로 향하셨습니다. 그 뒤에는 허다한 무리가 따라갔습니다. 그런데 나인 성에 가까이 갔을 때 또 다른 무리를 만나게 되었습니다. 그 무리는 상여 행렬이었습니다. 매우 대조적인 장면입니다. 한 무리는 예수님을 따르는 행렬이고, 또 한 무리는 시신을 뒤따르는 행렬이었습니다. 게다가 그 상여의 주인공은 한 집안의 독자였고, 그 어머니는 과부였습니다. 당시 과부는 아무런 법적인 보호를 받지 못하던 사람이었습니다. 구약에서 가난한 사람을 말할 때 언제나 등장하는 것이 '고아와 과부와 객'입니다.

이 여인의 입장에서 보면, 그녀는 남편도 없이 아들 하나 믿고 살았습니다. 그런데 무슨 이유에서인지는 몰라도 그 아들이 먼저 세상을 떠났습니다. '자식은 부모가 세상을 떠나면 산에 묻지만, 부모는 자식이 세상을 떠나면 가슴에 묻는다'는 말이 있듯이, 자식의 장례를 치러야 하는 과부의 마음은 찢어져 울 기력조차 없을 정도였을 것입니다. 예수님께서 그녀를 향해 말씀하셨습니다. "울지 말라." 여기서 '울다'에 해당하는 말이 '클라이오'입니다.

바울은 지금 대성통곡하듯이 울며 말한다고 합니다. 그 울음은 감옥에 갇혀 있는 자신의 상황이 초라하게 여겨져서 흘리는 신세 한탄의 눈물이 아닙니다. 이루어야 할 업적을 이루지 못해서 흘리는 아쉬움의 눈

이것들을 생각하라

물도 아닙니다. 갚아야 할 원한을 갚지 못해서 흘리는 분노의 눈물도 아닙니다. 바울이 눈물을 흘리는 까닭을 18절 하반절에서 이렇게 밝히고 있습니다.

■   여러 사람들이 그리스도의 십자가의 원수로 행하느니라

바울이 통곡하듯이 눈물을 흘리는 까닭은 많은 사람들이 십자가의 원수로 행했기 때문입니다. 사실 바울도 그리스도 예수께 붙잡힌 바 되기 전에는 십자가의 원수로 살았습니다. 그는 십자가가 수치의 상징일 수 있어도 구원의 상징이라고는 단 한 번도 생각해 본 적이 없었습니다. 그래서 그때는 태어난 지 8일 만에 할례를 받은 것이 자랑이었고, 이스라엘 족속과 베냐민 지파인 것이 자랑이었습니다. 이방 땅에서 태어나고 자랐지만 히브리 교육을 받고 히브리말을 하는 것도 큰 자부심이었고, 바리새파에 속한 것, 신앙적 열심으로 교회를 박해하고, 율법의 의로는 흠이 없었던 것이 다른 사람들이 그를 부러워하는 것들이었습니다. 그런 그에게 십자가에서 달려 죽으시고 부활하신 예수 그리스도께서 찾아오셨습니다. 그 전에는 십자가를 넝마조각과 같다고 확신하고 있었는데, 그리스도를 만나고 나니 자신이 그토록 자랑스럽게 여겼던 것들이 넝마조각 같게 여겨졌습니다.

바울은 많은 사람들이 십자가의 원수로 살아가는 것을 그토록 가슴 저미듯 아프게 여겼습니다. 그리고 그들의 그런 태도는 그의 눈에 눈물이 마르지 않게 했습니다. 그런 그들의 삶을 구체적으로 19절이 이렇게 증거합니다.

　빌립보에 사는 사람들은 로마 시민권자로, 로마제국 내에 사는 사람들
처럼 로마법의 적용을 받았습니다. 땅이나 집을 사고팔아서 재산을 소유
할 권리가 있었을 뿐만 아니라 시 행정에 직접 참여하는 정치적 권리도
누렸습니다. 이런 것들은 그들의 큰 자랑이었습니다.

　그럼에도 바울은 그들의 '마침은 멸망'이라고 합니다. 그들의 삶이 영
원한 생명이 되시는 예수 그리스도에게 연결되어 있지 않기 때문입니다.
지금 나의 삶이 아무리 화려해 보이고, 남들이 부러워하는 자리에 있을
지라도 예수 그리스도에게 연결되어 있지 않다면 그것은 꺾여 화병에 담
긴 꽃과 같습니다. 당장은 살아 있는 것처럼 보이고, 아름답게 보인다 할
지라도 불과 1, 2주가 지나면 어디서 발견될지는 자명합니다.

　십자가의 원수로 살아가는 사람들은 자신의 배를 하나님으로 삼았습
니다.

　10년 전 신문에서, 당시 환율로 무려 약 5,500만 원짜리 요리가 있다
는 기사를 읽은 적이 있습니다. 중국의 한 레스토랑에서 청나라 황실 요
리인 '만한전석滿漢全席' 코스 요리를 그 가격에 내놓았다고 합니다. 만한
전석은 만주식 연회宴會와 한족식 연회를 18세기 초 청나라 강희제康熙
帝 때 하나로 합친, 중국 황제를 위한 연회용 궁중요리입니다.

　그 요리는 준비하는 데만 꼬박 보름이 걸리고, 모든 식기는 순금으로
제작했다고 합니다. 그 요리를 먹는 고객은 청나라 황제처럼 손을 움직
일 필요가 없고, 입만 벌려 먹으면 되었습니다. 종업원도 궁녀의 옷을 입

고 시중을 들었습니다. 150만 원짜리 차와 딤섬으로 가볍게 입맛을 돋운 고객은 이어 상어, 제비집, 비둘기, 잉어수염 요리 등 16가지 요리를 차례로 맛보게 된다고 합니다. 특히 잉어수염 요리는 잉어 1백 마리를 잡아 두 가닥씩 나는 수염을 떼어 내 만든 희귀 요리로, 고객들의 탄성이 끊이지 않았다고 합니다.

혹 이런 요리를 드시고 싶으십니까? 그 음식을 먹을 돈으로 국수를 삶으면 노숙자들 5~6만 명 정도는 먹게 할 수 있을 것입니다. 당시 로마제국은 전성기를 구가하고 있었기 때문에 먹고 마시는 잔치문화와 목욕문화가 발달했습니다. 로마 사람들은 더 먹고 싶으면 토하고 먹고를 반복했습니다. 그래서 바울이 보기에 그들의 하나님은 '배'였습니다.

그뿐만 아니라 십자가의 원수로 살아가는 사람들은 수치스러운 것을 영광으로 생각했습니다. 그들은 자랑이 아닌 것을 자랑으로 여겼습니다. 당시 각 도시에는 그 도시를 지키는 수호신이 있었고, 그 수호신을 섬기는 신전이 있었습니다. 그리고 신전에는 신들을 섬기는 여사제들이 있었는데, 그들은 대부분 공창公娼이었습니다. 신전에서 제사장들이 제사지낼 때 다산과 풍년을 기원하기 위해 여사제들과 성행위를 했고, 그 여인들이 밤이 되면 온 시내로 나와 매춘을 했습니다. 그래서 가장 많은 돈을 벌어 신전에 바치는 것이 자랑이었습니다.

이런 사람들을 향해 바울은 '땅의 일을 생각하는 사람들'이라고 합니다. 그들의 그런 삶은 '하늘의 일을 생각하는 사람들'의 삶과는 거리가 멀기 때문입니다. 이런 사람들은 무복음주의자들(무율법주의자들)이라고 할 수 있습니다. 그들에게는 그들 자신이 삶의 기준입니다. 그들에게 하나님께서 아무리 간절하게 말씀하셔도 귓등으로 듣고, "저는 저 나름대로의 생각이 있습니다"라고 아들 청개구리처럼 삶으로 고집을 부리는 사람들입니다.

그런데 바울이 빌립보교회에 편지를 보낼 때 그곳에는 무율법주의자(무복음주의자)만 있었던 것이 아니라 주님의 십자가 사역을 무시하고, 율법을 지켜야 구원을 얻는다고 주장하는 율법주의자들도 있었습니다. 그들에게도 이 말씀은 동일하게 적용됩니다. 다시 19절입니다.

> ■　그들의 마침은 멸망이요 그들의 신은 배요 그 영광은 그들의 부끄러움에 있고 땅의 일을 생각하는 자라

그리스도의 십자가의 원수로 행하는 사람들은 아무리 많은 선행을 해도, 아무리 큰 업적을 쌓아도 그 마침은 멸망으로 갈 수밖에 없습니다. 우리는 율법을 지켜서 구원받는 존재가 아니라 십자가에서 대속의 죽음을 죽어 주신 주님의 은혜로 구원받기 때문입니다.

유대 율법주의자들은 자신들의 배를 신으로 섬겼습니다. 그들은 정결의 법, 특히 음식을 가려 먹는 것에 몰두했는데, 우상화의 지경에까지 이를 정도였습니다.

하나님께서 출애굽한 이스라엘 자손들에게 가나안 땅에 들어가서 먹어도 되는 것과 먹지 말아야 할 것을 구별해 주셨습니다. 이스라엘 자손들이 구별된 삶을 살기를 바랐기 때문입니다. 그러나 세월이 지나자 그들은 구별된 음식을 먹는 것 자체가 구원을 얻는 것이라고 착각했던 것입니다.

베드로가 욥바에 있는 무두장이 시몬의 집에 머무는 동안, 기도하기 위해 지붕으로 올라갔을 때 하늘에서 네 발 달린 짐승, 기어 다니는 짐승, 공중에 나는 짐승이 보자기 같은 그릇에 담겨 매달려 내려오는 환상을 보

　　　　　　　　　　　　이것들을 생각하라

았습니다. 그때 하나님께서 그것들을 잡아먹으라고 하셨습니다. 그러자 베드로는 "주님, 절대로 그럴 수 없습니다. 저는 속되고 부정한 것은 한 번도 먹은 일이 없습니다"(행 10:14)라고 단호하게 말했습니다.

그러자 "하나님께서 깨끗하게 하신 것을 속되다고 하지 말아라"라는 음성이 들렸습니다. 그런 일이 세 번 있은 뒤 그 그릇은 다시 하늘로 들려 올라갔습니다.

베드로는 사도였고, 3년 동안이나 주님과 동고동락했습니다. 그럼에도 음식에 관한 정결의 법을 떨쳐버리기가 쉽지 않았던 것입니다. 율법주의자들은 레위기법에 몰두하다 정작 중요한 그리스도의 십자가의 은혜를 놓치고 말았습니다. 오늘날 금주와 금연은 그리스도인이 갖추어야 할 자세지만, 그것 자체를 구원에 직결시킨다면 십자가의 원수로 행하는 것입니다.

또한 율법주의자들은 부끄러운 것을 영광스럽게 생각했습니다. 여기서 '그들의 부끄러운 것'은 '할례'를 가리키는 말입니다. 할례의 본래의 의미를 생각하지 않고, 할례 자체를 구원으로 생각하는 사람들에게 바울은 이미 3장 2절에서 이렇게 말했습니다.

■ 개들을 삼가고 행악하는 자들을 삼가고 몸을 상해하는 일을 삼가라

'개', '행악하는 자', '몸을 상해하는 자'는 모두 율법주의자들을 지칭하는 말입니다.

고대 헬라-로마 세계에서 유대인들의 할례는 놀림거리가 되곤 했습니다. 당시 운동경기를 할 때는 옷을 전부 벗었고, 로마 문화 자체가 목

욕문화였기 때문에 할례는 이방인들에게 웃음거리가 되었습니다. 그러나 율법주의자들은 할례 그 자체를 자랑했습니다. 하나님께서 왜 할례를 하게 하셨는지, 할례 받은 백성은 어떻게 살아야 하는지는 생각하지 않고 할례만을 자랑하니까, 바울은 그것이 십자가의 원수로 행하는 것이라며 슬퍼하는 것입니다.

바울은 무복음주의자-무율법주의자들의 방종하는 삶과 율법주의자들이 자기 고집에 매여 있는 것을 보고 통곡하고 있습니다. 바울이 그리스도의 십자가의 원수로 행하는 사람을 보면서 통곡했던 것은 그가 바른 것이 무엇인지를 생각하는 그리스도인이었기 때문입니다. 바울의 이런 모습 앞에 우리 모습은 어떠합니까?

시편 기자도 이런 고백을 했습니다.

■　　그들이 주의 법을 지키지 아니하므로 내 눈물이 시냇물같이 흐르나이다(시 119:136)

시편 기자는 다른 사람들이 하나님의 말씀을 지키지 않는 것이 자신의 눈물을 마르지 않게 한다고 합니다. 말씀을 지키지 않는 사람이 말씀을 지키지 않는 사람을 보고 우는 법은 없습니다. 그것을 오히려 자기합리화의 구실로 삼습니다. 시편 기자의 이런 고백은 그가 말씀을 지키기 위해 발버둥 쳤기 때문에 가능한 것입니다.

우리는 무엇 때문에 눈물을 흘립니까? 이루지 못한 업적 때문에 눈물이 나십니까? 아니면 깨어진 관계로 인해 눈물이 나십니까? 자신의 형편없었던 지난 삶을 돌아보고 반성하며 흘리는 눈물도 귀하지만, 다른 사람을 위해 울어주는 것은 더욱 귀합니다.

　　　　　　　　　　　　　　　　　　이것들을 생각하라

아주 가끔 하나님께서 저를 아주 강하게 움직이실 때가 있습니다. 저는 누우면 5분 안에 잠이 듭니다. 설교를 해야 하는 주일 전날에는 잠을 잘 자지 못합니다. 준비한 설교가 마음에 들 때가 거의 없지만, 특히 마음에 들지 않을 때는 거의 잠을 이루지 못합니다. 잠이 들면 아침이 오지 않았으면 좋겠다는 생각이 들기도 합니다.

제네바에서 사역할 때의 일입니다. 하루는 잠을 잘 이룰 수 없었습니다. 그날이 토요일이 아니었는데도 그랬습니다. 그래서 서재로 가서 기도를 드렸는데 한국 교회가 너무 걱정되어 눈물이 멈추지 않았습니다. 저는 한국 교회를 걱정하는 사람이 아니었습니다. 그럴 위치도 아니고, 그럴 만한 사람도 아닙니다. 게다가 당시 저는 대한민국에서 수천 킬로미터 떨어진 곳에 살고 있었습니다. 그런데도 한국 교회가 너무 걱정되었고, 한국 교회가 끝날 것만 같았습니다. 눈물만 난 것이 아니라 가슴도 너무 뛰고, 어깨가 너무 많이 짓눌려 일어설 수가 없었습니다. 그렇게 새벽 3시경까지 있었던 것으로 기억됩니다. 서재에서 침대로 기어가서 자고 있는 아내를 깨워 "여보, 나 좀 도와줘요. 기도 좀 해 줘요"라고 부탁했습니다. 아내의 기도 후 짓눌림이 사라졌습니다.

사람들의 바르지 않은 삶을 보고 눈물을 흘린 것은 시편 기자나 바울만이 아닙니다. 주님께서도 그러하셨습니다. 누가복음 19장 37-42절이 이렇게 증거합니다.

■ 　　이미 감람산 내리막길에 가까이 오시매 제자의 온 무리가 자기들이 본 바 모든 능한 일로 인하여 기뻐하며 큰 소리로 하나님을 찬양하여 이르되 찬송하리로다 주의 이름으로 오시는 왕이

여 하늘에는 평화요 가장 높은 곳에는 영광이로다 하니 무리 중
어떤 바리새인들이 말하되 선생이여 당신의 제자들을 책망하소
서 하거늘 대답하여 이르시되 내가 너희에게 말하노니 만일 이
사람들이 침묵하면 돌들이 소리 지르리라 하시니라 가까이 오
사 성을 보시고 우시며 이르시되 너도 오늘 평화에 관한 일을 알
았더라면 좋을 뻔하였거니와 지금 네 눈에 숨겨졌도다

예수님께서 어린 나귀를 타고 예루살렘을 향해 가시는 모습을 보고 사
람들은 '호산나'를 외치며 큰 소리로 노래를 불렀습니다. 그런데 예수님
은 우셨습니다. 바울이 십자가의 원수로 행하는 사람들로 인해 울었던
것처럼, 예수님께서도 '클라이오' 소리를 내어 통곡하셨습니다. 사뭇 대
조적인 모습입니다. 사람들은 환호성을 지르고 있는데, 예수님은 소리를
내어 통곡하셨습니다. 도대체 예수님은 무엇 때문에 그렇게 통곡하셨겠
습니까? 이제 닷새 뒤면 십자가에 달려 죽으실 것을 슬퍼하거나 그것을
생각하니 고통스러워서 우셨겠습니까? 아닙니다. 예수님은 예루살렘의
죽음을 슬퍼하셨습니다. 예수님께서 승천하시고 30여 년 후, 서기 66년
에 로마의 티투스 장군이 예루살렘에 쳐들어 왔습니다. 그때가 마침 유
월절이었기 때문에 예루살렘은 주민들과 순례자들로 인산인해를 이루었
습니다. 티투스 장군은 3일 만에 예루살렘 주위에 토성을 쌓았기 때문에
대부분의 사람들은 도망가지 못하고 갇혔습니다. 로마 군인들이 예루살
렘을 무려 4년 동안 포위했습니다. 그래서 갇혀 있던 사람들은 대부분
굶어 죽었습니다. 그리고 로마 군인들이 예루살렘을 멸망시킬 때, 임산
부의 배를 가르고 아기를 꺼내 바닥에 패대기쳤다고 역사가 요세푸스는
말합니다. 그것을 미리 보시고 우셨습니다. 그들이 그때 흘릴 눈물에 주

님께서 동참하신 것입니다.

과거에는 그리스도인들이 참 많이 울었습니다. 가진 것도 없고 배운 것도 없는 우리를 받아 주시고 품어 주시는 주님의 사랑이 감격스러워서 많이 울었습니다. 그래서 그때는 주님만이 소망이었고, 주님만이 전부였습니다. 복음을 알지 못하는 사람들의 영혼을 위해서도 참 많이 울었습니다.

하지만 이제는 그리스도인들이 울지 않습니다. 가진 것이 많아서인지, 배운 것이 많아서인지, 주님께서 우리를 받아 주시는 것이 당연한 일이라고 생각해서인지 울지 않습니다. 아직 대한민국에만도 주님을 인격적으로 알아야 하는 사람들이 3,500만 명이 넘는데, 그들을 우리가 그리스도의 사랑으로 품어야 한다고 생각하지 않습니다. 언제나 자신은 아들 청개구리라고 생각하지, 어서 자라서 어미 청개구리와 같은 역할을 할 생각을 하지 않습니다.

주위를 돌아보십시다. 주님을 몰라서 외롭게 살아가는 이가 없습니까? 주님을 안다고 하면서 무복음주의자로, 율법주의자로 살아가는 사람들은 없습니까? 그들을 위해 울어 주어야 하는 사람들은 도대체 누구입니까? 그들을 위해 우리가 울어 줄 수 있다면 우리는 이미 복된 사람입니다.

하나님 아버지!
우리의 지난 삶을 돌아보건대, 하나님의 말씀 앞에 참 많이도 청개구리처럼 살았던 것을 고백하지 않을 수 없습니다. 하나님을 믿는다고 하면서도, 하나님의 자녀라고 하면서도 하나님의

말씀과는 얼마나 반대로 살았는지 모릅니다. 때로는 무복음주의자인 것처럼 욕망과 세속의 쾌락을 따라 흘러가며, 또 때로는 작은 선행을 행하고도 그것을 침소봉대針小棒大하여 자신이 말씀의 사람인 것처럼 과시할 때도 얼마나 많았는지 모릅니다. 그럼에도 허물 많은 우리를 용서해 주시고, 주님을 의심하고 배신할 때도 확신을 주시며 기다려 주심을 감사합니다.

시편 기자가 그러했고, 바울이 그러했고, 무엇보다 우리 주님이 그러하셨듯이 우리가 우리 자신에게만 집중하지 않고 다른 사람들을 위하여 진심으로 울어 줄 줄 아는 그리스도인이 되게 하여 주옵소서. 외로움에 짓눌려 매일매일을 살아가는 사람들에게 영원하신 주님을 연결해 주는 통로가 되게 하여 주옵소서.

'한나'라는 무명의 여인의 눈물이 하나님 없이 자기 소견에 옳은 대로 행했던 사사시대의 문을 닫고 하나님의 말씀의 시대를 열었듯이, 우리의 눈물이 사람들로 하여금 십자가의 원수로 살아가는 시대를 닫고 십자가의 친구로 살아가는 시대를 열게 하옵소서. 예수님의 이름으로 기도드립니다.

아멘.

11 시민권은 하늘에 있는지라

빌립보서 3장 17-21절

눈에 보이지 않는 보화

바울과 그 일행이 빌립보에서 복음을 전하게 된 것은 그들의 전도 계획에는 없던 일이었습니다. 그들은 소아시아 도시들을 방문해서 그곳의 그리스도인들을 격려했는데, 그로 말미암아 그들의 믿음이 견고해졌고, 새로 믿는 사람들도 급격히 늘고 있었습니다.

그럼에도 성령님께서는 바울 일행이 그곳에서 복음을 전하지 못하게 하셨습니다. 성령님께서 복음 전하는 것을 막는다는 것이 얼핏 이해되지 않지만, 바울 일행은 순종했습니다. 성령님께서 40일을 금식하신 예수님을 광야로 내몰아 사탄의 시험을 이기게 하셨듯이, 바울 일행을 또 다른 곳으로 내몰아 그곳에 복음이 필요한 사람들로 하여금 듣게 하신 것으로 여겨집니다.

바울 일행의 소아시아 사역이 참담한 실패를 겪고 있었다면 그곳에서 사역을 중지하게 하시는 성령님의 인도하심을 받아들이기 쉬웠을 것입니다. 하지만 그들의 소아시아 사역은 엄청난 부흥 속에 있었습니다. 그러한 때 성령님의 '사역 중지' 사인을 분별하기도 쉽지 않았을 것이고, 분별했다 하더라도 순종하기는 더욱 어려웠을 것입니다. 그러나 바울 일행은 순종하여 브루기아와 갈라디아 지방(지금의 터키 동남부)을 거쳐, 무시아 국경에서 북쪽 비두니아로 가려고 했습니다. 하지만 그것마저 허락되지 않았습니다.

바울 일행은 사업 확장을 위해 동분서주하지 않았습니다. 학위를 받기 위해 더 나은 지도교수가 있는 곳으로 다닌 것도 아니었습니다. 십자가에서 대속의 죽음을 죽어 주신 예수 그리스도와 그분이 베푸시는 구원을 한 사람에게라도 더 전하기 위해 동가식서가숙東家食西家宿해 가며 다녔습니다. 그렇기 때문에 성령님의 인도하심에 더욱 예민하게 반응하며 순종했습니다.

우리도 우리 일이 아니라 주님의 일을 할 때 더욱 그러해야 합니다. 주님의 일은 우리 뜻이 아니라 주님 뜻대로 진행되고 이루어져야 하기 때문입니다.

바울 일행이 무시아를 통과해서 드로아에 이르렀을 때, 바울은 밤에 환상을 보았습니다. 한 마게도냐 사람이 나타나 "마게도냐로 건너와서 우리를 도와주십시오"라고 요청했습니다. 바울은 이 환상이 마게도냐에서 복음을 전하라는 주님의 인도하심이라고 확신했습니다. 그래서 도착한 곳이 마게도냐에서 첫째가는 도시 빌립보였습니다.

바울 일행은 두 번이나 성령님의 인도하심을 받아서 빌립보에 이르렀지만 눈앞에 펼쳐진 상황은 성령님의 인도하심과 전혀 상관없는 것처럼 보였습니다.

바울 일행은 방문하는 도시들마다 회당을 찾곤 했습니다. 회당 모임에는 유대교에 관심 있던 이방인들이 회당 뒤쪽에 앉아 있었는데, 그들에게 복음을 전하곤 했습니다. 그러나 빌립보에는 회당이 하나도 없었습니다. 안식일이 되자 바울 일행은 '기도하는 곳'이 있는가 하고 강가로 나갔습니다. 당시 유대인들은 성인 남자 열 명이 있으면 회당을 지을 수 있었습니다. 열 명이 되지 않으면 기도하는 곳을 정하여 그곳에서 모였습니다. 바울은 회당은 고사하고 기도하는 곳이라도 있을까 해서 나가 보았지만 남자는 한 명도 없고, 소수의 여자들만 있었습니다.

바울 일행이 기도하는 곳에서 하나님의 말씀을 전했을 때, 두아디라 출신의 자색 옷감장사 루디아만 복음을 받아들였습니다. 그래서 그녀와 그녀의 온 집안이 세례를 받았습니다. 바울 일행은 귀신 들려 점치던 소녀를 고쳐 주었지만 그들을 기다리고 있었던 것은 심한 매질과 투옥이었습니다. 그러나 하나님께서 그 옥문을 열어 주셨을 때, 간수는 죄수들이 다 도망간 줄 알고 자결하려고 했습니다. 그때 바울과 실라가 "우리가 다 여기 있습니다"라고 소리 질러 자결을 막았습니다. 그것이 계기가 되어 간수와 그 가족들이 세례를 받게 되었습니다. 이 두 가정과 귀신들림에서 고침을 받은 소녀가 주축이 되어 빌립보교회가 시작되었습니다. 그러나 그렇게 신비하고도 은혜스럽게 교회가 시작되었지만, 십수 년이 지나자 빌립보교회에도 복음을 거스르는 삶을 사는 사람들이 있었습니다. 17절이 이렇게 증거합니다.

> 형제들아 너희는 함께 나를 본받으라 그리고 너희가 우리를 본받은 것처럼 그와 같이 행하는 자들을 눈여겨 보라

바울은 그리스도 예수께서 자신을 찾아와 주시기 전에는 자신이 온전

한 사람이라 확신하고 있었습니다. 그의 외적 조건들은 스스로 그렇게 여기기에 충분했습니다. 그때 그의 본은 언제나 율법이었습니다. 그러나 그리스도께서 자신을 만나 주시고 나니까 그가 본으로 삼았던 율법은 배설물과 다를 바 없었습니다. 그가 그토록 간절하게 붙들었던 율법이 그리스도를 만나는 데 방해물이 되었고, 그가 그렇게 고상하다 여기던 것들은 영원한 고상함이 되시는 주님과 비교하니 저급하기 짝이 없었습니다. 그리스도를 만나기 전의 바울의 삶이 '뭔가를 붙잡기 위해 달려가는 인생'이었다면, 그리스도를 만난 후에는 '그리스도 예수께 잡힌 바 된 그것을 잡으려고 달려가는 인생'이었습니다. 그런 자신을 본받으라고 합니다.

이와 같은 바울의 인생은 그리스도인에게 좋은 사례가 됩니다. 모든 그리스도인은 자신이 정한 것을 붙잡기 위해 달려가는 사람이 아니라 그리스도 예수께 붙잡힌 바 된 그것을 잡으려고 달려가는 사람들입니다. 만약 자신이 정한 것을 붙잡기 위해 달려가면서 하나님의 힘을 빌리려고 한다면 그는 하나님을 믿는 사람이 아니라 하나님과 거래를 하려는 사람이요, 하나님을 자신의 창조주요 인도자로 여기지 않고 조력자나 알라딘의 마술램프에 나오는 지니로 생각하고 있는 것입니다.

그런데 빌립보교회에는 그리스도를 본받아 살아가는 바울을 본받지 않고, 유한하고 세속적인 자기 자신을 본받아 살아가는 사람들이 있었습니다. 18절이 이렇게 증거합니다.

> ■ 내가 여러 번 너희에게 말하였거니와 이제도 눈물을 흘리며 말하노니 여러 사람들이 그리스도의 십자가의 원수로 행하느니라

바울은 허망한 욕망에 이끌려 자기 자신을 본받아 살아가는 사람들을

이것들을 생각하라

'십자가의 원수'라고 합니다. 바울이 이전에 그리스도의 십자가를 수치로 여겼던 것처럼, 그렇게 살아가는 사람들이 있었던 것입니다.

바울이 십자가의 원수로 살아가는 사람들에 대해 찢어지는 마음과 통곡으로 그러지 않기를 말하는 것이 처음이 아닙니다. 그래서 '여러 번 너희에게 말하였다'고 합니다. 그것은 바울의 권면을 듣고도 그들이 순종하지 않았다는 의미입니다. 사람들은 이런 반응들을 보였을 것입니다.

"바울 선생님, 주님의 말씀은 좋지만 그렇게 해서는 로마의 가치관이 가득한 이 빌립보에서 살지 못합니다. 그렇게 살다가는 바보가 됩니다."

"바울 사도님, 속 편한 소리 하지 마세요. 당신은 지금 감옥에 있으니까 잘 모르시는 것 같은데, 빌립보에서는 빌립보의 법을 따라야 살 수 있습니다."

"바울 선생님, 당신의 가르침만 절대적인 것이라고 생각하지 마십시오. 우리도 구원을 얻기 위해 나름대로 애쓰고 있단 말입니다. 왜 우리의 노력은 인정하지 않으십니까?"

빌립보교회 사람들의 이런 반응에 바울은 눈물을 흘릴 수밖에 없었습니다.

어떤 일이나 상황에서 눈물을 흘리는 것은, 속이 상하기는 하지만 아직 포기하지 않았다는 반증입니다. 자녀가 시험을 보고 50문제 중에서 열 개를 맞추고 나와서 "아깝다, 두 개는 더 맞출 수 있었는데……" 하고 울면 아직 희망이 있습니다. 그런데 50문제 가운데 스무 개 맞추고도 히죽히죽 웃으며 나와서 "나보다 공부 못하는 친구가 다섯 명이나 더 있다"고 한다면 그 아이는 공부보다 다른 일을 배우게 하는 게 훨씬 나을 것입니다.

눈물을 흘린다는 것은 자격이 없음에도 용서하고 인정해 달라는 표현이기도 합니다. 부모가 전화를 받았는데 경찰서에서 온 전화입니다. "당신 아들이 편의점에서 물건을 훔치다 현장에서 잡혔는데, 지금 경찰서로 좀 오셔야겠습니다." 그런 전화를 받으면 부모는 당장 달려가 눈물로 용서를 구할 것입니다. "다 제 잘못입니다. 제가 잘못 가르쳐서 그렇습니다. 이번만 선처해 주시면, 앞으로는 정말 잘 가르쳐서 다시는 이런 일이 없도록 하겠습니다." 아들이 죄가 없다는 의미가 아닙니다. 그럼에도 용서와 자비하심을 구하는 것이 눈물입니다.

빌립보교회를 향한 바울의 눈물은 그들이 여전히 십자가의 원수로 행하고 있지만 그러한 삶에서 돌이킬 것을 소망하며 기도하기를 포기하지 않았다는 의미이고, 십자가의 원수로 살아가는 것이 하나님께 엄청난 죄를 짓고 살아가는 것이지만 그런 그들을 위해 대신이라도 용서를 구하겠다는 결단인 것입니다.

바울의 눈물을 마르지 않게 했던 빌립보교회 사람들의 삶을 구체적으로 19절에서 이렇게 증거합니다.

■   그들의 마침은 멸망이요 그들의 신은 배요 그 영광은 그들의 부
     끄러움에 있고 땅의 일을 생각하는 자라

유대인들은 어디에 살든지 메시아를 기다리고 있었습니다. 바울이 전한 예수님이 메시아가 맞다면, 그분은 신적인 능력으로 로마를 이기고, 다윗 왕조를 재건하여 자신들에게 자유와 풍요의 세상을 이루어 주셔야 한다고 생각했습니다. 그러나 바울이 전하는 예수님은 십자가에 못박혀 죽으신 분이었습니다. 그분이 메시아라는 것을 받아들일 수 없었습니다.

이것들을 생각하라

나무에 달리는 것은 신명기에서는 하나님의 저주를 받는 것을 뜻했기 때문입니다. 그래서 빌립보에 사는 어떤 유대인들은 무복음주의(무율법주의)에 빠져 먹고 마시는 잔치문화에 젖어 살았고, 수치스러운 일을 행하는 것을 자랑스럽게 여기며 살았습니다. 또 어떤 유대인들은 율법주의에 빠져 음식을 가려먹는 것 자체를 절대화해서 그것을 지켜야 구원을 얻는다고 생각하고, 할례를 행하지 않으면 구원에 이를 수 없다고 자신들의 생각을 신념화했습니다. 그런 삶이 바로 십자가의 원수로 행하는 것이고, 멸망을 향해 질주하는 것이었습니다.

무복음주의자나 율법주의자가 아닌 그리스도인들은 어떻게 해야 하는지 20절이 이렇게 증거합니다.

> ■　　　그러나 우리의 시민권은 하늘에 있는지라 거기로부터 구원하는
> 　　　　자 곧 주 예수 그리스도를 기다리노니

우리의 시민권이 하늘에 있다고 합니다.

모든 위정자들은 '서민'을 위한 정치를 한다고 합니다. 서민의 사전적인 뜻은 '벼슬이나 신분적 특권을 갖지 못한 일반 사람', '경제적으로 중류 이하의 넉넉지 못한 생활을 하는 사람'입니다. 서민이라는 말은 중국 춘추전국시대 이전에 생겼다고 합니다. 당시 '백성百姓'이라는 말은 성姓이 있는 사람을 일컬었습니다. 성은 아무나 가질 수 없었고, 왕족과 귀족만이 어머니로부터 성을 이어받을 수 있었습니다. 일반 평민은 성이 없었기 때문에 '백성'이 될 수 없었습니다. 그들을 일컫는 말이 바로 '서민'이었습니다. 갑골문자에서 유래된 서민의 '서庶' 자는 '굴속에서 불을 피우고 있는 사람들'을 형상화한 것입니다. 그래서 이 글자는 '평범

한', '일반적인'이라는 의미로 쓰이지만 '서러운', '소외된'이라는 의미를 담고 있습니다.

우리 고전 〈홍길동전〉에서 사람들에게 가장 뚜렷이 기억되어 있는 장면은 길동이 집을 떠나는 장면입니다. 길동이 이조판서(오늘날의 안전행정부장관)의 아들로 태어났지만, 어머니의 신분이 노비였기 때문에 아버지를 아버지라고 부르지 못하고 형을 형이라고 부르지 못했습니다. 그것이 길동의 가슴에 못이 되어 박혔습니다. 하지만 길동이 집을 떠나게 되었을 때, 아버지가 비로소 아버지를 아버지로, 형을 형으로 부르는 것을 허락합니다. 길동을 '서자庶子-서러운 아들'이라 부릅니다.

당시 로마에는 '시민'과 '자유인'과 '노예'가 있었습니다. 로마 인구의 절반 이상이 노예였고, 시민은 4분의 1이 채 되지 않았습니다. 대부분의 일은 노예들이 했고, 시민들은 정치를 하고, 원형경기장에서 검투사들이 싸우는 것을 구경했습니다. 로마 시민이 아닌 사람이 로마 시민권자가 되려면 로마군에 입대하여 21년을 복무하거나 여러 해 동안 사업을 해서 많은 돈을 세금으로 내야 했습니다. 바울은 나면서부터 로마 시민이었지만 그의 아버지는 많은 돈을 지불하고 로마 시민이 된 것으로 보입니다. 이 시민권을 가지고 로마의 식민지로 가면 큰 권리를 행사할 수 있었습니다. 그래서 빌립보에 사는 사람들은 자신들이 로마의 시민인 것을 그렇게 자랑스러워했습니다.

그러나 바울은 우리의 시민권은 하늘에 있다고 단언합니다. 그 말의 의미는 이렇습니다. "빌립보에 사는 사람들이 로마 시민권자인 것을 그렇게 자랑스러워하지요? 그러나 우리의 시민권은 로마 황제가 주는 것과 비교할 수 없는 하나님이 주신 것입니다. 로마 시민권자들이 로마에 속했다는 것을 잊지 않듯이, 우리는 하늘에 속했다는 것을 잊지 않아야 합

이것들을 생각하라

니다. 그리고 우리의 삶은 그 나라에 걸맞은 것이어야 합니다."

'시민권'으로 번역된 단어가 헬라어로 '폴리튜마politeuma'인데, 이 단어는 '시민권'으로 번역할 수 있을 뿐 아니라 '국가'나 '정부政府'로도 번역됩니다. 20절 하반부의 '거기로부터'는 '하늘에 있는 국가, 정부로부터'라고 해석하는 것이 자연스럽습니다.

그리스도인은 하나님나라를 살아가는 존재입니다. 모든 국가는 그 국가를 다스리는 대통령이든, 왕이든, 총리든 최고 수반首班이 있습니다. 백성은 그분의 다스림 아래 있습니다. 우리는 하나님의 다스림을 받습니다.

안티기독교로 살던 사람이 주님을 인격적으로 영접하게 되면, 또 선데이크리스천으로 살던 사람이 하나님을 인격적으로 만나게 되면, 가장 후회스럽고 하나님께 죄스럽게 여겨지는 것이 '하나님을 바르게 알지 못하고, 하나님을 하나님으로 섬기지 못했다'는 것입니다. 하나님을 알지 못하는 것이 과거에는 털끝만큼도 죄라고 생각지 않았는데, 그것이 가장 큰 죄라는 것을 하나님을 만나고 나면 알게 됩니다.

조선시대와 같은 왕조시대에, 사실 지금도 마찬가지만, 가장 큰 죄는 무엇입니까? 도둑질한 죄도 크고, 강도질한 죄는 더 크고, 살인죄는 더 크게 생각했을 것입니다. 그러나 그것과 비교할 수 없을 정도로 큰 죄가 있는데, 바로 '역모逆謀'입니다.

살인자가 되어 사형을 당해도 그 경우 자신만 죽습니다. 그러나 역모를 꾀하면 3족을 멸하게 되는데, 3족은 부계父系, 모계母系, 처계妻系를 통틀어 이르는 말입니다. 그만큼 역모죄가 큰 죄입니다.

역모는 왕을 왕으로 인정하지 않는 것입니다. 하나님을 인격적으로 만나게 되면 왕 되신 하나님을 하나님으로 인정하지 않았다는 것이 폐부

깊숙이 인식되니까 그것이 얼마나 뼈저리게 후회되는지, 그럼에도 그런 자신을 멸하거나 내치지 않고 기다려 주시고 자신을 만나 주신 하나님이 얼마나 자비로우신지 각인하게 됩니다.

우리는 이미 하나님을 왕으로 인정한 사람들입니다. 그럼에도 많은 그리스도인이 실제 삶에서 하나님을 최고 통치자로 인정하지 않습니다. 빌립보에 사는 사람들은 그들의 '배'를 최고 통치자로 삼았습니다. 그래서 그들은 욕망의 제국에서 살았습니다.

우리의 삶은 우리를 지배하는 것의 나라가 됩니다. 경제가 우리를 지배하면 우리의 삶은 '경제제국'이 되고, 취미가 우리를 지배하면 '취미왕국'이 됩니다. 부모나 자녀들이 우리를 지배하면 '부모의 나라, 자녀의 나라'가 됩니다. 하나님이 우리를 지배할 때 '하나님나라'가 됩니다. 그때 우리는 초막에 있어도 상관없고, 왕궁에 있어도 상관없습니다.

하나님께서는 우리를 이 시대에 대한민국이라는 땅에 살게 하셨습니다. 우리는 여기서 대한민국 시민으로도 살아야 하고, 하나님나라의 시민권자로도 살아가야 합니다. 부정부패가 있고, 세대 갈등이 있고, 병든 이기심이 아우성치는 이곳에서 우리는 진리를 살아내야 합니다. 그것이 바보처럼, 손해 보는 것처럼 여겨질지라도 그렇게 살아야 하는 것은, 우리의 왕이신 하나님께서 그것을 원하시기 때문입니다.

다시 20절 상반절입니다.

■   그러나 우리의 시민권은 하늘에 있는지라

우리의 시민권이 하늘에 '있을 것이다'라고 미래형으로 말하지 않고, '있는지라'라고 현재형으로 표현합니다. 우리는 이 땅에서 마지막 숨을 내쉬고 난 후 하나님나라에 가서 그 나라 백성이 되는 것이 아니라, 지금 이미 그 나라 백성인 것입니다. 그래서 우리는 지금 우리 삶의 자리에서 하나님나라를 구현하는 사람들입니다.

예수님께서 하나님나라에 대해 말씀하시면서 이런 비유를 들려주셨습니다. 마태복음 13장 44절입니다.

■　　천국은 마치 밭에 감추인 보화와 같으니 사람이 이를 발견한 후 숨겨 두고 기뻐하며 돌아가서 자기의 소유를 다 팔아 그 밭을 사느니라

이 이야기를 '밭에 감추인 보화 비유'라고 합니다. 많은 사람들은 이 이야기를 '자기 소유를 다 팔아 보화를 사는 비유'라고 생각합니다. 그래서 보화를 발견하면 자신의 모든 것을 팔아서라도 그것을 사는 것이 복이라고 생각하고, 하나님나라를 소유하는 것은 내가 가진 모든 것보다 소중한 것이라고 생각합니다. 그렇게 적용하는 것도 좋습니다.

그러나 이 비유의 핵심은 모든 것을 팔아서 밭을 샀다는 데 있지 않고 보화가 밭에 있다는 것입니다. 그래서 '밭에 감추인 보화'입니다. 본래 밭에 있어야 하는 것은 무나 배추, 시금치 같은 채소이지 보화가 아닙니다. 그래서 사람들은 보화를 보고도 보화인지 알지 못합니다.

값비싼 다이아몬드 목걸이는 보석함에 담아서 옷장 깊이 감추어 둡니다. 그 목걸이를 아무 통에나 담아서 식탁 위에 둔다면 그것은 진짜가 아니라 짝퉁일 것입니다.

그런데 예수님께서는 보화가 밭에 있다고 합니다. 그것도 감추어져 있다고 합니다. 그 보화가 보석가게 진열장에 있어야 진짜인 줄 알 텐데 밭

에 감추어져 있으니 보화를 보화라고 생각하지 못하는 것입니다.

하나님나라는 이미 이 땅에 와 있지만, 사람들이 기대하는 모습으로 와 있지 않기 때문에 사람들이 잘 알지 못합니다. 그래서 하나님나라를 무시합니다. 그러나 아는 사람은 그것이 보화인 줄 알기 때문에 모든 것을 버리고서라도 그것을 삽니다.

우리는 이미 하나님나라 시민으로 살아갑니다. 그것은 세상 사람들이 보기에 돋보이는 모습이 결코 아닙니다. 그래서 세상 사람들이 조롱하고 괄시하여, 많은 그리스도인들이 하나님나라 시민으로 살아가려 하지 않고 세상나라 시민으로만 살아가려 합니다. 하나님나라 시민으로 바르게 살아가는 것이 가장 세상나라 시민답게 살아가는 것입니다.

사랑하는 성도님들!

진정으로 대한민국이 새로워지기를 소망하십니까? 그렇다면 언제 어디서나 하나님이 우리의 최고 통치자임을 인정하고, 하나님나라 시민으로 살아가십시오. 하나님나라 법인 하나님 말씀에 자신을 던져 그 말씀이 우리를 다스리게 하십시다. 그때 하나님께서 우리를 통해 이 세상을 맑히고 밝혀 가실 것입니다. 잊지 마십시다. 우리의 시민권이 이 땅에만 있는 것이 아니라 하늘에도 있다는 사실을 말입니다.

하나님 아버지!

우리가 무엇을 더 의식해야 하며, 무엇에 더 집중해서 살아가야 하는지 일깨워 주셔서 감사합니다. 그러나 우리는 늘 하나님나라 시민권을 가진 사람으로 살아가기보다 세상나라 시민권을 가진 사람으로 살아갈 때가 얼마나 많은지 모릅니다.

이것들을 생각하라

빌립보 사람들처럼 때로는 우리도 우리의 배가 신이었고, 마음 대로 사는 것을 동경했고, 땅만 바라보며 세속적인 가치관을 갖고 살았음을 고백합니다. 하늘에 있는 시민권은 이 땅에서 마지막 숨을 내어 쉰 후 하나님나라로 들어가는 여권으로 사용하려 했지, 이 땅에서 하나님나라 시민으로 살아가려 하지 않았습니다.

이 땅에서 하늘에 시민권을 둔 사람으로 살아가는 것에 사람들의 박수가 없을지라도 주님의 격려를 덧입어 용기를 내게 하여 주옵소서. 우리가 서 있는 곳이 궁궐 같은 곳이 아니라 초막과 같다 할지라도 하나님의 다스림을 받게 하여 주옵소서. 우리를 다스리시고 새롭게 하시는 하나님으로 말미암아 이기심과 욕망의 아우성이 가득한 이 땅이 거듭나게 하옵소서. 우리가 진정 어두움이 가득한 이 땅에 하나님나라를 경작해 가는 신실한 하나님의 자녀들이 되게 하옵소서. 예수님의 이름으로 기도드립니다.

아멘.

12

주 예수 그리스도를 기다리노니

〈고도를 기다리며〉

사뮈엘 베케트라는 극작가가 있습니다. 1906년에 태어난 그는 20세기의 가장 뛰어난 작가 중 한 사람입니다. 그는 아일랜드에서 태어났지만 어렸을 때부터 프랑스어를 익히고, 대학에서 프랑스어와 이탈리아어를 전공해서 파리에 있는 고등학교에서 교편을 잡기도 했습니다. 그래서 그는 대부분의 작품을 프랑스어로 썼습니다. 그의 대표작은 1952년에 출간된 〈고도를 기다리며〉인데, 처음엔 프랑스어로 쓰고 뒤이어 영어로 다시 썼습니다. 이 작품은 자아를 상실하고 희망을 잃어버린 현대인의 모습을 보여 주는 가장 완벽한 '희비극'이라고 불립니다. 베케트는 이 작품으로 1969년에 노벨문학상을 수상했습니다.

2막으로 된 이 작품은 등장인물이 다섯 명에 불과합니다. 1막의 배경은 어느 시골길, 가지만 앙상한 한 그루 나무 아래, 저녁 시간입니다. 부랑자 블라디미르와 에스트라공은 고도라는 인물이 나타나기를 기다리고 있습니다. 그들의 기다림은 어제 오늘이 아니라 아주 오래전부터 시작되었습니다. 그럼에도 고도가 정확하게 누구인지, 언제 어디로 오는지 아무것도 알지 못합니다. 이제는 기다리는 것이 습관이 되고, 지루한 기다림의 시간을 때우기 위해 서로 동문서답하기, 욕하기, 운동하기, 장난치고 춤추기 등을 끊임없이 반복합니다. 그러면서도 고도가 오면 모든 것이 바뀔 거라는 실낱같은 희망을 놓지 않고 있습니다. 그 기다림이 절망으로 깊어질 때 고도의 소식을 알려주는 소년이 나타나서 이렇게 말합니다.

"고도 선생님이 오늘 밤에는 오지 않고, 내일은 꼭 오겠다는 말을 제게 전하라고 하셨습니다."

2막도 1막과 크게 다르지 않습니다. 2막 역시 날짜만 그다음 날이지 장소와 시간이 동일합니다. 그 둘은 어제와 똑같이 고도를 기다리고 있습니다. 그들이 그토록 간절하게 고도를 기다리고 있을지라도 그들이 할 수 있는 것은 아무것도 없습니다. 그 자리를 떠나지도 못합니다. 1막과 2막은 동일하게 끝을 맺습니다.

에스트라공이 말합니다. "자, 갈까?"
블라디미르가 대답합니다. "그래, 가세."
그들은 움직이지 않는다.

미국에서 초연 당시 연출자가 베케트에게 고도가 누구이며 무엇을 의미하는지 물었을 때, 그가 '내가 그것을 알았다면 작품에 썼을 것'이라고 대답한 것은 유명한 일화입니다. 그래서 사람들은 고도의 의미를 자유, 빵, 희망, 죽음 등으로 말합니다. 그뿐만 아니라 '고도Godot'가 영어의 하나님을 뜻하는 'God'과 비슷하기 때문에 하나님을 뜻하는 것은 아닌가 생각하기도 합니다. 이 작품에서 에스트라공이 가자고 하고 블라디미르가 그러자고 하지만 그들이 움직이지 않는 것은, 정작 갈 곳이 없는 현대인들을 묘사하기도 합니다. 1막과 2막의 끝이 그렇게 동일한 것처럼, 과거의 사람들도 갈 곳이 없었고, 현재의 사람들도 갈 곳이 없는 것을 묘사합니다. 현재의 사람들이 갈 곳이 없는 것처럼 미래의 사람들 역시 갈 곳이 없다는 것을 암시하기도 합니다.

그럼에도 이 시대를 살아가는 사람들이 얼마나 간절히 고도를 기다리고 있는지를 블라디미르의 입을 통해 이렇게 고백합니다.

"우리가 여기서 무엇을 할 것인가, 그것이 문제네. 그리고 우리가 어쩌다 그 답을 안다면 우리는 복을 받는 거지. 맞아. 이 거대한 혼란 속에서 확실한 것이 하나 있지. 그것은 고도가 오기를 기다린다는 것이야."

기다림과 나아감

오늘 본문도 우리가 기다려야 할 분이 있음을 증거합니다. 빌립보 도시는 로마제국과 밀접한 관련이 있었습니다. 빌립보 사람들은 자신들에게 신분적으로, 경제적으로, 정치적으로 혜택을 준 로마 황제를 절대적인 존재로 여겼습니다. 그들은 로마 황제가 가져다주는 평화와 물

이것들을 생각하라

질적 풍요함에 빠져서 먹고 마시며 쾌락을 추구하는 데 정신이 팔려 있었습니다. 그런 그들에게는 로마의 시민권자인 것이 자랑이었고, 그런 특권을 부여한 로마 황제가 한번 빌립보를 방문해 준다면 더 이상의 소원이 없다고 여겼을 것입니다.

그러나 바울은 우리가 누구의 백성인지, 우리의 진정한 구원자는 누구신지, 우리는 누구를 기다려야 하는지 단호하게 말합니다. 20절이 이렇게 증거합니다.

■ 그러나 우리의 시민권은 하늘에 있는지라 거기로부터 구원하는 자 곧 주 예수 그리스도를 기다리노니

바울은 우리의 시민권이 하늘에 있다고 합니다. "빌립보 사람들이 비록 이탈리아 반도에서 멀리 떨어져 산다 하더라도 그들의 소속이 로마인 것을 자랑스러워하듯이, 우리가 비록 이 땅에 발을 딛고 살아갈지라도 우리의 소속이 하늘인 것을 잊지 마십시다"라는 의미입니다. 그리고 "빌립보에 사는 사람이 로마법의 적용을 받고 사는 것을 자랑스러워하듯이, 하늘나라의 법을 적용받고 사는 것은 우리의 자랑입니다"라는 의미입니다.

'시민권'은 '국가'나 '정부'로 번역할 수도 있습니다. 그래서 20절 상반절을 '그러나 우리의 국가 정부는 하늘에 있는지라'로 번역할 수 있습니다. 우리는 우리가 소속된 국가, 정부로부터 오시는 분을 기다리고 있습니다. 그분이 바로 '구원하시는 분', '주 예수 그리스도'이십니다.

그리스도인들에게는 '그곳'도 중요하고, '그날'도 중요하고, '그분'도 중

요합니다. 마태복음 25장에는 하나님나라에 대한 유명한 비유 세 가지가 있습니다. '열 처녀 비유'와 '달란트 비유', '양과 염소 비유'입니다.

'양과 염소 비유'는 '그곳'을 강조합니다. 인자이신 주님이 모든 민족을 불러 모아 놓고 목자가 양과 염소를 가르듯 사람들을 구분해서 양은 그의 오른쪽에, 염소는 왼쪽에 세우게 하는 심판의 장소가 '그의 영광스러운 보좌'입니다. 그리고 "창세로부터 너희를 위하여 예비된 나라를 상속받으라"고 합니다. 그곳에서 어느 편에 서게 되는지가 영원을 결정합니다.

'달란트 비유'는 '그날'을 강조합니다. 주인이 종들을 불러 그들의 재능(능력)을 따라 다섯 달란트, 두 달란트, 한 달란트를 각각 나누어 주었습니다. 달란트를 받은 종들은 그것을 가지고 각자의 삶을 살았습니다. 그 종들에게 중요한 것은 '오랜 후 주인이 돌아올 때 자신들과 결산해야 할 날이 있었다'는 것입니다.

자신의 인생을 살면서 결산할 '그날'을 의식하고 사는 사람과 의식하지 않고 사는 사람의 삶은 결코 동일하지 않습니다. '그날'에 대한 의식이 영원한 상급을 결정합니다.

'열 처녀 비유'는 '그분'을 강조합니다. 열 처녀들 중 다섯 처녀들은 슬기로워서 등에 충분한 기름이 있었고, 나머지 다섯 처녀들은 미련하여 등에 기름이 부족하게 있었습니다. 그들이 갖고 있는 등에 기름이 충분하든 부족하든 그들은 모두 '신랑'을 기다리고 있었습니다. 그들 모두 기름이 충분했다 할지라도 오신 분이 신랑이 아니라 마부나 하인이라면 아무런 의미가 없습니다. 기다리는 열 처녀에게는 반드시 신랑이 와야만 혼인잔치에 들어갈 수 있습니다.

우리에게 '그곳', '그날', '그분'이 모두 중요하지만, 그중에서도 가장 중

이것들을 생각하라

요한 것을 꼽으라면 '그분'입니다. '그분'이 아니라면 '그곳'도 의미가 없고, '그날'도 소용이 없습니다. 우리는 '구원하는 자 곧 주 예수 그리스도'를 기다리고 있습니다. 만약 그분이 아니라면 우리의 기다림은 아무런 의미가 없습니다. '그분'과 함께라면 초가삼간에서도 만족할 수 있고, 월급 봉투가 얇아도 상관없습니다. 그러나 '그분'과 함께가 아니라면 구중궁궐도 감옥과 다를 바 없고, 억만금도 참된 의미를 줄 수 없습니다.

2011년 우리 교회 표어가 시편 27편 14절 말씀으로, "여호와를 기다릴지어다"였습니다. 해당 성경 구절이 이러합니다.

■   너는 여호와를 기다릴지어다 강하고 담대하며 여호와를 기다릴
     지어다

'하나님을 기다린다'는 것은 아주 소극적이고 무기력한 말처럼 들립니다. 하지만 그것은 강하지 않으면 할 수 없는 일입니다. 특히 내면이 강하지 않으면 더욱 그러합니다. 그래서 단순히 여호와를 기다리라고 하지 않고 '강하고 담대하며 여호와를 기다릴지어다'라고 합니다.

'기다리다'에 해당하는 히브리어가 '카봐quavah'인데, 이 말에는 '기다리다'라는 뜻 외에 '기대하다'와 '소망하다'라는 뜻도 있습니다. 그러니까 하나님을 기다린다는 것은 곧 하나님을 기대하는 것이고, 하나님께 소망을 두는 것입니다. 이사야 40장 29-31절은 이렇게 증거합니다.

■   피곤한 자에게는 능력을 주시며 무능한 자에게는 힘을 더하시
     나니 소년이라도 피곤하며 곤비하며 장정이라도 넘어지며 쓰러

지되 오직 여호와를 앙망하는 자는 새 힘을 얻으리니 독수리가
날개치며 올라감 같을 것이요 달음박질하여도 곤비하지 아니하
겠고 걸어가도 피곤하지 아니하리로다

'앙망하다'가 '기다리다'와 같은 단어입니다. 하나님을 앙망하는 사람에
게 새 힘을 주시고, 곤비하지 않게 하시며, 피곤하지 않은 삶을 살게 해
준다고 약속해 주십니다. 이러한 하나님의 회복하게 하심이 없으면 우리
는 인생을 제대로 살아갈 수 없기 때문입니다.

운동신경이 뛰어나고 강한 체력이 있어서 경기에서 연전연승할지라
도 인생경기에서는 한 방에 나가떨어지는 사람을 그리 어렵지 않게 찾
을 수 있습니다. 재력에 관한 한 많은 사람의 선망의 대상이었다 할지라
도, 그의 재력이 결정적인 순간 자신을 지탱해 주지 못한다는 것을 우리
는 잘 알고 있습니다. 남들이 부러워하고 머리를 조아릴 만한 권력이 있
다 할지라도 그 권력을 의지하다 한순간에 인생이 난파선과 같이 되는
경우도 자주 듣습니다. 자신의 학력, 재능, 외모 등이 평생 자신을 지켜
줄 것으로 굳게 믿고 있다가 망신을 당하는 경우도 신문·방송에서 자
주 접하게 됩니다.

우리가 기다리는 것이 '우리를 구원하는 분, 곧 주 예수 그리스도'가 아
니라면 그것은 우리에게 아무런 의미가 없거나, 약간의 즐거움이나 일시
적인 도움만 줄 뿐입니다. 삶이 망가져 고장 나 있다면 주 예수 그리스
도를 기다리다 지친 것입니다. 우리 삶이 세속적 쾌락을 추구하며 엉뚱
한 길로 가고 있다면 주 예수 그리스도를 기다리지 않고 대용품을 기다
리고 있는 것입니다. 우리가 주 예수 그리스도를 왜 기다려야 하는지 21
절이 이렇게 증거합니다.

이것들을 생각하라

　　그는 만물을 자기에게 복종하게 하실 수 있는 자의 역사로 우리
의 낮은 몸을 자기 영광의 몸의 형체와 같이 변하게 하시리라

'낮은 몸'의 문자적인 뜻은 '비천한 몸'입니다. 약하고, 병들고, 유혹에
잘 빠지고, 죄에 물든 몸입니다. 마음은 원하지만 행함이 없는 몸입니다.
그래서 죽을 수밖에 없고 썩을 수밖에 없는 몸입니다. 이러한 몸을 가진
우리가 주 예수 그리스도께서 오시면 '영광의 몸'이 된다고 합니다. 주님
은 그렇게 해주실 능력이 있는 분이십니다. 주님께서 십자가에서 대속
의 죽음을 당하시고 장사 지낸 바 되셨을지라도 부활하신 후 영광의 몸
이 되셨습니다. 주님께서 그렇게 되셨기 때문에 우리도 그렇게 만들어
주실 것입니다.

　우리의 낮은 몸이 변화되기를 간절히 표현한 노래 중의 하나가 이탈리
아 작곡가 토스티의 〈기도〉입니다. 가사가 이러합니다.

■　　서러움에 가득 찬 내 마음의 이 괴로움/ 구원하옵소서 주여 크
신 은총으로/ 이 무거운 내 짐을 벗겨 주옵소서 험한 이 세상에
서/ 나 엎드려 주님 앞에 간구하나이다/ 나 엎드려 주님 앞에 간
절히 바라나이다
보소서 나의 생명 사라져 감을 순간마다/ 마지막 촛불처럼 양
지의 눈같이/ 주여 당신 품 안에 내 영혼 다시 불러 소생케 하
옵소서/ 오, 주여 구원하옵소서 이 세상 죄악에서/ 오, 주여 구
원하옵소서 이 세상 고난에서/ 구하소서 나의 주여/ 도우소서
나의 주여

우리의 낮은 몸이 영광의 몸을 입는 것은 애벌레가 나비가 되는 것에도 비교될 수 없는 눈부심을 경험하는 것입니다.

혹 이런 질문을 하실지 모르겠습니다. "우리가 주 예수 그리스도를 기다린다는 것은 구체적으로 무엇을 뜻하는 것입니까?" "그리스도께서 오실 때까지 가만히 있으면 되는 것입니까?"

황지우 시인의 〈너를 기다리는 동안〉이라는 시가 있습니다. 이 시의 마지막 부분이 '기다린다'는 것의 의미를 잘 표현하고 있습니다.

■　　　아주 먼 데서 나는 너에게 가고/ 아주 오랜 세월을 다하여 너는 지금 오고 있다/ 아주 먼 데서 지금도 천천히 오고 있는 너를/ 너를 기다리는 동안 나도 가고 있다/ 남들이 열고 들어오는 문을 통해/ 내 가슴에 쿵쿵거리는 모든 발자국 따라/ 너를 기다리는 동안 나는 너에게 가고 있다

주 예수 그리스도를 기다린다는 것은 가만히 있는 것이 아니라 우리도 주님께로 나아가는 것입니다. 주님은 우리에게로 오시고, 우리는 주님께로 가는 것입니다. 그리하여 복음성가 가사처럼 우리는 우리가 가는 길 끝에서 주님을 보게 될 것이요, 영광의 주님께서 우리를 맞아주실 것입니다.

또한 주 예수 그리스도를 기다린다는 것은 우리에게 주어진 삶을 성실하게 살아 내는 것이기도 합니다. 달란트 비유에서 다섯 달란트와 두 달란트 받은 종은 일을 하여 또 다섯 달란트와 두 달란트를 남겼습니다. 그들은 주인이 언제 다시 오시는지 몰랐지만 주인이 자신에게 맡긴 달란트만큼 살아 내야 한다는 책임감과 소명감이 있었을 것입니다. 그러한 그

　　　　　　　　　　　　이것들을 생각하라

들의 삶은 주인을 기다리는 최상의 삶이었습니다. 그러한 삶을 살아 낸 그들에게 주인은 이렇게 칭찬하였습니다.

■ 그 주인이 이르되 잘하였도다 착하고 충성된 종아 네가 적은 일에 충성하였으매 내가 많은 것을 네게 맡기리니 네 주인의 즐거움에 참여할지어다(마 25:23)

오늘은 성령강림주일입니다.

세상 사람들은 어제도 그러했던 것처럼 오늘도 고도를 기다립니다. 소년의 입을 통해 고도가 내일은 올 거라고 하지만, 오지 않는 고도의 모습을 통해 하나님은 존재하지 않으시거나, 존재하신다 할지라도 더 이상 인간을 찾아오지도 않고, 인간의 일에 관여하지도 않는다고 합니다. 그래서 자기 내면의 소리에 귀 기울이며 사는 것이 최고의 삶이라고 합니다.

하지만 주 예수 그리스도께서는 승천하시기 전, 제자들에게 말씀하셨습니다. 사도행전 1장 4-5절입니다.

■ 사도와 함께 모이사 그들에게 분부하여 이르시되 예루살렘을 떠나지 말고 내게서 들은 바 아버지께서 약속하신 것을 기다리라 요한은 물로 세례를 베풀었으나 너희는 몇 날이 못 되어 성령으로 세례를 받으리라 하셨느니라

주님은 제자들에게 분명히 말씀하셨습니다. "내가 너희에게 들려준 것처럼, 하나님 아버지께서 너희들에게 보내 주실 분이 있으니 반드시 그분을 기다려라."

주 예수 그리스도를 기다리노니 **185**

주님께서 제자들에게 들려주신 내용이 무엇이며, 성령님이 오셔서 무엇을 하실지는 요한복음 14장 26절에 잘 나타나 있습니다.

- 보혜사 곧 아버지께서 내 이름으로 보내실 성령 그가 너희에게 모든 것을 가르치고 내가 너희에게 말한 모든 것을 생각나게 하리라

성령님은 고도처럼 오시지 않는 분이 아니라 어제도 오늘도 내일도 우리 앞에 현존하시는 분이십니다. 성령님은 우리가 주 예수 그리스도를 더 잘 기다릴 수 있도록 오늘도 우리와 동행하시는 분이십니다. 성령님은 우리가 주님께로 더 잘 달려갈 수 있도록 때로는 우리와 2인 3각을 해 주시고, 때로는 우리를 업어 주시는 분이십니다. 성령님은 우리가 우리에게 맡겨진 삶을 잘 살아 낼 수 있도록 격려하시고, 용기를 주시며, 우리를 세워 주시는 분이십니다. 이 성령님과 동행한다면 우리는 주 예수 그리스도를 가장 잘 기다리는 삶을 사는 것이요, 우리의 매일매일은 성령강림주일이 될 것입니다.

주님 다시 오실 때까지 나는 이 길을 가리라/ 좁은 문 좁은 길 나의 십자가 지고/ 나의 가는 이 길 끝에서 나는 주님을 보리라/ 영광의 내 주님 나를 맞아주시리/ 주님 다시 오실 때까지 나는 일어나 달려가리라/ 주의 영광 온 땅 덮을 때 나는 일어나 노래하리/ 내 사모하는 주님 온 세상 구주시라/ 내 사모하는 주님 영광의 왕이시라

이것들을 생각하라

하나님 아버지!

세상 사람들이 자신들의 고도를 기다리는 것처럼, 우리도 우리 욕망을 이루어 줄 고도를 기다릴 때가 얼마나 많았는지 모릅니다. 오늘 이 시간이 고도를 기다리던 우리의 삶이 주 예수 그리스도, '그분'을 기다리는 인생의 전환점이 되게 해주십시오.

우리에게 성령님을 보내 주시고, 성령강림주일을 맞게 해주셔서 감사합니다. 성령님과 동행하며 주님께로 달려가게 하시고, 주님께서 허락하신 삶을 잘 살아 내게 하옵소서. 예수님의 이름으로 기도드립니다.

아멘.

4

빌립보서
4장 1 - 9절

1 그러므로 나의 사랑하고 사모하는 형제들, 나의 기쁨이요 면류관인 사랑하는 자들아 이와 같이 주 안에 서라 2 내가 유오디아를 권하고 순두게를 권하노니 주 안에서 같은 마음을 품으라 3 또 참으로 나와 멍에를 같이한 네게 구하노니 복음에 나와 함께 힘쓰던 저 여인들을 돕고 또한 글레멘드와 그 외에 나의 동역자들을 도우라 그 이름들이 생명책에 있느니라 4 주 안에서 항상 기뻐하라 내가 다시 말하노니 기뻐하라 5 너희 관용을 모든 사람에게 알게 하라 주께서 가까우시니라 6 아무 것도 염려하지 말고 다만 모든 일에 기도와 간구로, 너희 구할 것을 감사함으로 하나님께 아뢰라 7 그리하면 모든 지각에 뛰어난 하나님의 평강이 그리스도 예수 안에서 너희 마음과 생각을 지키시리라 8 끝으로 형제들아 무엇에든지 참되며 무엇에든지 경건하며 무엇에든지 옳으며 무엇에든지 정결하며 무엇에든지 사랑 받을 만하며 무엇에든지 칭찬 받을 만하며 무슨 덕이 있든지 무슨 기림이 있든지 이것들을 생각하라 9 너희는 내게 배우고 받고 듣고 본 바를 행하라 그리하면 평강의 하나님이 너희와 함께 계시리라

13

주 안에
서라

앉아 있고 누워 있게 하는 유혹을 넘어

오늘 본문은 '그러므로'라는 말로 시작합니다. '그러므로'는 앞의 내용이 뒤 내용의 이유나 원인, 근거가 될 때 쓰는 접속부사입니다. 그래서 이 '그러므로'는 빌립보서 3장 17-21절의 내용과 4장 1-9절의 내용을 잇는 연결고리가 됩니다.

바울은 빌립보교회 사람들이 자신을 본받기를 원했습니다. 그것은 그가 누구도 범접할 수 없는 높은 신앙의 경지에 도달했기 때문이 아니었고, 남들이 쉽게 이룰 수 없는 큰 업적을 이루었기 때문도 아니었습니다.

사실 바울은 율법으로 그 누구도 범접할 수 없었고, 큰 업적을 이루어 자신을 돋보이고 싶을 때가 있었습니다. 당시 유대교로 개종한 부모가 아니라 순수한 유대인 부모에게서 태어난 남자 아이만 받을 수 있는 '생후 8일 만의 할례'는 그의 자랑이었습니다. 부모만이 아니라 대대로 정통 유대인 조상을 둔 가문을 일컫는 '이스라엘 족속'도 그의 자랑이었습니다. 그의 조상 전체가 하나님의 언약 속에 있는 가문이었다는 것을 의미했기 때문입니다. 베냐민 지파의 후손인 것도 자랑이었습니다. 이스라엘의 국호가 된 야곱의 열두 아들 중 유일하게 베냐민만 약속의 땅에서 태어났고, 이스라엘의 첫 왕 사울이 베냐민 지파였습니다. 솔로몬 왕 사후 이스라엘이 남북으로 두 동강 날 때 남쪽에 남은 지파는 열두 지파 중 유다와 베냐민 지파뿐이었는데, 하나님의 언약은 열 지파가 속한 북쪽이 아니라 두 지파만 남은 남쪽으로 이어졌습니다. 페르시아 아하수에로 왕 때, 하만의 계략으로 유대인들이 몰살당할 상황에서 규례를 어기고 '죽으면 죽으리이다'라는 심정으로 왕에게 나아가 유대인들을 죽이기로 한 조서를 무효화시켜 달라고 간청했던 에스더와 그를 그렇게 만든 모르드개가 베냐민 지파였습니다.

그리고 바울이 헬라어 문화권에 속하는 이방인의 땅 다소에서 태어나고 자라고 교육을 받았지만 모국어인 히브리어를 사용하는 가정과 회당에서 자라서 헬라어와 히브리어로 잘 말할 줄 아는 것은 그를 돋보이게 하는 것이었습니다.

율법을 더 철저히 지키기 위해 바리새파에 속한 것도 그를 돋보이게 해주는 것이었고, 나사렛 예수를 따라다니는 사람들 모임을 깨뜨리고 박해하는 열심은 하나님에 대한 헌신을 돋보이게 하는 것이라 여겨졌습니다. 그래서 '율법 안에서'와 '율법을 지킴을 통해서' 온전해지려고 노력했던 것은 주님을 만나기 이전에 바울을 가장 돋보이게 해주는 것이었습니다.

그러했던 바울이 다메섹으로 가고 있을 때, 부활하신 주님께서 그를 만나 주셨습니다. 이후 그는 촉망받는 유대 율법학자에서 유대인들에게는 변절자로 여겨졌고, 그리스도인들에게도 제대로 인정받지 못하는 미운

이것들을 생각하라

오리새끼로 여겨졌습니다. 그가 예수님께서 공생애를 보낼 때 사도가 아니었을 뿐만 아니라 박해자였다는 이유에서였습니다. 그럼에도 그가 평생 예수 그리스도를 따르는 삶을 살 수 있었던 것은 그에게 그리스도를 아는 지식이 가장 고상했기 때문이고, 그리스도 안에서 발견되는 것보다 더 나은 삶이 없다고 여겼기 때문입니다.

바울은 그렇게 그리스도 예수께 잡힌 바 된 삶을 살아가는 자신을 빌립보교회 사람들이 본받기를 소망했습니다. 그러나 빌립보교회 사람들 중에는 그리스도에게 붙잡히기보다 율법주의에, 로마제국에 붙잡히기를 소망하는 사람들이 있었습니다. 그런 사람들을 바라보는 것은 바울에게 걷잡을 수 없이 눈물 흘리게 하는 고통이었습니다. 그들은 그리스도의 십자가를 존중하는 삶이 아니라 멸망으로 끝날 수밖에 없는 길을 달려가고, 먹고 사는 것을 최고의 가치관으로 여기며, 부끄러운 짓을 행하는 것을 자랑으로 생각하는 삶을 살았습니다.

이러한 가치관이 뒤섞여 있는 곳에서, 비록 지금은 약하고 병들고 유혹에 잘 빠지는 몸, 그래서 죽을 수밖에 없고 썩을 수밖에 없는 낮은 몸이라 할지라도, 우리, 하늘나라에 시민권을 가진 사람, 하늘나라에 자신의 정부가 있다는 것을 아는 사람이 어떻게 살아야 하는지를 설명하는 것이 오늘 본문을 시작하는 '그러므로'입니다.

바울이 하늘나라 백성으로 살아가는 빌립보교회 사람들을 어떻게 생각하는지를 1절 상반절이 이렇게 증거합니다.

■ 그러므로 나의 사랑하고 사모하는 형제들, 나의 기쁨이요 면류관인 사랑하는 자들아

바울은 빌립보교회 사람들을 세 가지로 표현합니다.

첫째, 바울은 빌립보교회를 '나의 사랑하고 사모하는 형제들'이라고 합니다.

빌립보교회는 자색 옷감 장사 루디아 가족과 귀신 들려 점치던 소녀, 빌립보 감옥의 간수 가족이 중심이 되어 시작되었는데, 그때는 바울의 2차 전도여행 기간이었습니다. 그 후 바울은 3차 전도여행도 마치고 예루살렘으로 돌아왔는데, 거기서 체포되었습니다. 바울은 로마 황제에게 상소하여 지금은 로마의 감옥에 있습니다. 바울이 빌립보교회를 시작할 때와 빌립보교회에 편지를 보낼 때 사이에는 최소한 10년의 간격이 있습니다. 그랬기에 빌립보교회에는 바울이 잘 알지 못하는 사람들도 있었을 것이고, 심지어 한 번도 보지 못하고 이름도 알지 못하는 사람도 있었을 것입니다. 그럼에도 바울은 빌립보교회 사람들을 '형제들'이라고 부릅니다.

전에도 말씀드린 적이 있습니다만, '형제'를 뜻하는 헬라어 '아델포스'는 '자궁'을 나타내는 말에서 왔습니다. '자매'를 뜻하는 헬라어 '아델페 adelphe'도 '자궁'을 뜻하는 말입니다. 같은 자궁으로 태어난 사람은 친형제자매가 됩니다. 그래서 성경에서 말하는 형제자매는 아주 친밀함을 나타내는 단어입니다.

달포 전 신문에서 25년 전, 한국에서 입양된 두 쌍둥이가 기적적으로 만난 기사를 읽었습니다.

영국에서 공부하고 있는 프랑스인 아나이스 보르디에는 친구로부터 "너랑 똑같이 생긴 미국 배우가 있는데 너와 자매가 아니냐"는 말을 들었습니다. 그래서 인터넷으로 영화를 검색했더니 정말 자신이 연기하는 듯 똑같이 생긴 배우가 나타났습니다. 계속해서 인물을 검색했더니 사만다

이것들을 생각하라

푸트먼, 1987년 11월 19일생, 한국에서 입양……, 자신과 생년월일이 똑같았습니다. 한국에서 태어나 입양된 사실도 동일했습니다.

그래서 아나이스는 사만다에게 페이스북을 통해 "한국 이름은 김은화, 당신과 같은 날 부산에서 태어나, 4개월 뒤 프랑스 파리 근교의 가정에 입양됐다"고 메일을 보냈습니다. 사만다 역시 아나이스의 페이스북 사진을 보고 전율하지 않을 수 없었습니다. 자신도 부산에서 태어나 4개월 만에 미국 뉴저지 주로 입양되었기 때문입니다. 처음에는 어떻게 8천 킬로미터 이상 떨어진 곳에 나와 같이 생긴 복제인간이 있을 수 있을까 생각했지만 곧 한 어머니에게 태어난 쌍둥이임을 알 수 있었다고 합니다.

한 사람은 프랑스로 입양되어 패션 디자인을 전공하고 있고, 또 한 사람은 미국으로 입양되어 무대예술을 전공하고 배우가 되었지만, 키가 150센티미터 내외인 것도 비슷했고, 유제품을 소화하지 못하는 것도, 늦잠 뒤 포식하는 습관도 비슷하다고 합니다. 두 사람의 사연을 담은 '사만다와 아나이스'라는 다큐멘터리가 준비되고 있다고 합니다.(2015년 3월 15일, 'Twinsters'라는 제목의 다큐멘터리가 방송됨—편집자)

그들이 25년 동안이나 프랑스와 미국에 살았고, 서로의 존재조차 몰랐을지라도 한순간 그렇게 가까워질 수 있는 것은 한 자궁에서 태어난 자매이기 때문입니다.

바울이 빌립보교회 사람들과 같은 부모에게서 태어나지 않았음에도 그들을 "형제"라고 호칭하는 것은, 모든 그리스도인은 하나님이라는 자궁에서 태어난 사람들이기 때문입니다.

또한 바울은 빌립보교회 사람들을 단지 '형제들'이라고 하지 않고, '나의 사랑하고 사모하는 형제들'이라고 합니다. '사랑하고'에서는 주님의 사랑이 바울 자신과 빌립보교회 사람들에게 임한 것이 연상되었을 것입니다. 바울은 다메섹으로 갈 때 여러 사람들이 동행했음에도 자신만 부활하신 주님을 뵙고 소명을 받은, 그런 특별한 사랑을 알고 있습니다. 또한 빌립보 지방은 바울의 전도 계획에는 없는 도시였습니다. 그럼에도 하나님의 신비한 인도하심으로 교회가 세워진 것을 생각하면, 하나님께서 빌립보교회 사람들을 특별히 사랑하신다는 것을 인정하지 않을 수 없었던 것입니다.

'사모하는'에는 빌립보교회를 향한 바울의 마음이 담겨 있습니다. 가장이 직장 일로 해외에 몇 개월이나 몇 년 혼자 가 있게 되었을 때 가족들이 보고 싶어 그리움에 사무쳐 견디기 힘들 때가 있습니다. 그때의 마음을 나타내는 말이 '사모하는'입니다. 빌립보교회는 바울에게 그런 의미를 주는 교회였습니다.

다음으로, 바울은 빌립보교회를 '나의 기쁨'이라고 합니다. '기쁨'은 헬라어로 '카라chara'입니다. 아이돌 가운데 다섯 명의 여성으로 구성된 걸그룹 '카라xara'가 있습니다. 자신들의 노래가 사람들에게 기쁨을 주기를 바라며 지은 이름으로 여겨집니다. 그러나 걸그룹 카라의 노래를 아무리 많이 듣거나 따라 부른다 할지라도 바울이 말하는 '기쁨'에 이를 수 없습니다. 바울이 말하는 기쁨은 훨씬 본질적이고도 깊은 기쁨, 영원한 기쁨을 의미합니다. 성령의 열매에 나오는 두 번째 열매인 '희락'이 바로 '카라'입니다. 사도행전 13장 51-52절이 이렇게 증거합니다.

■   두 사람이 그들을 향하여 발의 티끌을 떨어 버리고 이고니온으로 가거늘 제자들은 기쁨과 성령이 충만하니라

안디옥교회에서 파송받은 바나바와 바울은 1차 전도여행을 떠났습니

이것들을 생각하라

다. 그들은 구브로 섬을 거쳐 비시디아 안디옥에 이르게 되었습니다. 그들은 회당으로 들어가 이스라엘 자손들의 출애굽에서 광야 생활, 사사시대, 왕정시대를 거쳐 마침내 그리스도께서 구주로 오셔서 십자가에서 죽으시고 부활하셨음을 전했습니다. 그리고 그분의 말씀인 구원의 말씀을 전하기 위해 자신들이 왔다고 전했습니다.

이 말씀을 듣고 관심을 갖는 사람들도 있었지만, 시기로 가득해진 유대인들도 있었습니다. 시기를 품은 유대인들은 경건한 귀부인들과 시내 유력자들을 선동해서 바울과 바나바를 쫓아냈습니다. 그러자 두 사람은 이고니온으로 향했고, 비시디아 안디옥에 있던 그리스도인들은 기쁨과 성령이 충만했다고 합니다.

이 기쁨은 세상적인 것이 충족됨에서 오는 기쁨이 아닙니다. 목이 터져라 노래를 부르는 데서 오는 기쁨도 아닙니다. 주변에는 그리스도인들을 박해하는 유대인들이 많고, 복음을 전하던 바울과 바나바는 거의 쫓겨나다시피 하며 이고니온으로 갔습니다. 그런 상황에서도 그들에게 넘쳐나던 기쁨은 하늘에서 오는 기쁨, 세상이 줄 수도, 알 수도 없는 기쁨이었습니다. 바울에게 빌립보교회는 그런 '기쁨'이었습니다.

오래전에 제가 자랐던 교회의 한 신실한 후배가 들려준 말이 잊히지 않습니다.

"한조 형은 좋겠다. 천국에 가서 하나님께 나 보여 드리면 되잖아? 그런데 나는 보여 드리고 싶은 사람이 없네……."

저는 천국에 가서 100주년기념교회 교우님들을 보여 드리고 싶습니다. 바울에게 빌립보교회가 기쁨이라면, 제게는 100주년기념교회가 기쁨입니다. 저도 교회에 기쁨이 되면 좋겠습니다.

끝으로, 바울은 빌립보교회가 '나의 면류관'이라고 합니다.

헬라어에는 면류관이라는 뜻의 단어가 둘 있습니다. '디아데마dia-dema'와 '스테파노스stephanos'입니다. 전자는 임금이 쓰는 왕관을 뜻합니다. 후자는 오늘 본문에 나온 말인데, 이것은 두 경우에 쓰였습니다. 하나는 헬라 경기장에서 우승한 선수에게 주는 관입니다. 이 면류관은 야생 올리브 잎이나 월계수 잎을 줄기와 엮어서 만들었습니다. 2004년 아테네올림픽에서도 시상대에 오른 금·은·동메달 수상자에게 메달과 함께 면류관을 씌워 주었습니다. 이 면류관을 쓰는 것은 당시 운동선수의 최고의 소망이자 야망이었습니다. 또 하나는 아주 큰 경사가 있을 때 잔치를 배설排設하고 참석한 손님들 중에 귀중한 사람에게 씌워 준 관입니다. 잔치에서 관을 쓰게 되는 것은 아주 귀중한 사람으로 여김 받는 것이어서 그 관을 쓰는 것을 영광스럽게 생각했습니다.

바울은 "푯대를 향하여 그리스도 예수 안에서 하나님이 위에서 부르신 부름의 상을 위하여 달려가노라"(3:14)라고 고백했습니다. 운동선수가 경기에서 승리하고 시상대로 올라가 상을 받듯이, 자신도 신앙의 경주를 끝내고 상을 받고 싶은 소망이 있었습니다. 그러나 그때 자신의 머리에 면류관을 쓰고 싶은 것보다는 하나님께 "하나님, 빌립보교회가 제 면류관입니다"라고 말씀드리고 싶은 것입니다.

또한 하나님나라에서 잔치가 벌어질 때 그곳에서 면류관을 쓰지 않아도 그 잔치에 빌립보교회 사람들과 참여하는 것을 자기 면류관으로 여기겠다고 고백하는 것입니다.

바울은 자신이 그토록 사랑하고, 기쁨과 면류관처럼 여기는 빌립보교회 사람들에게 바라는 것이 있었습니다. 그것은 그의 바람만이 아니라 구원하는 자 곧 주 예수 그리스도를 기다리는 사람들은 어떻게 살아야 하는지를 보여 주는 것이기도 합니다. 1절 하반절이 이렇게 증거합니다.

이것들을 생각하라

4장 1-9절에는 하늘에 시민권을 둔 사람, 주 예수 그리스도를 기다리는 사람은 어떻게 살아야 하는지에 대한 여러 가지 권면의 말씀이 있는데, 그중에 가장 먼저 나오는 것이 '주 안에 서라'입니다. 주 예수 그리스도를 기다리는 사람은 서 있는 삶을 살아야 한다는 것입니다.

'서다'에 해당하는 헬라어 '스테코steko'는 전쟁 중에 자기편에 다가오는 적을 막기 위해 자신의 진지를 굳게 지키고 있는 군인들에게 쓰던 용어입니다.

멜 깁슨 주연의 〈패트리어트 *The Patriot*〉라는 영화가 있습니다. 1776년, 미국 사우스캐롤라이나 주에서 있었던 미국 독립전쟁이 배경인 이 영화에는 전쟁 장면이 자주 등장하는데, 전쟁 당사자들이 서로 마주보고 줄을 지어 있습니다. 서로 총을 겨누어 쏘고, 첫째 줄이 무너지면 다음 줄이 나와서 서로 또 총을 겨눕니다.

이 영화의 배경이 되는 때가 지금부터 불과 230여 년 전입니다. 그때까지만 해도 군인들이 한 줄로 서서 전쟁을 치르는 것은 최고의 전술이었습니다. 2천 년 전 로마군도 그러했습니다. 내가 서 있는 줄이 무너지는 것은 뒤에 있는 전우들과 가족들의 생명이 위협받게 됨을 뜻했습니다. 그래서 그 자리를 지켜 서 있는 것은 자신의 생명은 물론 전우의 생명을 지키는 것이고, 가족의 생명을 지키는 것이었습니다.

바울은 그 모습을 머리에 그리며, 빌립보교회 사람들이 그러하기를 간절하게 소망하고 있습니다. 빌립보에는 로마의 가치관이 지배하고 있었고, 로마 문화에 물들지 않으면 저급한 삶이라고 낙인찍혔습니다.

바울이 그리스도인의 삶의 자세 가운데 '서 있는 것'을 가장 먼저 말한 것은 그리스도인의 삶에 그보다 더 중요한 것이 없기 때문입니다. '서 있는 것'은 자신의 마지막 때가 있음을 알고, 늘 하나님을 의식하며 사는 것입니다. 주님의 가르침은 모두 '굳게, 바르게 서 있으라'로 결론 맺을 수 있습니다.

베데스다 연못가에 38년 동안 누워 있던 병자에게 주님은 "네 자리를 들고 걸어가라"고 하셨습니다. "지금까지는 누워 있는 삶을 살았다면 이제는 서 있는 삶을 살아라"는 의미입니다.

현장에서 간음하다 잡혀 온 여인이 있었습니다. 사람들은 이 여인을 돌로 치려고 살기등등했습니다. 하지만 예수님께서는 "죄 없는 자가 먼저 돌로 치라"고 말씀하시고는 땅에 글을 쓰셨습니다. 그랬더니 사람들은 양심에 가책을 느끼고는 어른부터 시작하여 젊은이까지 모두 사라지고 말았습니다. 그때 예수님께서 여인에게 이렇게 말씀하셨습니다. "나도 너를 정죄하지 아니하노니 가서 다시는 죄를 범하지 말라."(요 8:11) 지금까지 앉아 있고 누워 있는 삶을 살았다면 이제는 서 있는 삶을 살라는 의미입니다.

예수님께서 가이사랴 빌립보 지방에서 제자들에게 물으셨습니다. "사람들이 인자를 누구라 하더냐?" 후에 또 물으셨습니다. "너희는 나를 누구라 하느냐?" 이 질문 후 예수님께서는 자신이 많은 고난을 받고 죽임을 당하고 제3일에 살아날 것을 제자들에게 말씀하셨습니다. 그 말에 베드로가 예수님을 붙들고 항변하자, 주님은 베드로에게 이렇게 말씀하셨습니다. "사탄아, 내 뒤로 물러가라. 너는 나를 넘어지게 하는 자로다. 네가 하나님의 일을 생각하지 아니하고 도리어 사람의 일을 생각하는도다"(마 16:23). 이것은 서 있는 자의 자세가 아니라 넘어진 자의 자세라는 것입니다. 그러고는 진정으로 서 있는 자의 삶은 자기를 부인하고 십자가를

이것들을 생각하라

지는 삶이라고 일러 주셨습니다.

바울도 우리의 삶이 영적 전쟁이기 때문에 하나님의 전신갑주―진리의 허리띠, 의의 호심경, 평안의 복음으로 준비한 신, 믿음의 방패, 구원의 투구, 성령의 검―를 입어야 하는 이유를 이렇게 밝힙니다. 에베소서 6장 13절입니다.

■ 그러므로 하나님의 전신갑주를 취하라 이는 악한 날에 너희가 능히 대적하고 모든 일을 행한 후에 서기 위함이라

우리가 하나님의 전신갑주를 입어야 하는 것은 각자의 영적인 싸움을 다 싸운 후 '서기' 위함이라고 합니다. 그것은 영적인 싸움을 싸우면서, 또 다 싸운 후에 서지 못하는 사람들이 많다는 의미입니다.

2005년 CBS방송국에서 기독교 선교 120주년을 맞아 신학대학교 교수와 목회자, 평신도, 일간지 및 기독교 언론 기자 등 500명을 대상으로 설문 조사를 했습니다. 그 조사에서 한국 개신교 120년을 대표하는 인물로 한경직, 주기철 목사님 등이 선정되었습니다. 그 조사에는 "10년 뒤 한국 교회를 대표할 지도자는 누구인가"라는 질문이 있었습니다. 그 조사가 있은 지 8년이 지났습니다. 그때 10년 뒤 한국 교회를 대표할 지도자로 1, 2위에 꼽혔던 분들이 지금 망신을 당하고 있습니다. 서 있는 것 같지만 실상은 그러지 못했던 것입니다.

악한 세력과 세상, 우리의 욕망은 우리가 서지 못하도록 끊임없이 유혹합니다. 앉아 있는 것이 이기는 것이고, 누워 있는 것은 온갖 즐거움을 가져다준다고 우리에게 속삭입니다. 서 있는 것보다 앉아 있고 누워 있는 것이 편하게 보입니다. 그러나 그런 것은 결국 우리를 세속적 가치관

에 물들게 만들고, 우리의 신앙을 난파선으로 만들어 버립니다.

골리앗 앞에서 그렇게 서 있는 삶을 살았던 다윗도, 밧세바 사건으로 넘어져 버리자 자식이 자식을 죽이고, 자식에게 쿠데타를 당해서 맨발로 도망가는 처절함을 맛보아야 했습니다.

그렇다면 우리는 어떻게 굳게 서 있을 수 있습니까? 우리에게 그런 의지나 능력이 있습니까? 우리가 서 있겠다고 혀를 깨무는 심정으로 굳은 결심을 하면 되는 것입니까? 아닙니다. 인간은 그럴 수 있는 존재가 아닙니다. 다시 본문 1절 하반절입니다.

■　　이와 같이 주 안에 서라

바울은 우리에게 '굳은 결심을 하고 서라'든가 '네 능력으로 충분히 설 수 있으니 노력해 봐'라고 하지 않습니다. '주 안에 서라'고 합니다. 우리가 서 있는 삶, 서 있는 신앙생활을 할 수 있는 것은 오직 우리가 '주 안에' 있을 때만 가능합니다. '주님 밖에서', '로마의 가치관 속에서', '세속적 가치관 속에서' 서 있는 삶은 불가능합니다. 오직 주님만이 우리를 서 있게 해주실 수 있는 분이고, 주님은 영원히 서 계신 분이기 때문에 그 안에 있으면 우리도 서 있게 되기 때문입니다.

사랑하고 사모하는 100주년기념교회 성도님들, 기쁨이요 면류관인 성도님들, 우리 다 같이 주님 안에 서지 않으시렵니까?

하나님 아버지!
바울이 사랑하고 사모하는 대상, 기쁨과 면류관으로 여기던 대

상은 빌립보교회 사람들이었습니다. 우리의 삶을 돌아보면, 우리가 사랑하고 사모하는 대상, 기쁨과 면류관으로 여겼던 것은 사람이 아니라 내 욕망을 이루어 주고 나를 돋보이게 해주는 것일 때가 참 많음을 고백합니다. 그것이 채워지지 않을 때, 세상을 원망하고 하나님께 실망하곤 했습니다. 우리가 진정으로 사랑과 기쁨의 대상으로 삼고, 면류관으로 삼아야 할 것이 무엇인지를 바르게 생각하는 하나님의 자녀가 되게 하옵소서.

빌립보교회 사람들이 주 안에 서 있기를 그토록 간절하게 바라는 바울의 마음이 바로 우리를 향한 하나님의 마음인 것을 깨닫습니다. 세상은 끊임없이 우리를 넘어뜨리려고 교묘하게 다가옵니다. 때로는 그 넘어지게 함을 이기고 나아가지만 때로는 넘어질 때도 있고, 때로는 내가 서 있는지 넘어져 있는지 의식조차 못할 때도 있습니다. 바라옵고 원하옵나니, 예배에 서 있게 하시고, 가정생활에 서 있게 하시고, 일터에서도 서 있는 하나님의 자녀들이 되게 하옵소서. 그리하여 우리 모두가 주님 안에 서 있는 그리스도인, 말씀 위에 서는 하나님의 자녀들이 되게 하옵소서. 예수님의 이름으로 기도드립니다.

아멘.

14 같은 마음을 품으라

다윗의 시글락과 브솔

다윗은 사무엘 선지자로부터 머리에 기름 부음을 받았습니다. 그것은 다윗이 장차 이스라엘을 다스리는 왕이 된다는 의미였습니다. 또한 다윗은 이스라엘의 모든 군인들이 두려워했던 골리앗과의 싸움에서 이긴 후, 사울 왕의 사위가 되었습니다. 그리고 가는 곳마다 전쟁에서 승리하여 국민의 영웅으로 떠올랐습니다. 그렇지만 다윗은 사울 왕의 칼날을 피해 오랜 세월 도망 다녀야 했습니다.

다윗은 도망자 신세였을지라도 하나님을 향한 중심과 신하로서 왕을 섬기는 자세를 잃지 않으려고 애를 썼습니다. 다윗 일행이 엔게디 광야에 있을 때 사울 왕은 군사 3천 명과 함께 다윗을 잡으려고 왔습니다. 그런데 그곳에 있는 많은 굴 가운데서 하필이면 사울 왕은 다윗이 숨어 있는 굴속으로 뒤를 보기 위해 들어

이것들을 생각하라

왔습니다. 그때가 다윗이 사울을 죽일 수 있는 절호의 기회였지만 다윗은 사울의 겉옷자락만 가만히 베었습니다. 그러고도 하나님께 기름 부음 받은 사람에게 예를 갖추지 못했다며 마음 찔려 했습니다. 그것만이 아니었습니다. 다윗 일행이 십Ziph 광야 하길라 산에 숨어 있을 때도 그곳으로 사울 왕이 군사 3천 명과 함께 왔습니다. 다윗을 따르는 사람들은 잠들어 있는 사울 왕을 단번에 죽이겠다고 했습니다. 그러나 하나님께 기름 부음 받은 사람을 그렇게 해서는 안 된다며 사울 왕의 머리 곁에 있는 창과 물병만 갖고 오게 했습니다. 이것이 다윗의 중심이었습니다.

사울을 피해 다니는 것에 지친 다윗은 이스라엘을 떠나는 게 좋겠다고 생각하고는 자신이 물리친 골리앗의 고향 블레셋의 가드로 가서 아기스 왕에게 망명을 신청했습니다. 그래서 아기스는 다윗의 일행 600명에게 시글락Ziklag 지방에서 살게 해주었고, 다윗 일행은 그곳에서 1년 4개월을 지냈습니다. 그런데 블레셋과 이스라엘 사이에 전쟁이 일어나게 되었습니다. 아기스 왕은 다윗이 블레셋 사람의 편이 된 증거를 모든 사람에게 보여 줄 좋은 기회로 여겨 다윗에게 함께 나가서 싸우자고 했습니다. 다윗은 사울 왕의 핍박을 피해 도망은 왔지만 마음이 편하지는 않았을 것입니다. 전쟁터로 따라나서기는 했지만, 다윗이 이스라엘을 상대로 싸웠다면 그는 이스라엘의 왕이 될 수 없었을 것입니다.

전장에서 다윗을 본 블레셋의 장군들은 다윗이 참전하는 것을 강하게 반대했습니다. "'사울이 죽인 자는 천천이요, 다윗은 만만이로다'라는 노래의 주인공이 바로 이 사람인데 어떻게 우리가 함께 전쟁을 치를 수 있겠느냐? 우리 뒤에서 공격하면 어떻게 되겠느냐? 그러니 우리는 절대로 함께 갈 수 없다"는 것이 이유였습니다. 아기스는 '이 사람은 틀림없이 우리 편이다'라고 변호했지만 끝내 받아들여지지 않았습니다. 할 수 없이 아기스는 다윗을 돌려보냈습니다. 그래서 다윗이 일행과 함께 3일 만에 시글락으로 되돌아와 보니, 아말렉 사람들의 침략으로 온 성이 잿더미가 되어 있었습니다. 다윗과 함께한 사람들이 할 수 있는 것이라고는 올 기력이 다하도록 우는 것밖에 없었습니다. 다윗과 함께한 사람은 분노에 차서 다윗을 돌로 치려 했습니다. 그래도 다행인 것은, 아말렉 사람들이 여자와 아이들을 하나도 죽이지 않고 살려서 끌고 갔다는 것이었습니다. 그래서 다윗은 하나님의 뜻을 물어서 아말렉 군대를 뒤좇았습니다.

그런데 그만 문제가 생기고 말았습니다. 다윗 일행이 브솔 시냇가에 이르렀을 때 600명 중에 3분의 1이 계속된 행군으로 낙오하게 되었습니다. 그들은 시글락에서 블레셋과 이스라엘의 전쟁터인 아벡까지 약 75킬로미터를 걸어서 갔다가 3일 만에 돌아왔습니다. 그리고 시글락에서는 올 기력이 다하도록 울었습니다. 체력이 고갈된 상태에서 시글락에서 브솔 시내까지 약 24킬로미터를 또 걸었더니 더 이상 행군할 수 없는 사람들이 생긴 것입니다.

그런 상황에서 가장 많이 당황한 사람은 다윗일 것입니다. 아말렉 군대와 싸워 가족들을 구출하려면 군인이 한 사람이라도 더 필요한데 200명이나 낙오해야 했으니, 마음이 녹아내리는 듯했을 것입니다. 그러나 다윗은 칼을 빼들고 "여기서 내 칼에 죽든

이것들을 생각하라

지, 아니면 아말렉과 싸우며 죽든지 선택하라"고 하지 않았습니다. 그들을 그대로 두고 400명만 데리고 갔습니다. 잡혀 간 가족들을 되찾아올 수 있는 힘은 자기가 거느리는 군인들의 수에 있는 것이 아니라 함께하시는 하나님께 있다는 것을 분명히 믿었기 때문입니다.

한 애굽 소년의 도움으로 아말렉 군대의 주둔지를 찾아갔더니 그들은 승리감에 도취되어 먹고 마시며 축제를 열고 있었습니다. 다윗 일행은 새벽부터 그다음 날 저물 때까지 최소한 36시간을 쉬지도 않고 싸웠습니다. 다윗 일행은 몹시 지친 상태였으므로 36시간의 전쟁은 하나님께서 힘을 주셨기에 가능한 일이었습니다. 그래서 가족들을 모두 구출한 것은 물론 빼앗겼던 재산까지 완벽하게 되찾을 수 있었습니다.

그런데 또 다른 문제가 기다리고 있었습니다. 다윗 일행이 다시 브솔 시내로 돌아왔을 때, 피곤해서 뒤처져 있던 200명이 그들을 맞았습니다. 아말렉과 전쟁을 치른 사람들의 일부가 "200명은 브솔 시내에서 쉬면서 전쟁을 하지 않았으니, 전리품은 나눠주지 말고 각자 처자식만 데리고 가게 합시다"라고 주장했습니다.

이때 다윗의 답변을 사무엘상 30장 23-25절이 이렇게 증거합니다.

다윗이 이르되 나의 형제들아 여호와께서 우리를 보호하시고 우리를 치러 온 그 군대를 우리 손에 넘기셨은즉 그가 우리에게 주신 것을 너희가 이같이 못하리라 이 일에 누가 너희에게 듣겠느냐 전장에 내려갔던 자의 분깃이나 소유물 곁에 머물렀던 자의 분깃이 동일할지니 같이 분배할 것이니라 하고 그날부터 다윗이 이것으로 이스라엘의 율례와 규례를 삼았더니 오늘까지 이르니라

전쟁에 참여했던 사람들과 브솔 시내에 머물렀던 사람들이 함께 전리품을 나누어야 하는 이유에 대해 다윗은 하나님께서 보호해 주셨기 때문에 우리가 살아남을 수 있었고, 또 아말렉을 우리에게 넘겨주셨기에 승리할 수 있었기 때문이라고 합니다. 다윗은 자신들의 실력이 아니라 오직 하나님의 은총으로 승리한 전쟁이기 때문에 전리품을 나누는 것은 마땅하다고 여겼습니다.

다윗은 브솔에 남아 있던 사람들과 같은 마음이었습니다. 전쟁을 하기 싫었기 때문에 남아 있었던 것이 아니라 자신들도 끝까지 동참해서 가족을 구해 오고 싶었지만 몸이 약해서 갈 수 없는 안타까운 마음을 읽어 준 것입니다. 이것이 계기가 되어 이후 이런 일이 생기면 이와 같이 행하는 것을 온 이스라엘의 법으로 삼았습니다.

인생에도 시글락과 브솔이 있습니다. '시글락'은 '꼬불꼬불함', '구부러짐'이라는 뜻이 있습니다. 인생이 미로와 같아서 어디로 가야 할지 알지 못하고, 얼마나 많이 구부러졌는지 아무리 열심히 살아도 항상 제자리인 것같이 느껴질 때가 있습니다. 그러면 혼자만 뒤처지는 것같이 느껴져서 눈물로 밤을 지새울 때

이것들을 생각하라

도 있습니다. 그러나 그런 경우에도 우리가 주님 안에 있다는 것을 확인할 때 바르게 서 있는 그리스도인의 삶을 살아갈 수 있습니다.

'브솔'은 '좋은 소식' 또는 '즐거움'이라는 뜻입니다. 우리의 지난 삶을 돌아보면 주님께서 얼마나 좋은 소식을 많이 가져다 주셔서 즐거움을 누리게 해주셨는지 모릅니다. 그때에도 우리가 주님 안에 있다는 것을 바르게 인식하고 있으면 넘어지는 삶에서 벗어날 수 있습니다.

시글락과 브솔의 삶은 나 자신의 삶만이 아니라 다른 사람들과의 관계에서도 잘 나타납니다. 우리에게는 구부러진 상태의 '시글락의 마음'과 좋은 상태의 '브솔의 마음'이 있습니다. 이러한 마음을 가진 우리가 다른 사람과의 관계를 어떻게 해 나아가야 하는지를 오늘 본문이 잘 일러주고 있습니다.

'주님이라는 피아노'의 건반

빌립보교회는 바울에게 참 특별했습니다. 빌립보는 바울 자신의 계획에 의해 방문한 도시가 아닐 뿐만 아니라, 귀신 들려 점치는 소녀를 고쳐 준 대가로 심한 매를 맞고 투옥당하는 일을 겪고서 교회가 시작되었기 때문입니다.

빌립보교회 사람들도 바울을 특별하게 생각했을 것입니다. 자신들은 빌립보에 교회가 서게 해달라고 기도한 적이 없고, 바울을 좀 보내 달라고 기도한 적이 없음에도, 아니, 바울이라는 존재가 있는지도 몰랐을 때 하나님께서 자기 지역 사람인 마게도냐 사람을 바울에게 환상으로 보이셔서 그를 그곳으로 인도하여 이렇게 교회를 세우게 하신 것을 생각하면 그지없이 신비하게 여겨졌을 것입니다. 그래서 빌립보교회와 바울의 관계는 참 아름다웠습니다. 빌립보서 4장 14-16절에 이런 말씀이 있습니다.

> 그러나 너희가 내 괴로움에 함께 참여하였으니 잘하였도다 빌립보 사람들아 너희도 알거니와 복음의 시초에 내가 마게도냐를 떠날 때에 주고받는 내 일에 참여한 교회가 너희 외에 아무도 없었느니라 데살로니가에 있을 때에도 너희가 한 번뿐 아니라 두 번이나 나의 쓸 것을 보내었도다

바울은 교회들로부터 사역비를 후원받으면서 사역할 수 있었지만 그렇게 하지 아니하고, 방문하는 도시에서 천막 짓는 일로 자급자족하며 사역했습니다. 바울은 풍족하든 궁핍하든, 어떠한 환경에 처해도 자족할 수 있다고 고백했습니다. 그래서 빌립보교회가 보내 준 사역비보다도 빌립보교회가 자신의 사역에 동역자가 된 것을 참 아름답게 여기고 있습니다. 바울이 한 지역을 방문하고, 그곳에 한동안 머물며 교회를 세우고 떠날 때 사역비를 후원해 준 교회가 빌립보교회밖에 없었습니다. 빌립보교회는 바울이 빌립보를 떠나 데살로니가에 있을 때도 사역비를 보내 주었습니다. 그만큼 빌립보교회는 바울을 각별하게 여겼습니다. 바울은 그 빌립보교회를 향해 이렇게 고백합니다. 오늘 본문 1절이 이렇게 증거합니다.

> 그러므로 나의 사랑하고 사모하는 형제들, 나의 기쁨이요 면류

이것들을 생각하라

구원하시는 분 곧 주 예수 그리스도를 기다리는 빌립보교회 사람들이 주님 안에 서기를 소망하고 있습니다. 빌립보교회 사람들은 바울에게 참 사랑스럽고 그리운 존재들이었습니다. 생각하기만 해도 좋고, 하나님 앞에서 자랑하고 싶은 사람들이었습니다. 그러한 그들에 대한 간곡한 소망은 주님 안에 서 있는 것입니다. 이것이 주 예수 그리스도를 기다리는 사람들의 첫 번째 자세입니다.

주 예수 그리스도를 기다리는 사람들의 두 번째 자세를 2절이 이렇게 증거합니다.

■ 　 내가 유오디아를 권하고 순두게를 권하노니 주 안에서 같은 마음을 품으라

주 예수 그리스도를 기다리는 사람은 같은 마음을 품는다고 합니다.

빌립보교회는 시작부터 여성의 역할이 큰 교회였습니다. 바울 일행이 빌립보의 기도하는 곳에서 만난 사람들에게 복음을 전했을 때 하나님께서 처음으로 마음을 열어 주신 사람이 자색 옷감 장사 루디아였습니다. 바울이 고쳐 준, 귀신 들려 점치던 사람도 여자였습니다. 바울과 실라가 갇혀 있던 감옥의 간수와 그 가족들이 세례를 받았습니다. 간수는 바울과 실라를 자기 집으로 데리고 가서 음식을 차려 주었는데, 틀림없이 간수의 부인과 일하는 여인들이 준비했을 것입니다.

그래서 다수의 여성들로 구성된 빌립보교회는 섬세함, 따뜻함이 장점이었다면, 약간의 시기하는 모습은 단점이었습니다.

유오디아와 순두게가 정확하게 어떤 인물인지는 알 길이 없습니다. 어떤 학자들은 유오디아를 남자 이름으로 보고 이 두 사람을 부부라고 생각하기도 합니다. 만약 이들이 부부라면 빌립보 감옥의 간수 부부일 것으로 추측합니다. 그래서 킹제임스 영어성경(KJV)에서는 유오디아를 남자 이름(Euodias)으로 나타내고 있습니다. 그러나 헬라어 성경에는 여자 이름으로 기록되어 있습니다. 또 어떤 학자들은 유오디아와 순두게 두 사람 중에 한 명은 루디아일 거라고 생각하기도 하고, 두 사람은 헬라파와 히브리파를 대표하는 여성일 것으로 보기도 합니다. 유오디아와 순두게가 부부이든, 그룹을 대표하는 이름이든 간에 중요한 것은 그들이 서로 화합하지 못했다는 것입니다.

영원한 하나님의 말씀인 성경에 자신의 이름이 기록되는 것은 참 영광스러운 일입니다. 성경에 유오디아와 순두게의 이름은 빌립보서 4장 2절에만 나옵니다. 그러나 아쉽게도 그들은 화합하지 못하는 사람들의 이름으로 등장합니다. 지난 2천 년 동안 그들은 화합하지 못하는 사람들의 대명사처럼 그리스도인들의 입에 오르내렸습니다.

이스라엘의 열두 사사 가운데 삼갈에 대해 성경은 딱 한 절로 표현합니다. 사사기 3장 31절이 이렇게 증거합니다.

■   에훗 후에는 아낫의 아들 삼갈이 있어 소 모는 막대기로 블레셋
     사람 육백 명을 죽였고 그도 이스라엘을 구원하였더라

삼갈은 잘 알려지지 않은 사사입니다. 그 앞에 있었던 사사 에훗은 16절에 걸쳐 기록하고 있습니다. 그는 비록 왼손잡이였지만 모압 왕 에글론과 모압 군대 1만 명을 물리치고 이스라엘 자손들에게 80년 동안이나

이것들을 생각하라

평화를 가져다주었습니다. 열두 사사 가운데 가장 긴 평화의 기간을 가져다준 것입니다. 그가 20세에 부르심을 받았다면 100세가 될 때까지 하나님께 쓰임을 받은 것입니다.

삼갈에 이어 기록된 사람은 여사사 드보라입니다. 그에 관해서는 52절에 걸쳐 기록되어 있습니다. 그가 가나안 왕 야빈을 물리치고 부른 노래도 기록되어 있습니다. 드보라는 이스라엘 자손들에게 40년 동안이나 평화를 가져다주었습니다.

에훗과 드보라에 비하면 삼갈의 기록은 참 미미합니다. 대하소설에서 주인공이 아닌 사람의 짧은 에피소드같이 여겨지기도 합니다. 하지만 삼갈은 '소 모는 막대기로 블레셋 사람 600명을 죽이고 그도 이스라엘을 구원하였다'라고 하나님께서 증언해 주셨습니다. 하나님 보시기에 에훗과 드보라뿐만 아니라 그도 충성스러운 사사임에 틀림없습니다.

우리의 삶도 하나님 앞에서 정리가 될 것입니다. 길게 정리되느냐 짧게 정리되느냐가 중요한 것이 아니라 어떻게 정리되느냐가 훨씬 중요합니다. 다시 2절입니다.

■ 　내가 유오디아를 권하고 순두게를 권하노니 주 안에서 같은 마음을 품으라

'권하다'에 해당하는 헬라어가 '파라칼레오parakaleō'인데, 이 단어의 문자적인 뜻은 '곁으로 불러내다'입니다. 아주 간곡하게 격려하고 훈계하고 애원할 때 사용하는 단어입니다. 성령님의 별칭이 '보혜사'인데, 영어로 'Helper, 돕는 분', 'Counselor, 상담하는 분', 'Comforter, 위로하는 분' 등으로 번역합니다. 하지만 보혜사가 바로 '파라칼레토스parakaletos', 즉 '곁에서 속삭여 주는 분'입니다. 바울은 멀리서 편지를 보내지만 유오디아와 순두게에게 곁에서 속삭이는 마음으로 간곡하게 권면합니다.

그리고 바울은 "내가 유오디아와 순두게를 권면합니다"라고 하지 아니하고 "내가 유오디아를 권면하고, 순두게를 권면합니다"라고 말합니다. '권하다'라는 동사를 한 번만 사용해도 될 터인데 두 번 사용하는 것은 두 사람의 불화의 원인이 양쪽 모두에게 있다는 느낌을 주기도 하고, "두 사람을 따로 불러 이야기할 만큼 간곡하게 말합니다"라는 의미로 다가오기도 합니다.

바울은 두 사람에게 같은 마음을 품으라고 합니다. '같은 마음을 품다'의 문자적 의미는 '같은 생각을 하다'입니다. 생각을 맞추는 것은 조화를 이루는 것의 시작이고 과정이며 결과입니다. 그리고 '주 안에서 같은 마음을 품으라'고 합니다. 인간은 모두 자기중심적인 존재이기 때문에 주님 안에 있지 않으면 이기심과 내 편 만들기의 아우성만 가득할 것입니다. 주님 안에 서 있는 사람이 주님 안에서 다른 사람과 같은 마음을 품을 수 있습니다.

주님과 나, 주님과 다른 사람의 관계는 주님을 꼭짓점으로 한 삼각형과 같습니다. 나와 다른 사람 사이에는 간격이 있습니다. 우리의 능력이나 성품, 소유물 등으로는 이 간격을 좁힐 수 없고 온전한 연합을 이룰 수 없습니다. 한순간은 가까이 나아가는 것처럼 보일 수 있습니다. 그러나 우리의 등 뒤에 '자기 사랑이라는 스프링'과 '이기심이라는 고무줄'이 달려 있어서 이내 본래 자리로 돌아오게 만듭니다. 하지만 우리가 서로 주님 안에 서서 주님께로 나아가다 보면 우리는 점점 같은 마음을 품어 가고 있다는 사실을 발견하게 됩니다. 우리가 서로 온전히 주님과 연합하게

　　　　　　　　　　　　　　이것들을 생각하라

될 때 다른 사람과도 온전히 같은 마음을 품게 될 것입니다.

비틀즈의 전 멤버였던 폴 매카트니가 1982년 발표한 노래 중에 〈에보니와 아이보리Ebony and Ivory〉가 있습니다. 흑단黑檀이라고 부르는 에보니는 인도나 아프리카에서 자라는 나무로, 단단하고 무거우며 검은 광택이 뛰어납니다. 아이보리는 코끼리의 어금니입니다. 에보니와 아이보리는 피아노의 검은색과 흰색 건반을 지칭합니다. 이 노래는 매카트니가 시각장애인 흑인 가수 스티비 원더와 듀엣으로 불렀습니다. 피아노 건반처럼 세상에 있는 사람들이 검고 흰 피부색깔과 상관없이 모두 조화롭게 살아야 한다는, 인종 차별에 반대하는 메시지를 담은 노래입니다. 가사가 이렇습니다.

■   에보니와 아이보리/ 완전한 화음을 이루며 함께 살아가지요/ 내 피아노 건반은 나란히 놓여서/ 오 주님, 우리는 왜 안 되지요?
우리 모두는 압니다/ 어디를 가든 사람들은 똑같고/ 모든 사람에게는 선함과 악함이 있다는 것을 말입니다
우린 사는 법을 배우고/ 서로 나누는 법을 배웁니다/ 우리가 살아내기 위해 필요한 것은 함께 사는 것입니다

흑인과 백인만이 조화를 이루어 살아가야 하는 것은 아닙니다. 우리 모두는 한마음을 품고 살아가는 주님의 자녀들입니다.

'나라는 건반'과 '너라는 건반'이 같은 마음을 품으려면 우리가 '주님이라는 피아노' 안에 있을 때만 가능합니다. 피아노를 벗어나는 순간 우리는 모든 사람이 귀를 막는 소음이 될 것입니다. 우리가 검은 건반이냐 흰

건반이냐는 결코 중요하지 않습니다. 높은 소리를 내는 건반이냐 낮은 소리를 내는 건반이냐도 중요하지 않습니다. 더 나아가 온음을 내는 건반이냐 반음을 내는 건반이냐도 중요하지 않습니다. 자신이 처한 자리에서 자신의 온 인격과 온 신앙을 다해 자신의 바른 소리를 내며 인생을 연주해 가다 보면 하나님께서는 우리를 통해 세상을 밝히는 노래, 우리의 교회와 가정을 새롭게 하는 노래가 만들어지게 하실 것입니다.

하나님 아버지!

인생을 살아가며 나와 다른 사람을 볼 때 그 사람의 입장에서 생각하기보다 내 기준으로 생각할 때가 얼마나 많은지 모릅니다. 나의 말과 행동에는 이유가 있지만 다른 사람의 말과 행동에는 이유가 없다고 생각할 때도 참 많습니다. 다윗이 브솔 시내에 남아 있던 사람들의 마음을 헤아려 은혜를 나눈 것처럼 우리도 나보다 더 연약한 사람을 품는, 그런 하나님의 자녀가 되게 하여 주옵소서. 우리 인생이 하나님 앞에 한 권의 책 분량이나 긴 글로 남지 않고 단 한 줄로 남는다 할지라도 그것이 하나님의 고개를 가로젓게 만드는 것이 아니라 끄덕이게 하는 것이 되게 하여 주옵소서.

우리가 우리 능력으로 다른 사람들과 같은 마음을 품을 수 있다는 오류에서 벗어나게 하시고, 우리 모두가 주님 안에서 주님을 향해 나아감을 통해 하나 되어 있음을 확인하게 하여 주옵소서. 하나님께서 우리에게 검은 건반의 삶을 맡기셨든, 흰 건반의 삶을 맡기셨든 그것으로 사람을 차별하지 않게 하시고, 우리가 높은 소리가 나는 건반이든 낮은 소리 나는 건반이든 그것으로 교만하거나 좌절하지 않게 하시며, 온음의 역할이든 반음의 역할이든 그것으로 하나님의 노래를 만들어 가게 하옵소서.

무엇보다 바라옵고 원하옵는 것은, 우리가 주님 안에 있을 때 같은 마음을 품을 수 있다는 것을 평생 잊지 않게 하옵소서. 예수님의 이름으로 기도드립니다.

아멘.

15 나와 멍에를 같이한

우물을 덮은 여인

사울 왕에게 쫓겨 다니던 다윗은 헤브론에서 왕이 되어 남쪽 유다 지역을 7년 6개월 동안 다스렸습니다. 사울 왕이 죽은 후에는 북쪽 이스라엘의 장로들이 찾아와서 자신들의 왕이 되어 달라고 했습니다. 그래서 그는 이스라엘의 남과 북을 통합한 명실상부한 왕이 되었습니다. 언약궤도 예루살렘으로 옮겼습니다. 그뿐만 아니라 "네 집과 네 나라가 내 앞에서 영원히 보전되고 네 왕위가 영원히 견고하리라"(삼하 7:16)는 약속의 말씀도 받았습니다. 그래서 그의 왕조는 태평성대를 누릴 것처럼 보였습니다.

그러나 다윗은 있어야 할 전장戰場에 있지 아니하고, 왕궁 옥상을 거닐다가 하지 말아야 할 일을 저지르고 말았습니다. 그 일로 말미암아 그는 영적으로 처절한 고통을 겪었을 뿐만 아니라,

이것들을 생각하라

그의 집안에도 비극의 광풍으로 피비린내가 진동했고, 불행의 지진으로 가족관계가 뒤흔들리고 말았습니다.

급기야 아들 압살롬은 백성의 후원을 등에 업고 아버지 다윗에게 반란을 일으키고는 다윗 성을 차지했습니다. 아버지를 아버지로, 임금을 임금으로 인정하지 않은 것입니다. 그 사실이 사무엘하 15-19장에 잘 나타나 있습니다. 그중에서도 17장에는 아주 극적인 장면이 있습니다.

압살롬에게는 뛰어난 전략가 아히도벨이라는 신하가 있었습니다. 그는 본래 다윗의 신하였지만 압살롬이 반란을 일으키자 압살롬에게 붙었습니다. 그의 전략이 얼마나 뛰어났던지, 다윗과 압살롬은 그의 조언을 마치 하나님께 물어서 받은 말씀같이 여길 정도였습니다.

그가 압살롬에게 이렇게 제안했습니다. "군사 만 2천 명을 내어 주십시오, 그러면 제가 오늘 밤에 몹시 지친 상태에 있는 다윗을 뒤쫓아 덮치겠습니다. 그러면 그를 따르던 백성들은 도망갈 것이고, 그때 다윗의 목을 베겠습니다. 그러면 백성들은 전부 당신에게 마음을 돌릴 것입니다." 압살롬이 왕권을 완전히 획득하게 될 것 같은 기막힌 작전이었습니다. 압살롬과 대부분의 신하들이 그 작전을 좋게 여겼습니다.

그런데 갑자기 압살롬은 후새의 이야기도 들어보자고 했습니다. 그는 다윗의 신하로, 피난가지 않고 왕궁에 남아 있었습니다. 그는 그 작전이 좋지 않다고 했습니다. 그 이유로 세 가지를 들었습니다. 우선 왕의 부친과 함께하고 있는 군인들은 새끼를 빼앗긴 곰처럼 화가 나 있기 때문에 섣불리 접근하는 것은 적절하지 않고, 다음으로 왕의 부친은 전쟁에 익숙한 사람이어서 백성들과 함께 자지 않고 어느 굴속에 숨어 있을 터이니 찾기가 쉽지 않을 것이고, 마지막으로는 만약 우리 군인들 중 몇 사람이라도 다윗에게 죽임을 당하기라도 하면, 압살롬을 따르는 군인들이 졌다는 소문이 파다해질 거라고 했습니다. 그래서 자기 생각에는 이스라엘 전체에서 모든 군인을 불러 모아서, 다윗과 그 사람들이 숨어 있을 만한 곳을 한꺼번에 덮쳐야 승산이 있다고 했습니다.

사실 이 제안은 말도 안 되는 것이었습니다. 군인들을 모으는 동안 다윗에게 도망갈 시간을 벌어 주는 것이 목적이었기 때문입니다. 그럼에도 압살롬은 아히도벨의 전략이 아니라 후새의 것을 따랐습니다. 그 이유를 사무엘하 17장 14절이 이렇게 밝히고 있습니다.

압살롬과 온 이스라엘 사람들이 이르되 아렉 사람 후새의 계략은 아히도벨의 계략보다 낫다 하니 이는 여호와께서 압살롬에게 화를 내리려 하사 아히도벨의 좋은 계략을 물리치라고 명령하셨음이더라

하나님께서는 압살롬이 아니라 다윗의 손을 들어 주셨습니다. 후새는 제사장 사독Zadok과 아비아달에게 가서 지금까지 있었던 일을 알려주고, '사람을 보내 다윗 왕에게 강을 건너 피신하시라'고 전해 달라 했습니다. 그래서 사독과 아비아달은 자신의 아들인 아히마아스와 요나단을 전령으로 보냈습니다.

이것들을 생각하라

그들의 평소 연락 방법은, 성 안에 있는 소녀에게 소식을 전해 주면 그 소녀가 다윗에게 가서 알려 주는 식이었습니다. 그런데 이번에는 그 소식을 전하기 전에 탄로 나고 말았습니다. 그래서 이 두 사람은 바후림 지역으로 도망가서 그 마을 어떤 집의 우물 속에 숨었습니다. 그러자 그 집 여인은 그 우물을 덮개로 덮고, 위에 곡식을 깔아 두었습니다. 잠시 후 들이닥친 압살롬의 군사들이 물었습니다. "아히마아스와 요나단이 어디 있느냐?" 그러자 그 여인은 그들이 시내를 건너갔다고 거짓말했습니다. 압살롬의 군사들이 돌아간 후, 거기서 나온 두 사람은 다윗에게 가서 모든 사실을 이야기했고, 다윗과 함께한 사람들은 모두 무사히 요단강을 건널 수 있었습니다. 후에 아히도벨은 자신의 전략대로 되지 않은 것을 보고, 고향 집으로 돌아가 목을 매 자살하고 말았습니다.

성경은 아히마아스와 요나단이 숨은 우물을 덮어 위기를 모면하게 한 여인의 이름을 말하지 않습니다. 그 여인은 아히마아스와 요나단이 누구인지 모르지 않았을 것입니다. 아히마아스와 요나단이 제사장의 아들이었다는 것을 알았다면, 그 여인도 하나님을 신실하게 섬기던 사람이었을 것입니다. 그들 모두가 하나님께 연결된 사람이었기 때문에 하나님이 역사하시는 통로가 되었습니다.

바울의 생질

사도행전 23장도 하나님의 통로로 쓰인 한 사람에 대해 증거합니다. 3차 전도여행을 마치고 예루살렘으로 온 바울은 과격한 유대인들에게 성전을 더럽혔다는 이유로 체포되었습니다. 바울을 죽이려고 혈안이 되어 있던 유대인들은 바울을 성전에서 끌어내어 천부장에게까지 끌고 가는 데까지는 성공했습니다. 그러나 "나는 로마 시민입니다"라는 바울의 말에 자신들의 뜻을 이루지 못했습니다. 로마 시민권자에게는 사형을 언도할 수 없었기 때문입니다.

그래서 예루살렘 공회까지 끌고 갔습니다. 하지만 또 바울이 "나는 바리새인이요, 또 바리새인의 아들입니다"라고 하자, 사두개인들과 바리새인들 사이에 다툼이 일어나서 자신들의 뜻을 또 이루지 못했습니다. 사두개인들은 부활과 천사를 믿지 않았지만 바리새인들은 믿었기 때문입니다.

그러나 유대인들은 끝까지 포기하지 않았습니다. 바울을 죽이기 전에는 먹지도 마시지도 않겠다고 결단한 사람들이 40여 명이나 있었습니다. 그들은 예루살렘 공회를 찾아가서 바울 암살 계획을 설명했습니다. 당시 유대인의 법에는 '만일 어떤 사람이 공공 생활이나 도덕을 위협하는 존재라면 죽여도 된다'는 규정이 있었습니다. 그들은 바울이 자신들의 신앙을 위협하는 존재라고 생각했기 때문에 그를 제거하는 것은 옳은 일이라고 믿고 있었습니다. 그들은 예루살렘 공회의 대제사장들과 장로들에게 "바울이 한 일을 좀더 자세히 신문하려는 척하면서 천부장에게 요청하여 바울을 이곳으로 데려오게 하십시오. 그러면 그가 이곳에 도착하기 전에 우리가 해치우겠습니다"라고 은밀한 제안을 했습니다.

이런 음모가 꾸며지고 있을 때 하나님께서 사용하신 한 사람을

이것들을 생각하라

사도행전 23장 16절은 이렇게 증거합니다.

바울의 생질이 그들이 매복하여 있다 함을 듣고 와서 영내에 들어가 바울에게 알린지라

바울을 죽이려는 음모는 바울의 생질을 통해 알려지게 되었습니다. 우물을 덮은 이름 없는 여인을 통해 다윗의 생명을 구해 주셨듯이, 하나님께서는 바울의 생질을 통해 바울의 목숨을 건져 주셨습니다. 바울의 생질을 통해 유대인들의 음모를 알게 된 천부장은 이런 명령을 내렸습니다. 사도행전 23장 23-24절이 증거합니다.

백부장 둘을 불러 이르되 밤 제삼 시에 가이사랴까지 갈 보병 이백 명과 기병 칠십 명과 창병 이백 명을 준비하라 하고 또 바울을 태워 총독 벨릭스에게로 무사히 보내기 위하여 짐승을 준비하라 명하며

천부장은 바울을 로마의 총독청이 있는 가이사랴로 보내기로 했습니다. 당시 예루살렘은 가이사랴 관할하에 있었습니다. 천부장은 이 사건이 자기 권한 밖의 일임을 알고 가이사랴의 총독이 이 사건을 취급하기를 원했던 것입니다. 그런데 천부장이 두 백부장을 통해 동원하게 한 군사가 보병 200명, 기병 70명, 창병 200명이었습니다. 한 죄수를 보호하기 위해 470명의 병사와 70마리의 말에다가 바울을 태울 짐승까지 준비하게 한 것입

니다. 그리고 밤 제3시(지금의 밤 9시)에 떠나도록 명령을 내렸습니다. 죄수 한 사람 때문에 이렇게 많은 병사를 동원하는 것은 요즈음도 흔한 일이 아닙니다. 하나님께서 바울을 보호하시기 위해 그렇게 많은 호위병들을 붙여 주신 것입니다. 그런데 한 가지 궁금한 것은, 바울을 죽이기 전에는 먹지도 마시지도 않겠다고 결단한 40여 명의 사람들이 실제로 굶어죽거나 말라죽었을까 하는 것입니다.

바울의 생질은 이름도 나오지 않고, 성경에서 사도행전 23장에만 등장합니다. 그가 본래 예루살렘에서 살았는지, 유학이나 업무 때문에 예루살렘에 와 있게 되었는지, 어떤 경로로 삼촌의 살해 음모를 알게 되었는지 우리는 알지 못합니다.

하지만 그는 똑똑히 보았을 것입니다. 태어난 지 8일 만에 할례받은 것과 조상 대대로 하나님의 언약을 받은 가문인 것, 베냐민 자손으로 태어난 것, 이방인의 땅 다소에서 태어나고 자랐을지라도 히브리말을 하는 가정과 회당에서 교육받은 것을 그토록 자랑스럽게 여긴 삼촌, 바리새인으로 사는 것과 교회를 박해하는 것, 율법 지키는 것 등을 목숨처럼 여기며 그것을 최고의 명예로 알았던 삼촌이 다메섹으로 가다가 예수 그리스도라는 분을 만나고 나서 어떻게 변화되었는지를 말입니다.

이전엔 '율법을 아는 것이 가장 고상하다' 하더니 이젠 자신을 찾아와 주신 '내 주 예수 그리스도'를 아는 것이 가장 고상하다고 고백한 삼촌. 그 주님을 위해 20여 년 동안 헌신의 삶을 산 삼촌의 모습을 보며 생질에게도 깊은 울림이 있었을 것입니다. 그 울림이 주님께 연결되어 그도 주님이 역사하시는 통로로 쓰

이것들을 생각하라

임이 되었을 것입니다.

함께 멍에를 메는 기쁨과 감사

오늘 본문도 이름이 알려지지 않았지만 귀하게 쓰임 받은 한 사람에 대해 증거합니다.

바울에게 빌립보교회 사람들은 참으로 사랑스럽고 그리운 존재였습니다. 달려갈 길을 마친 후 하나님께서 주시는 면류관을 쓰지 못해도 면류관으로 여기고 싶은, 그런 사람들이었습니다.

그랬기 때문에 바울이 빌립보교회 사람들에게 소망하는 것이 있었습니다. 우리도 자녀를 사랑할수록 자녀에게 소망하는 것이 있습니다. 배우자를 사랑할수록 배우자가 더 나아지기를 바라는 것이 있습니다. 지금의 모습을 받아들이지 못하거나 내가 편하기 위해서가 아니라 배우자가 성숙되어 가고 훌륭해지는 것 자체가 기쁨이기 때문입니다. 미혼 남녀라 할지라도 사랑하는 사람이 마음대로, 형편없이 살기를 기대하는 사람은 아무도 없을 것입니다. 나와 교제하는 사람이 신앙과 삶이 성숙해지는 것을 보는 것은 참 행복한 일입니다.

무엇보다 먼저 하늘에 시민권이 있고, 하늘에서 오실 주 예수 그리스도를 기다리는 그들에게 바란 것은 그들이 '주 안에 서는 것'이었습니다.

운동경기에서도 서 있는 것은 참 중요합니다. 테니스나 탁구와 같은 운동은 손으로 하지 않고 발로 한다고 합니다. '무슨 소리야? 손으로 라켓을 들고 하는 운동을 발로 하다니'라고 하실지 모르겠습니다. 그 운동을 잘하려면 그만큼 발을 빠르게 움직여 공을 칠 수 있는 자리에 가 있어야 한다는 의미입니다. 바울이 말한 '서라'는 말은 전쟁 중에 다가오는 적을 막기 위해 진지를 굳게 지키고 있는 군인들에게 쓰던 용어라고 말씀드렸습니다. 자신의 삶과 신앙에 서 있지 않으면, 주 예수 그리스도를 기다리는 삶도 살 수 없고, 세속적 로마의 가치관을 이길 수도 없기 때문입니다. 그러나 인간의 힘으로는 결코 서 있을 수 없기 때문에 '주 안에 서라'고 합니다. 오직 주님만이 우리를 세워 주실 수 있고, 주님이 영원히 서 계시는 분이시기에 그분 안에 있으면 서 있을 수 있기 때문입니다.

바울이 빌립보교회 사람들에게 간절히 권면한바, 주 예수 그리스도를 기다리는 사람들의 두 번째 자세는 '주 안에서 같은 마음을 품는 것'입니다.

유오디아와 순두게, 이 두 여성이 이 일을 잘 해내지 못했습니다. 이들은 서로 잘 하려고 했던 것으로 여겨집니다. 만약 어느 쪽이든 율법 지킴을 통해 구원을 얻는다고 주장하는 율법주의나 사람으로 오신 예수님을 부인하는 영지주의의 가르침을 전하려고 했다면 이들에게 "같은 마음을 품으라, 같은 생각을 가지라"고 하지 않고, 3장 2절 말씀처럼 "개들을 삼가고 행악하는 자들을 삼가고 몸을 상해하는 일을 삼가라"고 하거나, 3장 19절 말씀처럼 "너의 마침은 멸망이요 너의 신은 배요 그 영광은 그 부끄러움에 있고 땅의 일을 생각하는 자라"고 질책했을 것입니다.

이 두 여성은 헌신의 열정이 지나쳐서 자신의 신앙마저도 돌볼 수 없는, 마치 그리스도 밖에 있는 것처럼 보일 지경에 이른 것 같습니다.

다른 사람과 같은 마음, 같은 생각을 품고 있음을 알게 되는 것은 자신이 먼저 '주 안에 있는지 확인하는 것'으로 가능합니다. 내가 그리스도 안에 있지 않으면 한순간은 같은 마음을 품고 있는 것 같아도, 우리의 병든 이기심이 같은 마음을 깨버리고 말 것이기 때문입니다.

이것들을 생각하라

유오디아와 순두게가 같은 마음을 품지 못하는 것을 안타깝게 여긴 바울은 한 사람에게 이 두 여인을 도와줄 것을 부탁합니다. 3절이 증거합니다.

■　　　또 참으로 나와 멍에를 같이한 네게 구하노니 복음에 나와 함께 힘쓰던 저 여인들을 돕고 또한 글레멘드와 그 외에 나의 동역자들을 도우라 그 이름들이 생명책에 있느니라

'나와 멍에를 같이 한 너'라는 사람에게 부탁합니다. 이 사람의 삶과 신앙의 이력이 어떠한지 우리는 알지 못합니다. 하나님나라는 평범한 사람들의 비범한 헌신으로 이루어진다고 하는데, 거기에 가장 걸맞은 사람이 이런 사람들일 것입니다.

또한 '복음에 나와 함께 힘쓰던 저 여인들'은 두말할 필요도 없이 유오디아와 순두게를 의미할 것입니다. 바울은 자신과 함께 멍에를 멘 사람에게 유오디아와 순두게를 도와줄 것을 부탁합니다.

그런데 우리가 보는 성경으로는 3절의 뜻이 명확하지 않습니다. 표준새번역 성경이 그 뜻을 명확하게 밝혀 줍니다.

■　　　그리고 나의 진실한 동역자인 그대에게도 부탁합니다. 이 여인들을 도와주십시오. 이 여인들은 글레멘드와 그 밖의 나의 동역자들과 더불어 복음을 전하려고 나와 함께 힘쓴 사람들입니다. 그들의 이름이 생명책에 기록되어 있습니다.

유오디아와 순두게는 바울과 함께 복음을 전하기 위해 힘쓴 여인들입

니다. '힘쓰다'에 해당하는 헬라어 단어가 '쉬나쓸레오sunathleo'인데, 이 것은 '함께'란 뜻의 접두어 '쉰sun'과 '경주하다, 투쟁하다'라는 뜻의 '아 쓸레오athleo'가 합해진 단어입니다. 여기서 나온 영어 단어가 '육상경 기'를 뜻하는 'athletics'입니다. 이 단어는 빌립보서 1장 27절에도 나 왔습니다.

■   오직 너희는 그리스도의 복음에 합당하게 생활하라 이는 내가
        너희에게 가 보나 떠나 있으나 너희가 한마음으로 서서 한뜻으
        로 복음의 신앙을 위하여 협력하는 것과

'협력하다'가 '힘쓰다'와 같은 '쉬나쓸레오'입니다. 고대에는 전쟁할 때 양 진영의 군인들이 한 줄로 서서 싸웠습니다. 그것이 '쉬나쓸레오'입니 다. 미식축구에서도 상대 팀에게 밀리지 않기 위해 스크럼을 짜고 나갑 니다. 그것이 '쉬나쓸레오'입니다. 그러니까 유오디아와 순두게는 바울과 함께 성경도 가르치고 사역도 논의하는, 그런 역할을 한 듯합니다. 그랬 던 두 사람이 지금 무슨 일로 그리 되었는지는 모르지만, 서로 속이 상해 서 같은 마음을 품지 못하고 있습니다. 그러면서도 그들의 이름이 생명책 에 기록되어 있다고 합니다. "생명책에 이름이 기록된 사람은 그렇게 살 면 안 됩니다. 제발 같은 마음을 품으십시오"라는 의미입니다.

이름이 생명책에 기록된 것은 참 소중하고도 가치 있는 일입니다.
그리스도인들이 성경을 읽어 가다 힘들어하고 읽기 싫어하는 부분 중 의 하나가 '족보'입니다. 어떤 이름은 발음하기도 참 어렵습니다. 그래서 읽지 않고 지나가기에는 꺼림칙하고, 읽기는 싫고 해서 읽기는 읽는데 모

이것들을 생각하라

르기로 결심하고 읽을 때가 많습니다. 눈으로 주르륵 읽어 가는데, 지나치는 순간 무엇을 읽었는지 아무것도 기억나지 않게 됩니다. 그 족보에 있는 이름들이 자신과 상관없는 것으로 여기기 때문입니다.

2005년에 미국 뉴욕에 간 적이 있습니다. 그때 꼭 보고 싶었던 곳이 '그라운드 제로', 세계무역센터가 무너진 곳이었습니다. 시간을 내어 찾아갔는데, 거기에는 9·11테러로 죽은 2,792명의 이름이 '9·11의 영웅들'이라는 제목 아래 빼곡하게 기록되어 있었습니다.

9·11기념식 때는 그 사람들을 한 명씩 모두 호명합니다. 그때 '그 많은 사람을 왜 다 호명하지'라고 생각한다면 그 명단과 상관없는 사람입니다. 9·11테러로 가족을 잃은 사람은 사랑하는 남편이나 아내, 아들이나 딸, 엄마나 아빠의 이름이 불릴 때, 온 몸에 전류가 흐를 것입니다.

저는 초등학교, 중학교, 고등학교, 대학교, 신학대학원을 졸업하면서 다섯 번의 졸업식에 참석했습니다. 그런데 졸업자 명단을 다 부르는 것을 한 번도 본 적이 없습니다. 물론 제 이름이 불린 적도 없습니다. 공부를 뛰어나게 잘하지 못해도 제 이름이 쓰인 졸업장에는 6년, 3년, 3년, 4년, 3년의 애씀과 땀이 고스란히 담겨 있습니다. 졸업장을 나눠 주는 사람에게는 종이 한 장인지 몰라도, 적어도 제게는 아닙니다.

종종 우리 교회 교우님들의 명단을 찬찬히 들여다봅니다. 그럴 때마다 '이분은 어떻게 해서 100주년기념교회로 오시게 되었을까? 이곳까지 오는 데 어떤 사연들이 있었을까?'를 생각하곤 합니다. 그분의 이름에는 그분의 삶과 신앙이 고스란히 담겨 있기 때문입니다.

생명책에 기록된 이름은 하나님의 나라에서 다시 만날 사람들입니다.

예수님께서 이 땅에서 보내실 시간이 얼마 남지 않은 것을 아시고, 70명의 사람들을 둘씩 짝 지어 보내시며 하나님나라를 전하라고 하셨습니다. 전도여행에서 돌아온 제자들은 흥분해서 "주여, 주의 이름이면 귀신들도 우리에게 항복하더이다"라고 보고했습니다. 그때 주님께서 이렇게 말씀하셨습니다. 누가복음 10장 20절입니다.

> ■ 그러나 귀신들이 너희에게 항복하는 것으로 기뻐하지 말고 너희 이름이 하늘에 기록된 것으로 기뻐하라 하시니라

세상의 어떤 기쁨도 우리의 이름이 하늘에 기록된 것과 비할 바가 못됩니다. 아무리 가진 게 많고, 큰 업적을 쌓고, 누구도 넘볼 수 없는 뛰어남이 있다 하더라도 하늘에 이름이 기록된 것에 비하면 아무것도 아닙니다. 온 천하를 가진 것이 하늘에 이름이 기록됨만 못합니다.

이러한 엄청난 은총을 누려야 할 유오디아와 순두게가 같은 마음을 품지 못하고 있는 것을 바울이 가슴 아파하는 것입니다.

바울이 유오디아와 순두게가 같은 마음을 품도록 하는 데 중재 역할을 부탁하는 사람이 '나와 멍에를 같이 한 너'입니다. 멍에를 같이 메는 사람은 부부니까 혹 이 사람이 바울의 부인이 아닐까 하고 생각하는 학자가 있습니다. 만약 바울이 부인과 함께 사역했다면 그 많은 서신을 보내면서 한 번이라도 언급하지 않을 리가 없습니다. 앞에 나온 에바브로디도가 아닐까 하는 학자도 있습니다. 앞에서 이름을 언급한 사람을 이렇게 표현하지는 않았을 것입니다.

'멍에'는 수레나 쟁기를 끌기 위해 마소의 목에 얹는 막대입니다. 소 두마리가 겨리가 되어 쟁기를 끌 때, 왼쪽 소를 '안소', 오른쪽 소를 '마라소'라고 합니다. 이 두 소 가운데 왼쪽에 있는 안소를 더 크고 힘이 좋은 놈으로 씁니다. 마라소는 안소의 모습을 통해 배우는 것입니다. 안소가 중

심이 되어 제 역할을 잘하면 훨씬 많은 일을 해낼 수 있습니다. 소 한 마리(호리 또는 외겨리)가 쟁기를 끌면 하루에 약 500평의 밭을 갈 수 있고, 두 마리(겨리)가 갈면 약 2,000평을 갈 수 있다고 합니다.

바울이 말하는 '나와 멍에를 같이 한 너'가 누구인지 우리는 모릅니다. 하지만 마치 겨리소가 밭을 갈듯이 한 사람은 로마의 감옥에서, 또 한 사람은 빌립보에서 주를 섬기고 있습니다. 나중에 하나님나라에 가면 우물을 덮어 준 여인, 바울의 생질과 함께 이분도 꼭 만나보고 싶습니다. 어떻게 그런 삶을 살 수 있었는지 물어보고 싶습니다.

바울에게 함께 멍에를 메어 준 사람이 있다면, 우리에게도 우리와 함께 멍에를 메어 주시고, 우리가 멘 멍에의 안소가 되어 주신 분이 있습니다. 마태복음 11장 28-30절이 이렇게 증거합니다.

■　　수고하고 무거운 짐 진 자들아 다 내게로 오라 내가 너희를 쉬게 하리라 나는 마음이 온유하고 겸손하니 나의 멍에를 메고 내게 배우라 그리하면 너희 마음이 쉼을 얻으리니 이는 내 멍에는 쉽고 내 짐은 가벼움이라 하시니라

삶의 짐이 무겁지 않습니까? 다람쥐 쳇바퀴 돌듯 하여 인생이 고달프지 않으십니까? 내게 걸려 있는 멍에가 나를 짓누른다고 여겨질 때 옆을 돌아보십시오. 우리와 함께 멍에를 메고 계시는 주님을 발견하게 되실 것입니다. 그 주님께서 슬픔이 가득할 때 위로를 주시고, 때를 따라 은혜를 부어 주심으로 갈한 심령이 힘을 얻게 하시며, 말씀으로 우리를 강건하게 만들어 가고 계심을 아시게 될 것입니다. 그래서 우리로 하여금 우리에게 허락하신 삶을 살아내게 하실 것입니다.

또한 주님이 우리의 영원한 안소가 되어 주심을 잊지 않는다면 우리가 다윗 왕이나 바울과 같은 사람은 아니어도, 우물을 덮은 여인, 바울의 생질과 같은 사람은 될 수 있을 것입니다. 그때 주님은 우리에게 이렇게 말씀하실 것입니다. "너는 나와 함께 멍에를 메었다."

하나님 아버지!

저희들은 다윗 왕이 위기에 처했을 때 아히마아스와 요나단이 숨은 우물을 덮어 준 여인의 이름을 알지 못합니다. 바울이 살해 위협을 당할 때 그 사실을 천부장에게 알려 준 바울의 생질 이름도 모릅니다. 또한 유오디아와 순두게가 같은 마음을 품을 수 있도록 바울이 부탁한 사람, '나와 함께 멍에를 메었다'고 한 그분도 누구인지 모릅니다. 하지만 이런 사람들을 본받고 싶습니다. 그분들처럼 우리도 주님께 매이게 해주십시오. 아니, 주님께서 우리와 함께 멍에를 메고 있음을 확인하게 해주옵소서.

주님께서 우리의 영원한 안소가 되어 주셨기 때문에 형편없고 거칠었던 우리가 지금의 모습까지 올 수 있었습니다. 주님과 함께 멍에를 메는 것이 우리의 기쁨이게 하시고, 감사의 제목이 되게 하여 주옵소서. 그리하여 우리에게 허락하신 삶을 잘 살아낼 뿐만 아니라 우리도 누군가의 안소가 되는 삶을 살게 하옵소서. 예수님 이름으로 기도드립니다.

아멘.

이것들을 생각하라

16 주 안에서 기뻐하라

빌립보서 4장 1–5절

바울의 인생길

과거에 많이 불렸던 복음성가 중에 〈내일 일은 난 몰라요〉라는 노래가 있습니다. 1절 전반부 가사가 이러합니다.

내일 일은 난 몰라요 하루하루 살아요/ 불행이나 요행함도 내 뜻대로 못해요/ 험한 이 길 가고 가도 끝은 없고 곤해요/ 주님 예수 팔 내미사 내 손 잡아 주소서

인생이 자신의 계획이나 뜻대로 펼쳐지지 않는다는 의미일 것입니다. 그래서 매일매일 열심히 살아가지만 인생을 주님께 의탁할 수밖에 없다고 고백하는 것입니다.

자신의 계획과는 전혀 다른 인생길을 걷고, 자신의 뜻과는 전혀 다른 내용의 인생 이력서를 써간 대표적인 사람이 바울입니다.

그는 율법의 가치관을 최고로 여겼었습니다. 율법을 아는 것과 율법에 순종하는 것보다 더 나은 삶이 없다고 여겼습니다. 태어난 지 8일 만에 율법에 따라 할례를 받은 것은 부모를 모두 정통 유대인으로 둔 사람만 쓸 수 있는 이력이었습니다. 그뿐만 아니라 이스라엘 열두 지파 중에서 베냐민 지파의 후손으로 태어난 것은 그만이 아니라 그의 부모도 자랑스러워하는 것이었습니다. 그래서 그의 부모는 그의 이름을 이스라엘의 초대 왕이었던 사울 왕과 같은 이름으로 지어 주었습니다. 바울은 지금의 터키 동남쪽, 지중해 연안의 길리기아 다소에서 태어나고 자랐습니다. 그곳이 이방 땅이었을지라도 그가 히브리말을 하는 가정과 회당에서 교육을 받은 것은 큰 이력이었습니다.

바울이 3차 전도여행을 마치고 예루살렘으로 돌아왔을 때, 유대인들은 그가 성전을 더럽혔다고 모함하여 그를 끌고 천부장에게 갔습니다. 천부장에게 허락을 얻은 바울은, 유대인들에게 자신이 지금과 같은 삶을 살게 된 이야기를 들어 달라고 했습니다. 그때 사람들이 저마다 다른 소리를 질렀습니다. 어떤 사람들은 그냥 바울을 죽여 버리라며 고함을 지르기도 하고, 바울에게 무자비하게 린치를 가하는 사람도 있었습니다. 그 소란이 얼마나 심했는지 천부장은 사건의 진상을 도저히 파악할 수 없을 정도였습니다. 그런데 바울이 자신의 이야기를 시작하자, 그렇게 소란스럽던 사람들이 갑자기 쥐 죽은 듯이 조용해졌습니다. 사람들은 바울이 다소 출신이기 때문에 당연히 헬라말로 자신을 변호할 줄 알았는데, 히브리말로 말했기 때문입니다.

당시 유대인 중에서 율법에 철저히 순종하기로 결단한 사람들

이것들을 생각하라

인 바리새인은 6천 명 정도였습니다. 외식外飾적인 행동으로 예수님께 꾸중을 듣기는 했지만, 그들은 유대인들의 존경을 한몸에 받고 있었기에 '바리새인'이라는 이력 역시 대단한 것이었습니다.

바울이 교회를 박해한 것은 단순한 객기에서가 아니라, 예수는 메시아일 수도, 하나님일 수도 없는데 그렇게 믿으며 따르는 무리를 보고 가만히 있는 것은 하나님에 대한 불순종이라 여겼기 때문입니다. 그러했기에 율법을 따르는 사람들에겐 그것도 대단한 이력이었습니다. 그래서 바울은 '율법을 지킴으로 얻는 의'로 보면 완벽에 가까울 정도의 삶을 살았습니다. 그것이 바울이 원하던 인생길이었습니다. 그 길로 평생 달려가고 싶었고, 그 길보다 나은 길이 없다고 생각했습니다.

그러한 인생길의 방향을 정반대편으로 전환하게 하는 사건이 있었습니다. 바울은 살기가 등등해서 대제사장에게 받은 공문을 가지고 다메섹으로 향했습니다. 다메섹에 있는 그리스도인이라면 남녀를 가리지 않고 잡아들일 작정이었습니다. 그런데 다메섹 가까이에 이르렀을 때, 한낮의 태양빛보다 더 빛나는 부활하신 주님을 만났습니다. 아니, 주님께서 그를 만나 주셨습니다. 주님은 "다메섹으로 가면 네가 행해야 할 것을 알려 줄 사람이 있을 것이다"라고 말씀하셨습니다. 그 순간부터 3일 동안 바울은 눈은 멀쩡하게 뜨고 있었지만 아무것도 볼 수 없는 청맹과니가 되었습니다. 그래서 동행인의 손에 이끌려 다메섹으로 들어갔습니다. 그 길은 본래 가려던 길이었습니다. 하지만 그 길이 아니었습니다. 겉으로 보기에는 동일한 길이지만, 속은

180도 다른 길이었습니다.

이 이후로 바울의 인생은 표면적으로는 꼬임의 연속이었습니다. 그는 그리스도인이 되고 낙향해서 무려 13년 동안이나 칩거했습니다. 과거 바울이 자신의 이력을 자랑스럽게 여겼다면, 바울 자신보다 더 바울의 이력을 자랑스럽게 여긴 사람이 그의 부모였을 것입니다. 그의 부모는 바울을 최고의 율법학자로 만들기 위해 철저하게 히브리어로 교육시켰고, 예루살렘으로 유학도 보냈습니다. 그런데 그렇게 자랑스러웠던 아들이, 가말리엘을 뛰어넘는 율법학자가 되리라 조금도 의심하지 않았던 아들이 그리스도인이 되어 돌아왔습니다. 바리새인인 아버지가 선택할 수 있는 것은 두 가지였습니다. 자신도 아들과 같이 예수님을 하나님으로 받아들이고 그리스도인이 되든지, 아니면 부자父子의 연을 끊는 것이었습니다. 성경에 바울의 부모가 그리스도인이 되었다는 이야기는 없습니다.

바울은 그렇게 13년을 보내고, 바나바의 요청으로 안디옥교회로 와서 1년간 동역했습니다. 1차 전도여행을 바나바와 다녀온 후, 2차 전도여행도 함께하려 했지만 요한(마가)의 일—1차 전도여행 중에 버가에서 요한이 예루살렘으로 돌아간 일—로 바울은 바나바와 더 이상 함께 사역하지 못했습니다.

바울과 실라가 찬송가를 불렀다면

바울은 2차 전도여행을 실라와 함께 떠났습니다. 그들이 소아시아에서 사역할 때 여러 교회들이 강건해지고, 그리스도인이 매일 늘어 갔습니다. 그 정도가 되면 거기서 좀더 오랫동안 사역

이것들을 생각하라

하면서 교회들이 더 견고해지도록 섬겨도 될 것 같은데, 성령님께서 "그만 해라. 많이 했다"고 하셨습니다.

그래서 길을 바꿀 수밖에 없었습니다. 그들은 브루기아와 갈라디아 땅을 통과해서 무시아 가까이 와서는 북동쪽에 있는 비두니아로 가려고 했습니다. 이번에도 성령님께서 말리셨습니다. 만약 제가 바울이었으면 이렇게 성령님께 말씀드렸을지 모릅니다. "성령님! 혹 제 길을 말리시려는 게 아니라, 저를 말려 죽이시려는 것은 아닙니까?"

바울과 실라가 무시아를 지나 드로아에 이르렀을 때, 밤에 바울에게 환상이 나타났습니다. 마게도냐 사람 하나가 바울 앞에 서서 "마게도냐로 건너와서 우리를 도와주십시오"라고 간청했습니다. 그래서 바울과 실라는 마게도냐의 첫 성인 빌립보로 건너갔습니다. 그 환상은 단순히 마게도냐 사람의 요청이 아니라 마게도냐의 길을 걸으라는 하나님의 부르심인 것이 확실했기 때문입니다.

그렇게 분명한 하나님의 인도하심이면 빌립보에는 그리스도를 믿기 원하는 사람들이 많이 기다리고 있어야 할 것 같습니다. 하지만 그곳에는 유대인 남자 열 명이 있으면 세울 수 있는 회당조차 없었습니다. 유대인 남자 열 명이 되지 않을 때는 '기도처'를 만들었는데, 거기를 찾아갔더니 소수의 여인들만 있었습니다. 그 여인들 중에서 두아디라 출신의 자색 옷감 장사 루디아의 마음을 하나님께서 열어 주셔서 바울이 전하는 복음을 듣게 하셨습니다. 그러고는 그의 온 가족이 세례를 받았습니다.

하루는 기도처로 가다가 귀신들려 점치는 소녀를 만났는데, 그는 그 주인들에게 돈을 벌어 주는 기계와 같은 삶을 살고 있었습니다. 바울이 그 소녀를 고쳐 주자 주인들은 돈벌이의 희망이 끊어진 것을 보고, 바울과 실라를 끌고 치안관에게 가서 "이 사람들은 로마 사람인 우리가 받지도 못하고 행하지도 못할 풍속을 전한다"며 고발했습니다. 그러자 치안관들은 "옷을 찢어 벗기고 매로 치고, 투옥하라"고 명령했습니다. 그래서 바울과 실라는 심하게 매질을 당하고 투옥되었을 뿐만 아니라 발에 차꼬까지 차였습니다.

만약 성도님들께서 바울과 실라라면 어떠하셨겠습니까? 투옥되어 어떤 이야기를 나누셨겠습니까? 그때 바울과 실라가 감옥에서 행한 일을 사도행전 16장 25절이 이렇게 증거합니다.

한밤중에 바울과 실라가 기도하고 하나님을 찬송하매 죄수들이 듣더라

바울과 실라는 자신들이 그토록 간절히 원했기 때문에 빌립보로 온 것이 아니었습니다. 빌립보에서 천막 만드는 박람회가 열렸기 때문에 온 것도 아니었습니다. 성령님에 의해 두 번이나 사역의 길이 막히고, 하나님께서 보여 주신 것이 틀림없는 환상도 보았습니다. 그럼에도 지금 감옥에 있습니다. 그러나 그곳에서 바울과 실라는 기도와 찬송을 드렸습니다. 들릴락 말락 하는 소리가 아니라 그 소리가 얼마나 컸던지 다른 죄수들이 들을 정도였습니다.

일반적으로 기도는 인생이 자기 뜻대로 전개되지 않을 때 많이

이것들을 생각하라

합니다. 해결해야 할 일이 있고, 풀어야 할 숙제가 있을 때, 넘어야 할 산이 있을 때 특히 기도가 깊어집니다. 기쁠 때 드리는 기도는 30초를 넘기는 경우가 별로 없습니다. "하나님, 이 기도 제목을 들어주셔서 감사합니다. 앞으로도 열심히 하나님을 섬기겠습니다." 대부분 이게 끝입니다. 대학입시 때가 되면 교회들마다 기도회를 많이 엽니다. 그런데 대학에 입학하고 나서 음악회를 열었다는 말은 많이 들었어도 기도회를 열었다는 말을 들은 기억이 없습니다. 결혼 전에는 결혼을 위해 기도하는 사람들이 많습니다. 날짜를 정해 놓고 하기도 하고, 금식을 하기도 합니다. 하지만 결혼 후에도 그렇게 기도하는 사람에 대한 이야기도 들은 기억이 없습니다. 대학에 간 자녀가 엉뚱한 길로 갈 때, 그렇게 좋아 보였던 배우자가 예상치 못한 언행을 일삼을 때 다시 깊이 기도하게 됩니다.

그래서 바울과 실라가 감옥 안에서 기도드렸다는 것은 금방 이해가 됩니다. 그런데 하나님을 찬송도 했다고 합니다.

기도가 삶이 고달프고 문제가 있을 때, 자기 뜻대로 인생이 전개되지 않을 때 하는 것이라면, 찬송은 대개 기쁘고 감사할 때 합니다. 그러나 삶이 고달프고, 문제가 있고, 인생이 꼬여 있는 것처럼 보일 때도 찬송을 드릴 때가 있습니다. 그런 상황이 자기 속에서 정리되고, 하나님의 섭리의 손길을 느끼게 되면 찬양이 솟아나게 됩니다. 그때 부르는 찬양은 마음 깊은 곳에서 울려 퍼지는, 일상에서는 경험할 수 없는 것입니다.

만약 빌립보 감옥에서 바울과 실라가 복음성가를 불렀다면 〈내일 일은 난 몰라요〉의 2절 앞부분을 불렀을 것 같습니다.

좁은 이 길 진리의 길 주님 가신 그 옛길/ 힘이 들고 어려워도 찬송하며 갑니다/ 성령이여 그 음성을 항상 들려 줍소서/ 내 마음은 정했어요 변치 말게 하소서

두 사람이 찬송가를 불렀다면 412장을 불렀을 것 같습니다.

내 영혼의 그윽히 깊은 데서 맑은 가락이 울려나네/ 하늘 곡조가 언제나 흘러나와 내 영혼을 고이 싸네/ 평화 평화로다 하늘 위에서 내려오네/ 그 사랑의 물결이 영원토록 내 영혼을 덮으소서

이렇게 하나님께 찬송드리는 바울과 실라의 모습이 연상되십니까? 주변은 칠흑같이 어두워 아무것도 보이지 않고, 몸은 심한 매질로 만신창이가 되었을지라도 미소를 머금은 그들의 얼굴에는 기쁨이 가득했을 것입니다.

'주 안에서' 3부작

빌립보 감옥에서 그런 영적인 경험을 누린 바울이 10여 년이 지난 지금 로마의 감옥에서 빌립보교회 사람들에게 권면합니다. 오늘 본문 4절이 이렇게 증거합니다.

■   주 안에서 항상 기뻐하라 내가 다시 말하노니 기뻐하라

이것들을 생각하라

빌립보서의 가장 큰 주제 중의 하나가 '그리스도 안에 있는 기쁨'입니다. 다르게 표현하면 '그리스도 안에서 항상 즐거워하는 법'입니다. 그래서 빌립보서는 불과 네 장밖에 되지 않는 짧은 서신이지만, '기쁨'이나 '기뻐하라'는 말이 열여섯 번이나 나옵니다.

빌립보서 4장 1-4절 사이에는 '주 안에서'가 세 번이나 나옵니다. 영화나 희곡, 소설, 음악 등에 3부작 작품이 있듯이, '주 안에서' 3부작 같습니다. 이 3부작은 자신의 시민권이 하늘에 있음을 알고, 하늘에서 오실 주 예수 그리스도를 기다리는 빌립보교회 사람들에게 주는 바울의 간곡한 권면입니다.

'주 안에' 첫 번째가 '주 안에 서라' 입니다.

세상의 가치관은 그리스도인들로 하여금 끊임없이 '주 밖에 서라'고 유혹합니다. 이 유혹은 때로는 살랑살랑 바람이 불어오듯 부드럽게 다가오기도 하고, 때로는 폭풍우 휘몰아치듯 거칠게 다가오기도 합니다.

'주 안에 서라'는 것은 빌립보교회 사람들에게만이 아니라 모두에게 중요하기에 에베소교회와 고린도교회에 편지를 보낼 때도 동일하게 권면했습니다.

특히 고린도교회는 내분이 많았습니다. 바울파와 게바파, 아볼로파, 그리스도파로 나뉘어 다투었고, 성적인 문제가 있었고, 소송 문제도 있었고, 결혼을 해야 하는지 안 해도 되는지 다투기도 했고, 우상에게 바쳤던 제물을 먹을 수 있는지 없는지 다투기도 했습니다. 그것만이 아니었습니다. 어떤 은사가 더 큰가 하는 일로 다투었고, 부활을 믿지 못하는 사람들도 있었습니다. 그런 사람들에게 해결책으로 바울은 이렇게 권면했습니다. 고린도전서 16장 13절입니다.

'서다'는 군인이 적의 공격을 막기 위해 자신의 진지를 굳게 지킬 때 쓰는 용어라고 말씀드렸습니다. 고린도교회처럼 여러 가지 말들이 오갈 때 자신을 지켜 서는 것은 자신이 주님께 받은 것이 무엇인지를 바르게 인식하고 그것에 감사하는 것입니다.

제가 자란 교회에는 영적 은사에 심취한 분들이 있었습니다. 그분들 가운데는 "우리 교회 목사님이 은사가 없어서 우리가 이해받지 못하고, 교회가 부흥하지 못한다"고 하시는 분들도 있었습니다. 결국 그분들은 교회를 나가서 다른 교회를 세우셨습니다. 신학을 준비하던 제게 그 일이 약간 눌림이 되었습니다. 그래서 저는 신학대학원에 들어가서 거의 매일 이렇게 하나님께 기도드렸습니다. "하나님, 은사를 좀 주십시오. 제가 다양한 은사를 경험해야 은사가 있는 사람들을 만날 때 그분들을 이해할 수 있지 않겠습니까?"

그런 기도를 신학대학원 2학년 1학기까지 드렸습니다. 그러던 어느날, 깊은 깨달음이 있었습니다. 이미 하나님께서 주신 은사도 감당하지 못하고 있는 저를 발견한 것입니다. 하나님께서는 이미 제가 감당할 수 없을 정도로 말씀을 잘 깨닫게 해주고 계셨습니다. 그 한 가지만 해도 하나님은 제게 이미 전능하신 하나님이시요 충분하신 하나님이라는 것이 깊이 새겨졌습니다. 그 후 한 번도 은사를 구한 적이 없습니다. 이젠 어떤 분이 병자를 고치고, 기적을 행하고, 심지어 죽은 자를 살리는 능력이 있다 해도 저는 그분이 부럽지 않습니다. 제게 이미 말씀을 주신 하나님께 감사드릴 뿐입니다. 이것이 제 사역, 제 소명에 대해 '주 안에 서는 것'입니다.

이런 것뿐만 아니라 세상은 우리로 하여금 부부관계, 자녀교육, 상급학교 진학, 직장생활과 사업, 결혼, 취미생활 등에서 '주 밖에 서라', '세속적 가치관으로 서라'고 끊임없이 유혹합니다. 그때 우리의 시민권이 하늘에 있고, 하늘에서 주 예수 그리스도께서 오신다는 것을 잊지 않으면 주 안에 서 있을 수 있습니다.

'주 안에' 두 번째가 '주 안에서 같은 마음을 품으라'입니다. 주 안에 서 있는 사람들이 주 안에서 같은 마음을 품을 수 있습니다. 같은 마음을 품은 대표적인 두 사람으로 요나단과 다윗을 들 수 있습니다. 사실 그들은 친분을 나누기 힘든 관계였습니다. 요나단은 사울 왕의 장남이므로 아버지를 이어 왕위에 오를 세자 신분이었습니다. 반면 다윗은 하나님께서 내정한 차기 왕이었습니다. 그랬기에 그 둘은 정적政敵이어야 했고, 라이벌이어야 했습니다. 요나단과 다윗의 관계를 사무엘상 18장 1절이 이렇게 증거합니다.

■ 　다윗이 사울에게 말하기를 마치매 요나단의 마음이 다윗의 마음과 하나가 되어 요나단이 그를 자기 생명같이 사랑하니라

다윗이 사울 왕에게 말하기를 마쳤다는 것은 사무엘상 17장에서 보듯 다윗이 골리앗과 싸워 승리한 내용에 대한 보고를 의미합니다. 요나단은 다윗이 보고하는 모습을 보고 다윗과 한마음이 되었고, 다윗을 자기 생명같이 사랑했다고 합니다. 어떻게 이것이 가능하겠습니까? 요나단이 하나님 안에 있었고, 하나님 안에 있는 다윗을 보았기 때문입니다.

다윗과 골리앗의 싸움은 단순한 두 사람의 전쟁이 아니었습니다. 하나님과 블레셋의 신과의 대리전이기도 했습니다. 골리앗이 다윗을 처음 보고서 자신이 믿는 신의 이름으로 다윗을 저주했고, 다윗은 "너는 칼과 창과 단창으로 내게 나아오거니와 나는 만군의 여호와의 이름 곧 네가 모욕하는 이스라엘 군대의 하나님의 이름으로 네게 나아간다"(삼상 17:45)고 했습니다.

골리앗은 다윗이 물매로 던진 돌이 이마에 박혀 죽임을 당하고 말았습니다. 어떻게 던지면, 또 어느 정도 세게 던지면 돌이 이마를 맞고 튕겨나가는 것도 아니고, 머리가 박살나는 것도 아니고 정확하게 이마에 박히겠습니까? 골리앗은 갑옷을 입고 있었을 뿐만 아니라 놋 투구도 쓰고 있었습니다. 그 앞에는 방패를 들고 적의 공격을 막아 주는 군인도 있었습니다. 그런 상황에서 다윗이 던진 돌이 정확하게 골리앗의 이마에 꽂혔습니다. 그 이야기를 들은 요나단은 그것이 다윗을 품고 계신 하나님께서 하신 것임을 인정하지 않을 수 없었을 것입니다. 그래서 요나단은 다윗과 같은 마음을 품은 것입니다. 그 후 요나단은 다윗을 자기 생명 돌보듯 보호해 주었습니다.

다윗도 요나단이 자신과 같은 마음을 품는 것이 정말 특별하게 여겨졌습니다. 후에 요나단은 블레셋과의 전쟁에서 패한 후 길보아산에서 죽임을 당했습니다. 다윗은 요나단이 죽었다는 말을 듣고 슬퍼하며 이렇게 노래했습니다. 사무엘하 1장 26절입니다.

■   내 형 요나단이여 내가 그대를 애통함은 그대는 내게 심히 아름다움이라 그대가 나를 사랑함이 기이하여 여인의 사랑보다 더하였도다

이것들을 생각하라

다윗은 요나단이 자신과 같은 마음을 품어 주고 자신을 돌봐 준 것이 정말 특별하다고 여긴 것입니다. 후에 다윗은 요나단의 아들 므비보셋(그는 두 발을 저는 장애인이었습니다)에게 할아버지 사울의 재산을 모두 돌려주고, 늘 같은 식탁에서 밥을 먹었습니다. 요나단이 다윗과 같은 마음을 품어 준 것처럼, 다윗도 므비보셋과 같은 마음을 품어 준 것입니다.

'주 안에' 세 번째가 '주 안에서 기뻐하라' 입니다. 주님 안에 서서, 다른 사람과 같은 마음을 품는 사람이 환경을 뛰어넘어 주님 안에서 기뻐할 수 있습니다.

2011년 6월부터 저는 제 일정과 메모 등을 모두 스마트폰과 스마트패드에 기록합니다. 그 전에는 수첩과 다이어리를 사용했습니다. 과거에는 해마다 11월쯤 되면 다음 해 수첩과 다이어리를 구입했습니다. 그때 가장 먼저 하는 일은 수첩과 다이어리 안쪽 표지에 몇몇 성경구절들을 적는 일이었습니다. 제가 목회자로 부르심을 받을 때 받은 말씀도 적고, 어떤 태도로 사역해야 하는지에 대한 깨달음을 준 말씀도 적곤 했습니다. 그리고 또 써놓았던 것이 시편 4편 7-8절 말씀입니다.

■ 주께서 내 마음에 두신 기쁨은 그들의 곡식과 새 포도주가 풍성할 때보다 더하니이다 내가 평안히 눕고 자기도 하리니 나를 안전히 살게 하시는 이는 오직 여호와이시니이다

이 구절을 써놓은 특별한 이유는 없습니다. 성경을 통독하다 이 구절을 읽을 때면 늘 기분이 좋았고, 그냥 미소가 지어졌습니다. 사람들은 곡식과 새 포도주로 대변되는 재산과 즐길 수 있는 것이 많으면 기뻐하

겠지만, 그리스도인에게는 하나님께서 마음에 놓아 두신, 환경을 초월하는 기쁨이 있습니다. 세상의 기쁨은 유한하고, 자칫하면 중독되기 쉽지만, 우리에게 기쁨을 놓아 두신 분이 영원하신 분이기에 그 기쁨이 영원합니다.

빌립보교회 사람들에게 주 안에서 기뻐하라고 권면하는 바울은 로마의 왕궁에 있지 아니합니다. 검투사의 경기를 구경할 수 있는 원형경기장에 있지도 아니합니다. 감옥에 갇혀 있습니다. 그러나 그 환경이 그를 함몰시키지 못합니다.

서두에 말씀드린 복음성가 〈내일 일은 난 몰라요〉는 외국 곡을 번안한 것입니다. 우리말로는 1~3절 가사가 모두 다르지만, 본래 곡은 뒷부분이 후렴입니다. 우리말 1절 후반부 가사가 이러합니다.

■   내일 일은 난 몰라요 장래 일도 몰라요/ 아버지여 날 붙드사 평탄한 길 주옵소서

그런데 원곡의 후렴이 이러합니다.

■   내일에 관한 많은 것을/ 전 이해할 수 있다고 여기지 않습니다/ 그러나 저는 내일을 쥐고 계신 분이 누구신지 압니다/ 내 손을 잡고 계신 분이 누구신지도 압니다.

우리에게 어떤 일이 펼쳐질지 아무것도 알지 못해도, 우리의 내일을 쥐고 계시며 우리의 손을 잡고 계신 주님께서 바울을 통해 이 시간 우리 각

이것들을 생각하라

자에게 이렇게 말씀하십니다.

주 안에서 항상 기뻐하라 내가 다시 말하노니 기뻐하라

하나님 아버지!

우리는 우리의 내일 일을 알지 못합니다. 우리의 지나온 삶을 가만히 돌아보건대, 우리의 계획이나 뜻대로 되지 않았음을 고백합니다. 우리 뜻대로 되지 않았기 때문에 우리는 우리가 얼마나 부족하고 한계를 지닌 존재인지 깨닫게 되었고, 다른 사람을 이해하고 품게 되었음을 고백합니다. 무엇보다도 우리의 길이 수없이 많이 어그러졌기 때문에 주님 안에 서 있는 것이 얼마나 소중한지 깨닫게 되었고, 주님 안에서 다른 사람과 같은 마음을 품는 것이 얼마나 아름다운 일인지 인정하게 되었으며, 주님 안에서 기뻐하는 것은 세상이 주는 기쁨과 비교할 수 없다는 것을 확인하게 되었습니다.

남은 생애 동안 우리의 내일을 안다고 오해하거나, 우리 인생이 우리 손에 있다고 착각하는 교만에서 벗어나 주님과 동행하는 기쁨을 누리게 하옵소서. 그 기쁨이 주님 앞에 설 때까지 이어지게 하여 주옵소서.

또한 지금까지 이재철 목사님의 내일을 쥐시고, 이 목사님의 손을 잡고 인도해 주신 하나님 아버지.

공중의 새는 심지도 거두지도 창고에 모아들이지도 아니할지라도 하나님은 그것들을 길러 주시고, 수고도 아니하고 길쌈도 아니하는 들에 핀 백합화도 키우시는 분이시기에, 이재철 목사님을 책임져 주실 것을 의심하지 않겠습니다. 수술은 잘 될까, 회복하는 데는 문제가 없을까, 예전 건강을 되찾을 수 있을까 하는 걱정을 하지 않겠습니다. 모든 성도님들이 먼저 하나님의 나라와 의를 구하게 하여 주옵소서. 그리하여 우리의 생각을 넘어서 역사하시는 하나님을 목도하게 하옵소서. 예수님의 이름으로 기도드립니다.

아멘.

이것들을 생각하라

17 너희 관용을 알게 하라

빌립보서 4장 4-9절

향유를 부은 여인

누가복음 7장은 예수님께서 한 바리새인의 집에 계실 때 있었던 일을 전해 줍니다. 당시 바리새인들은 율법에 철저히 순종하기로 결단한 사람들이었기 때문에 유대인들의 존경을 한몸에 받고 있었습니다. 그러나 율법을 지키지 못할 때도 그렇지 않은 것처럼 보여 주어야 한다고 생각했기 때문에 그들은 '외식外飾'이라는 포장지를 자주 사용했습니다. 예수님께서는 그들의 그런 모습을 '회칠한 무덤' 같다고 하셨는데, 그들은 그런 예수님을 눈엣가시와 같은 존재로 여겼습니다.

'시몬'이라는 바리새인은 예수님을 그렇게 여기지 않았는지, 식사에 초대했습니다. 그런데 식사 중에 예기치 않은 일이 벌어졌습니다. 그 동네에 죄인으로 취급받는 한 여자가 향유를 담은 옥합을 가지고 와서는 예수님의 발치에서 눈물을 줄줄 흘리더니 그 눈물로 예수님의 발을 적셨습니다. 그러고는 자기 머리카락으로 예수님의 발을 닦고, 발에 입을 맞추고 향유를 부었습니다. 예수님께서는 여인의 행동을 제지하지 않고 가만히 계셨습니다. 사람들은 그것을 아주 의아하게 여겼습니다.

어느 사회건 죄인들이 느끼는 사람들의 따가운 시선—미움과 증오의 시선이 있습니다. 당시에도 그랬습니다. 예수님을 초대한 시몬도 "이 사람이 정말 선지자라면, 자기를 만지는 저 여자가 어떤 사람인지 모르지 않을 텐데! 저 여자는 죄인인데"라며 혼자 중얼거렸습니다. 당시 랍비들은 남자와 여자는 4규빗 즉 약 1.8미터 이상 떨어져야 한다고 가르쳤습니다. 시몬은 그 여자가 다가올 때, 예수님이 처음에는 알아차리지 못했다 하더라도 인지한 순간에는 '가까이 오지 말'고 하든지 아니면 그 자리를 피해야 한다고 생각했습니다. 더구나 그 여자는 죄인입니다. 그럼에도 예수님은 그때까지 단 한 마디도 하지 않으셨습니다. 만약 예수님께서 그 여자에게 "여기가 어디라고 왔느냐?" 며 호통을 쳐서 돌려보냈다면, 바리새인들이 예수님을 선지자일 수도 있겠다고 생각했을지도 모릅니다.

예수님께서는 시몬의 마음을 아시고 한 이야기를 들려주고 질문하셨습니다.

"어떤 돈놀이꾼에게 빚을 진 사람이 둘 있었는데 한 사람은 500데나리온을, 또 한 사람은 50데나리온을 빚졌다." 500데나리온은 약 1년 6개월분의 봉급에 해당하고, 50데나리온은 약 두 달분의 봉급에 해당합니다. "그런데 둘 다 빚을 갚을 능력이 없다는 것을 알고, 돈놀이꾼이 두 사람에게 모두 갚지 않아도 된다

이것들을 생각하라

고 말해 주었다면 누가 더 채주債主를 사랑하겠느냐"고 물으셨습니다. 그랬더니 시몬은 "제 생각에는 더 많이 탕감받은 사람입니다"라고 대답했습니다.

그때 예수님께서 시몬에게 하신 말씀을 누가복음 7장 47절이 이렇게 증거합니다.

이러므로 내가 네게 말하노니 그의 많은 죄가 사하여졌도다 이는 그의 사랑함이 많음이라 사함을 받은 일이 적은 자는 적게 사랑하느니라

당시 유대인들은 초대한 손님이 도착하면 환영의 표시로 입맞춤을 하고 발을 씻겨 주었습니다. 유대는 건조한 지역이라 샌들을 신고 다녔기 때문에 항상 발이 더러웠습니다. 그래서 집 주인은 손님이 오면 아내나 종들에게 물을 가지고 오게 해서 발을 씻겨 주었습니다. 혹 발을 씻겨 주지 않더라도 최소한 물은 가져다 주었습니다. 그리고 음식을 먹기 전에는, 오신 손님이 주인에게 아주 존귀한 분이라는 의미로 머리에 기름을 부어 주었습니다. 다윗이 시편 23편 5절에서 "주께서 내 원수의 목전에서 내게 상을 차려 주시고 기름을 내 머리에 부으셨으니 내 잔이 넘치나이다"라고 고백했는데, 그 고백은 하나님께서 베푸신 잔치에서 자신이 존귀한 대접을 받고 있음에 감격하는 것입니다.

그러나 바리새인 시몬은 이중에서 단 한 가지도 하지 않았습니다. 게다가 시몬은 그 여자를 죄인으로만 보았습니다. 그 여자에게 무슨 일이 일어났었는지, 무엇이 여자로 하여금 이렇게 만

들었는지 생각해야 했지만 그렇게 하지 않았습니다.

그래서 예수님께서 탕감받은 두 사람의 이야기를 한 후 누가 더 사랑하겠느냐고 물으셨습니다. 시몬은 그 여자가 죄가 많다는 것에만 초점을 두고 있었습니다. 그러나 주님께서는 누가 더 많이 사랑하느냐의 문제로 돌리셨습니다.

예수님께서는 시몬 편이 아니라 죄인인 여자 편을 들고 계십니다. 그런데 우리도 바리새인보다 죄인인 여자가 더 낫다는 예수님의 평가를 선뜻 받아들이기 쉽지 않습니다. 게다가 성경은 바리새인인 시몬이 부도덕한 사람이었다고 하지도 않습니다. 그 여자가 개과천선해서 오랫동안 신실한 삶을 살았다고 하지도 않습니다. 그럼에도 주님께서 이렇게 말씀하신 것은 '죄사함-용서'의 시각에서 그렇다는 것입니다. 그 여자처럼 살아도 괜찮다는 의미에서가 아니라 자신의 죄인 됨을 알고 새로운 삶으로 나아감에 있어서는 바리새인 시몬보다 죄 많은 여자가 더 훌륭하다는 것입니다. 이러한 예수님의 긍휼히 여겨 주심과 관용을 베풀어 주심은 여자로 하여금 세상은 살아갈 의미와 가치가 있는 곳이라고 여기게 해주었을 것입니다.

세리장 삭개오

누가복음 19장에는 예수님께서 찾아가신 세리장이자 부자였던 삭개오에 관한 이야기가 있습니다.

삭개오는 키가 작았습니다. 그의 키가 작았다는 것을 성경이 굳이 밝히는 것은, 그것이 그에 삶에 미친 영향이 컸기 때문일 것입니다. 작은 키에 대한 열등감은 그로 하여금 세리가 되게 했

이것들을 생각하라

을 것이고, 세리의 일이 사람들로부터 손가락질받는 것이긴 해도 그에게 막대한 부를 가져다주었습니다. 그뿐만 아니라 그는 여리고 지역에서 세리들을 관리하는 세리장이 되었습니다.

그 삭개오에게 예수님이 누구신지 궁금증이 생겼습니다. 그래서 예수님께서 지나가시는 길목으로 나갔지만 유월절을 지키려고 예루살렘으로 향하던 수많은 사람들 때문에 볼 수가 없었습니다. 게다가 그는 키까지 작아서 더더욱 어려웠습니다. 그 상황에서 그는 돌무화과나무 위로 올라갔습니다. 그의 나이와 사회적 신분을 생각하면 아주 예외적인 일이었습니다. 그만큼 그는 예수님에 대한 궁금함이 컸습니다.

당시 사람들로부터 천대받던 직업 중 대표적인 것이 목자와 매춘부였습니다. 그런데 이 둘보다 더 멸시받던 직업이 세리였습니다. 앞의 두 직업을 가진 사람들은 아주 가난했습니다. 배운 것도 없기에 다른 직업은 가질 수 없어서 그 길로 간 것입니다. 그러나 세리는 아무나 할 수 있는 것이 아니었습니다. 제법 배운 사람 가운데 입찰을 받아서 그 직무를 맡겼습니다. 게다가 세리는 아주 부자였습니다. "길을 가다가 뱀과 세리를 동시에 만나면 어느 것을 먼저 죽여야 합니까?"라는 질문을 받으면 당시 유대인들은 서슴지 않고 "세리!"라고 답했습니다. 그만큼 세리는 증오의 대상이었습니다.

예수님께서는 돌무화과나무 위에 있는 삭개오를 보시고는 "삭개오야, 속히 내려오라. 내가 오늘 네 집에 유하여야 하겠다"라고 하셨습니다. 삭개오는 즐거운 마음으로 예수님을 영접하였습니다. 그것을 본 사람들은 서로 수군거리며 이렇게 말했습니다. "그가 '죄인의 집'에 유하러 들어갔다."

사람들은 예수님께서 '삭개오 집에 묵으러 갔다'고 하지 않고, '세리장의 집에 머물러 갔다'고도 하지 않았습니다. '죄인의 집에 머물러 갔다'고 비아냥거렸습니다. 사람들에게 세리는 죄인과 동격이었기 때문입니다.

예수님께서 삭개오의 집에 유하러 들어가신 것은 그가 사람들에게는 멸시와 천대의 대상이었는지 몰라도 예수님께는 그도 '아브라함의 자손'이었기 때문입니다. 삭개오에 대한 예수님의 자비와 관용은 그의 삶을 완전히 바꾸어 주었습니다. 그는 "주여, 보시옵소서. 내 소유의 절반을 가난한 자들에게 주겠사오며 만일 누구의 것을 속여 빼앗은 일이 있으면 네 갑절이나 갚겠나이다"(눅 19:8)라고 고백했습니다.

공정함도 관용도 없는 사회에서

예수님께서 사람들을 대할 때 지니신 긍휼히 여기심과 자비, 관용의 태도는 그리스도인이 지녀야 하는 것이라고 오늘 본문이 우리에게 일러 줍니다.

바울은 빌립보교회 사람들에게 '주 안에서 항상 기뻐하라'고 권면합니다. '기뻐하라'는 말을 4절에서만 두 번이나, 그것도 명령형으로 기록했습니다. 그것은 그만큼 빌립보교회 사람들이 빌립보에서 사는 것이 만만하지 않았기 때문이었을 것입니다.

로마 시민권자가 많았던 빌립보에서는 사람들이 로마의 쾌락주의적 가치관에 물들어 먹고 마시는 향연의 문화를 최상의 삶으로 여기며, 도덕

이것들을 생각하라

적 문란함을 즐기는 것을 자랑으로 여겼습니다. 율법주의자들은 먹을 수 있는 것과 먹을 수 없는 것을 가려서 먹는 자체를 신앙으로 여겼고, 할례 받은 것만을 구원받은 유일한 징표처럼 여겼습니다. 이런 쾌락주의와 율 법주의 가치관으로 살아가는 사람들이 가득한 곳에서 십자가의 원수가 아니라 십자가의 친구로 살아가는 것이 쉽지 않았을 것입니다. 그래서 바울은 우리의 시민권이 하늘에 있고, 그 하늘나라에서 오시는 구원자이 신 주 예수 그리스도를 기다리는 삶을 살아야 한다고 권면합니다. 그것 이 '주 안에 서는 것'이고, '주 안에서 같은 마음을 품는 것'이고, '주 안에 서 기뻐하는 것'입니다.

어떻게 하면 주 안에서 기뻐할 수 있습니까? 성경에서 말하는 기쁨은 외적인 환경의 만족에서 오는 것도 아니고, 어떤 말이나 행동을 듣거나 보고 웃음보를 터뜨리는 반응도 아닙니다. 그런 것보다는 훨씬 본질적이 고도 깊고 높은 의미가 있습니다.

성경에서 말하는 기쁨은 인격과 관련이 있습니다. 갈라디아서 5장에 성령의 아홉 가지 열매—사랑, 희락, 화평, 오래 참음, 자비, 양선, 충성, 온 유, 절제—가 나오는데, 그 가운데 두 번째 것이 '희락-기쁨'입니다. 이 열매는 인격을 통하지 않고는 결코 맺을 수 없습니다. 성령의 열매는 아 홉 가지 열매가 아니라 아홉 가지 맛을 지닌 한 개의 열매라고 합니다. 그래서 성령의 열매를 표현할 때 '성령의 열매들은'이라고 복수로 하지 않고 '성령의 열매는'이라고 단수로 합니다. 모두 한 인격을 통해 나타나 는 것이기 때문입니다. 이 열매는 하나씩 하나씩 맺어가지 않고, 한꺼번 에 조금씩 조금씩 영글어 갑니다.

주님 안에서 기뻐하는 삶을 살려면 구체적으로 어떻게 해야 하는지 5절 상반절이 이렇게 증거합니다.

주님 안에서 기뻐하는 최상의 방법은 두 가지입니다. 하나는 '우리의 관용을 모든 사람에게 알게 하는 것'이고 또 하나는 6절 말씀인 '아무것도 염려하지 말고, 모든 일에 기도와 간구로, 우리의 구할 것을 감사함으로 하나님께 아뢰는 것'입니다. '관용'의 헬라어 '에피에이케이아epieikeia'는 번역하기 쉽지 않은 단어입니다. KJV영어성경에서는 'moderation-적절함'이라고 번역하고, NIV영어성경에서는 'gentleness-온화함'으로, ESV영어성경에서는 'reasonableness-합리적임'이라고 번역했습니다. 이 외에도 여러 영어성경에서 'patience-인내', 'forbearance-자제', 'softness-부드러움' 등으로 번역했습니다. 그만큼 '에피에이케이아'를 한 단어로 표현하기 어렵다는 의미일 것입니다. 헬라어 '에피에이케이아'의 본 의미는 '공정함과 그 공정함보다 나은 그 무엇justice and something better than justice'입니다. 공정함을 무시하지 않으면서도 공정함을 성취하는 따뜻한 그 무엇이 있는 것입니다.

뉴욕에 '라과디아 공항'이 있습니다. 뉴욕의 두 국제공항 가운데 하나인 이 공항은 1934~1945년까지 뉴욕 시장을 세 번 지낸 피오렐로 라과디아Fiorello H. LaGuardia의 이름을 따서 만든 것입니다. 그의 부모는 이탈리아에서 뉴욕으로 이민을 왔습니다. 그가 시장이 되고 나서 가장 먼저 한 것은 마피아를 소탕하는 일이었습니다. 같은 이탈리아계 사람들이라 할지라도 말입니다. 그는 공화당 소속이지만 사회주의자로 불릴 정도로 진보적인 법안들을 발의했고, 루즈벨트 대통령의 뉴딜 정책을 지지했습니다. 그의 이름 '피오렐로'가 이탈리아어로 '작은 꽃'이라는 뜻인데,

그것이 그의 별명이 되었습니다. 그의 별명처럼 그의 키는 157센티미터 정도였지만, 그의 삶은 거인이었습니다.

라과디아 시장의 뉴욕 판사 시절, 유명한 일화가 있습니다.

경제대공황의 한파가 휘몰아치던 1935년 1월, 뉴욕의 어느 가난한 지역의 야간 즉결법원에 한 할머니가 빵을 훔친 죄로 섰습니다. 그 할머니의 사위는 실직 후 집을 나가 버렸고, 딸은 병들어 누워 있었고, 두 손녀는 배가 고프다며 울고 있었습니다. 할머니는 손녀들을 먹이기 위해 빵을 훔쳤다가 잡힌 것입니다. 그러나 도둑맞은 빵가게 주인은 '좀도둑이 많은 동네라 일벌백계해야 한다'며 끝까지 고소를 취하하지 않았습니다.

라과디아 판사는 이렇게 판결했습니다.

"법에는 예외가 없습니다. 10달러의 벌금이나 10일 구류형에 처합니다."

80년 전에 10달러는 적지 않은 돈이었을 것입니다. 게다가 빵 살 돈이 없어서 도둑질한 사람에게 10달러는 벌금으로 낼 수 없는 돈이었을 것입니다. 그래서 사람들이 웅성거리고 있을 때 판사의 말은 이렇게 이어졌습니다.

"배고픈 사람이 거리를 헤매고 있는데 나는 그동안 너무 좋은 음식을 배불리 먹었습니다. 이 할머니의 도둑질은 시민 모두에게 책임이 있습니다. 그래서 나는 나 자신에게 벌금 10달러를 선고하며, 방청객 모두에게도 각각 50센트씩의 벌금을 선고합니다."

그렇게 해서 걷은 돈이 57달러 50센트였다고 합니다. 빵가게 주인도 50센트를 냈다고 합니다. 그래서 할머니는 10달러를 벌금으로 내고, 47달러 50센트를 가지고 법정을 떠났습니다.

도둑맞은 빵가게 주인의 주장이 '공정함'이라면, 라과디아 판사의 판결은 '관용'이었습니다.

예수님의 발에 향유를 부은 죄인인 여자를 사람들이 밉게 쳐다보는 것은 '공정함의 눈길'이었을 수 있습니다. 하지만 예수님은 그 여자를 '관용의 눈길'로 쳐다보았습니다. 사람들이 세리장 삭개오를 경원시하는 것은 그들의 '공정함의 행동'이었을 수 있습니다. 하지만 예수님은 삭개오를 '관용의 행동'으로 품어 주셨습니다. 예수님의 관용이 그 여자의 삶을 바꾸고, 삭개오의 인생을 변화시켰습니다.

다시 5절 상반절입니다.

■   너희 관용을 모든 사람에게 알게 하라

내가 좋아하는 사람에게만 관용을 보이는 것도 쉽지 않은 일인데, 모든 사람에게 알게 하라고 합니다. 연장자는 물론 연소자에게도, 처가 식구는 물론 시댁 식구에게도, 유순하게 보이는 사람은 물론 거칠어 보이는 사람에게도, 여자는 물론 남자에게도, 갑의 위치에 있는 사람은 물론 을의 위치에 있는 사람에게도, 나아가 대한민국 사람은 물론 외국인에게도 관용하는 것이 '모든 사람에게 알게 하는 것'입니다. 우리의 관용을 모든 사람에게 알게 하게 위해 몸부림치는 삶을 살 때, 주 안에서 기뻐하는 것이 무엇인지 깊이 각인될 것입니다.

그렇다면 어떻게 하면 우리의 관용을 모든 사람에게 알게 하는 삶을 지금보다 더 잘 실천하며 살아갈 수 있겠습니까? 5절 하반절이 그 답을 제시합니다.

주께서 가깝다는 것을 의식하며 사는 것보다 우리의 관용을 사람들에게 더 잘 알게 하는 방법은 없습니다. '주께서 가까우시다'는 것은 시간적 의미이기도 하고, 공간적 의미이기도 합니다. 시간적 의미는 주님을 만날 때가 얼마 남지 않았다는 것입니다. 자신의 생애가 이 땅에서 몇 개월 남지 않은 때를 알게 된다면 알고 지내는 모든 사람에게 최대한 관용하려고 할 것입니다.

공간적 의미는 주님과 같은 공간에 있다는 의미입니다. 그것을 믿는다면 틀림없이 주님을 의식하며 살아갈 것입니다.

고등학교 급훈과 관련된 유머가 유행한 적이 있습니다. 그중에 이런 것들이 있습니다.

'네 성적에 잠이 오냐?', '오늘 흘린 침은 내일 흘릴 눈물', '대학 문은 좁아도 우리는 날씬하다', '칠판이 남자다'.

마지막 것은 수업을 열심히 들으라는 의미로 여겨집니다. 이 급훈을 강조하는 표현은 '칠판은 원빈이요, 교과서는 현빈이다'입니다. 이것이 여고 급훈이라면 남고는 이러할 것입니다. '칠판이 여자다.'

이 급훈을 강조하면 이렇겠지요. '칠판은 김태희요, 교과서는 송혜교다.'

그런가 하면, '우주정복'도 있습니다. '우리는 주말에 정석을 복습한다'는 의미입니다.

아마 제일 긴장하게 하는 급훈은 이것일 것입니다.

'엄마가 보고 있다.'

엄마가 정말로 교실에 와서 앉아 계신다면 자녀의 수업 태도와 학교 생활이 달라지지 않을 수 없을 것입니다. 그리스도인의 신앙 자세와 신앙 생활이 성숙으로 나아가지 않는 것은 주님이 가까이 계신다는 것을 믿지 않기 때문일 것입니다. 믿는다면 성숙하지 않을 리가 없습니다. 말로 믿는 것보다 훨씬 중요한 것은 삶으로 믿는 것입니다.

바울이 빌립보교회 사람들에게, 또 우리에게 '너희 관용을 모든 사람에게 알게 하는 것이 주 안에서 기뻐하는 것이야'라고 간곡하게 권면하는 까닭이 무엇이겠습니까? 그 자신이 바로 주님의 관용의 은총을 입어서 주님 안에서 기뻐하는 산 증인이기 때문입니다.

바울이 주께서 가까이 계시는 것을 피부로 느끼며, 자신의 사역으로 터득한 진리를 젊은 목회자 디모데에게 전수하기 위해 쓴 첫 번째 편지가 디모데전서입니다. 그 편지에서 자신이 어떤 존재였는지, 어떤 은총을 입었는지 이렇게 고백합니다. 디모데전서 1장 13-16절입니다.

■ 내가 전에는 비방자요 박해자요 폭행자였으나 도리어 긍휼을 입은 것은 내가 믿지 아니할 때에 알지 못하고 행하였음이라 우리 주의 은혜가 그리스도 예수 안에 있는 믿음과 사랑과 함께 넘치도록 풍성하였도다 미쁘다 모든 사람이 받을 만한 이 말이여 그리스도 예수께서 죄인을 구원하시려고 세상에 임하셨다 하였도다 죄인 중에 내가 괴수니라 그러나 내가 긍휼을 입은 까닭은 예수 그리스도께서 내게 먼저 일체 오래 참으심을 보이사 후에 주를 믿어 영생 얻는 자들에게 본이 되게 하려 하심이라

바울은 과거의 자신을 세 단어—비방자, 박해자, 폭행자—로 표현합니다. 비방자는 말로써 주님을 모독하고 폄훼하는 사람을 뜻하고, 박해자

이것들을 생각하라

는 달아나는 사람을 따라가서 쓰러뜨리는 사람을 뜻합니다. 그리고 폭행자는 거만한 태도로 다른 사람을 학대하는 사람을 뜻합니다. 바울이 이런 삶을 살았던 것은 주님을 몰랐기 때문이라고 합니다. 당대 최고의 석학으로 알려진 가말리엘의 제자였음에도 그가 '몰랐다'는 것은 주님을 인격적으로 알지 못했다는 것입니다. 이런 형편없는 삶을 살았던 자신이 변화될 수 있었던 것은 '주의 은혜', 즉 다메섹 도상까지 찾아와 주신 주님의 관용이 있었기 때문이라고 고백하는 것입니다.

또 '죄인 중에 내가 괴수니라'라는 고백은 '내가 죄인들의 두목이다'라는 뜻이 아니라 첫 번째라는 의미입니다. 즉 죄인들을 구원하러 오신 예수 그리스도께서 사람들을 죄가 많은 순서대로 세우시니까 내가 1번이더라는 뜻입니다. 자신이 지금과 같은 사역자가 될 수 있었던 것은 주님께서 오래 참아 주셨기 때문이라고 합니다. "주님의 관용하심이 나를 만들었습니다"라는 의미입니다.

성경에 주님의 관용하심을 입지 않고 신앙의 선조가 된 사람이 누가 있습니까?

아담과 하와가 선악과를 따먹었을 때 하나님의 관용을 입지 않았다면, 그들은 하나님께서 만들어 주신 가죽옷을 입지 못했을 것입니다.

아브라함이 아내 사라를 누이라고 속일 때 하나님의 관용을 입지 못했다면, 그는 목숨을 부지하려고 아내를 팔아먹는 치사한 인간으로 기억되었을 것입니다.

모세가 애굽 사람을 죽이고 미디안 광야에서 목자로 살아갈 때 하나님의 관용을 입지 못했다면 그는 출애굽의 지도자가 아니라 처가살이한 사위의 시조가 되었을 것입니다.

다윗이 밧세바를 범하고 그의 남편을 죽일 것을 교사敎唆했을 때 하나님의 관용을 입지 못했다면 그는 욕망을 위해 수단과 방법을 가리지 않는 파렴치한 왕의 전형이 되었을 것입니다.

베드로가 3년이나 따라다녔던 주님을 부인하고 저주할 때 주님의 관용을 덧입지 않았다면 그는 갈릴리의 수없이 많았던 어부 중의 한 명으로 남았을 것입니다.

우리의 생을 가만히 돌아보면 주님께서 얼마나 많은 관용을 보여 주셨습니까? 그것을 안다면 우리도 "너희 관용을 모든 사람에게 알게 하라"는 말씀에 순종해야 하지 않겠습니까? 지금은 공정함과 함께 관용이 그리운 시대입니다.

하나님 아버지!

바리새인들이 죄인인 여자에게 편견과 공정함만의 눈길을 보낼 때, 주님은 그 여자에게 관용의 눈길을 보내셨습니다. 그 눈길이 그의 삶을 새롭게 했습니다. 사람들이 삭개오에게 증오와 공정함의 주먹을 내밀 때, 주님께서는 관용의 팔을 내밀어 주셨습니다. 그 팔이 삭개오의 인생을 승화시켰습니다.

아담과 하와, 아브라함, 모세, 다윗, 베드로를 비롯한 바울까지, 주님의 관용이 아니었다면 어떻게 그들이 우리가 아는 그들이 될 수 있었겠습니까?

우리 삶도 정직하게 돌아봅니다. 주님의 관용이 아니었다면 우리는 지금 이 자리에 있지도 않을 것이고, 욕망을 따라 살아가는 세속주의자가 되고 말았을 것입니다. 주님의 관용이 우리를

이것들을 생각하라

여기까지 인도했음을 고백합니다. 그 은총을 덧입어 우리도 관용하는 사람이 되게 해주십시오.

하나님 아버지!

대한민국을 다시 한 번 관용하여 주십시오. 이 땅은 공정함도 없고, 관용도 없는 이상한 사회가 되어 가고 있습니다. 이 땅에서 살아가는 사람들이 자신에게는 공정함의 잣대를 대는 바른 국민이 되게 하여 주옵소서. 정치인과 공무원이, 기업인과 직장인이, 선생과 학생이, 남편과 아내가, 부모와 자녀가 모두 스스로를 공정함으로 세워가게 하여 주옵소서. 그리하여 이 사회가 지금보다 더 맑고 밝은 곳이 되게 하여 주옵소서. 또한 다른 사람들에게는 공정함보다 관용의 잣대를 대는 너그러운 국민이 되게 하여 주옵소서. 그리하여 이 사회가 지금보다 더 따뜻하고 살 만한 곳이 되게 하여 주옵소서. 바라옵고 원하옵나니, 우리 성도님들이 이것을 먼저 행하여 주님 안에서 기뻐하는 것이 무엇인지 깊이 경험하게 하여 주옵소서. 예수님 이름으로 기도드립니다.

아멘.

18 아무것도
염려하지 말고

'최고의 엄친아' 솔로몬?

인터넷으로 배포되는 만화를 '웹툰'이라고 합니다. 2005년 한
포털 사이트에 연재된 웹툰 〈골방환상곡〉에 이런 내용이 있었
습니다.

세상엔 나보다 우월한 사람이 존재한다/ 그는 최고 명문대에 다
니며, 잘생기고 부모에게 효도한다/ 그런 그에게 지금 취업난
은 장난일 뿐/ 이런 엄청난 포스를 발산하는 그의 정체는……/
'엄마친구아들'

이것이 '엄친아'(엄마친구아들)의 유래입니다. 여기에서 '엄친
딸'(엄마친구딸)과 '부친남'(부인친구남편) 등이 파생되었습니다.
요즘 사람들은 엄친아 엄친딸을 이야기할 때 그 사람보다도 그

의 부모가 어떤 지위에 있느냐, 얼마나 많은 재산이 있느냐에 더 관심이 있는 것 같습니다.

성경에 나오는 인물 가운데 세상적인 기준으로 엄친아를 뽑으면 누가 선정되겠습니까?

구약의 인물 중에서는 애굽의 총리가 된 요셉, 한때 애굽 공주의 아들로 자란 모세, 사울 왕의 아들 요나단, 바벨론에서 총리를 지낸 다니엘 등이 해당할 것이고, 신약에서는 밤에 예수님을 찾아온 산헤드린 공회 회원(지금의 국회의원)이자 바리새인 니고데모, 자신을 위해 준비했던 무덤에 예수님의 시신을 매장하게 한 아리마대 요셉, 사도가 되기 이전의 바울 등이 해당할 것입니다.

엄친딸로는 야곱의 아내가 된 라헬과 페르시아 아하수에로 왕의 왕비가 된 에스더가 대표적이고, 사사 드보라도 참 훌륭한 여성입니다.

성경의 인물 가운데 최고의 엄친아는 솔로몬일 것입니다. 그의 아버지 다윗은 왕일 뿐만 아니라 이스라엘에서 가장 존경받는 인물이었습니다. 솔로몬은 아버지를 이어 왕이 되었습니다. '다윗-솔로몬의 시대'가 이스라엘 역사상 가장 넓은 영토를 차지했을 때였습니다.

솔로몬이 왕이 된 후 기브온 산당에서 1천 마리의 짐승을 태워서 드리는 '일천 번제'를 하나님께 드렸습니다. 솔로몬이 기브온에 있을 때, 하루는 꿈에 하나님께서 나타나셔서 "내가 너에게 무엇을 주기를 바라느냐? 나에게 구하여라"라고 하셨습니다. 세계 최고의 권력자나 부자가 우리에게 이렇게 물어도 가슴이 뛸 것입니다. 하지만 그들도 한계를 지닌 인간인 것은 마찬가지입니다. 그들이 해줄 수 있는 것보다 없는 것이 훨씬 많습니다. 하지만 솔로몬에게 질문하신 분은 천지만물을 창조하신 영원하신 하나님이셨습니다. 그때 솔로몬은 이렇게 구했습니다. 열왕기상 3장 7절 하반절-9절입니다.

종은 작은 아이라 출입할 줄을 알지 못하고 왕께서 택하신 백성 가운데 있나이다 그들은 큰 백성이라 수효가 많아서 셀 수도 없고 기록할 수도 없사오니 누가 주의 이 많은 백성을 재판할 수 있사오리이까 듣는 마음을 종에게 주사 주의 백성을 재판하여 선악을 분별하게 하옵소서

솔로몬 자신은 나이가 어려서 제대로 처신할 줄도 모르고, 백성들은 많아서 그 수를 셀 수도, 계산할 수도 없는데, 이 백성들을 바르게 재판해서 선한 것과 악한 것을 잘 분별할 수 있게 해달라고 요청 드렸습니다. 이 기도를 들으신 하나님께서 이렇게 말씀하셨습니다. 열왕기상 3장 10-13절입니다.

솔로몬이 이것을 구하매 그 말씀이 주의 마음에 든지라 이에 하나님이 그에게 이르시되 네가 이것을 구하도다 자기를 위하여 장수하기를 구하지 아니하며 부도 구하지 아니하며 자기 원수의 생명을 멸하기도 구하지 아니하고 오직 송사를 듣고 분별하는 지혜를 구하였으니 내가 네 말대로 하여 네게 지혜롭고 총명한 마음을 주노니 네 앞에도 너와 같은 자가 없었거니와 네 뒤

이것들을 생각하라

에도 너와 같은 자가 일어남이 없으리라 내가 또 네가 구하지 아니한 부귀와 영광도 네게 주노니 네 평생에 왕들 중에 너와 같은 자가 없을 것이라

하나님 생각에도 솔로몬의 기도는 참 기막히게 좋은 기도였습니다. 말씀하시는 것으로 보아, 하나님께서는 솔로몬의 기도가 므두셀라보다 오래 살게 해달라든가, "빌 게이츠보다 100배쯤 더 부자가 되게 해 주옵소서", "정말 미워하는 원수가 있는데, 그를 좀 데려가 주십시오" 등일 거라고 생각하셨는데, 솔로몬은 백성들을 잘 다스릴 수 있는 지혜를 구한 것입니다. 그것을 아주 기뻐하신 하나님께서 보너스까지 주셨습니다. 지혜에 관한 한 가장 총명하게 해주는 것은 말할 필요도 없고, 구하지도 않은 부귀와 영광도 주겠다고 약속하셨습니다. 솔로몬의 지혜는 여러 나라에 알려졌는데, 스바 여왕이 시험하기 위해 왔다가 "내가 여기 오기 전까지는 그 소문을 믿지 않았는데, 눈으로 확인하고 보니, 오히려 내가 들은 소문은 사실의 절반도 안 되는 것 같습니다. 임금님께서는 내가 들은 소문보다 지혜와 복이 훨씬 많습니다"(왕상 10:7, 표준새번역)라고 고백했습니다.

다윗은 목동에서 시작해서 숱한 고생을 겪은 후 왕이 되었지만 솔로몬은 왕자로 태어나서 왕이 된 최고의 지혜자였습니다. 누가 봐도 부러워할 만한 인생입니다. 나 자신이 어떤 분야든 최고의 위치에 있고, 자녀가 최고의 학교를 졸업하고 최고의 자리에 있게 된다면 얼마나 좋겠습니까? 그런 삶의 최상급이 솔로몬이었습니다. 그러나 솔로몬은 거기까지였습니다.

사람들이 그렇게 부러워할 만한 인생인 솔로몬에 대해 예수님은 이렇게 평가하셨습니다. 마태복음 6장 25-32절입니다.

그러므로 내가 너희에게 이르노니 목숨을 위하여 무엇을 먹을까 무엇을 마실까 몸을 위하여 무엇을 입을까 염려하지 말라 목숨이 음식보다 중하지 아니하며 몸이 의복보다 중하지 아니하냐 공중의 새를 보라 심지도 않고 거두지도 않고 창고에 모아들이지도 아니하되 너희 하늘 아버지께서 기르시나니 너희는 이것들보다 귀하지 아니하냐 너희 중에 누가 염려함으로 그 키를 한 자라도 더할 수 있겠느냐 또 너희가 어찌 의복을 위하여 염려하느냐 들의 백합화가 어떻게 자라는가 생각하여 보라 수고도 아니하고 길쌈도 아니하느니라 그러나 내가 너희에게 말하노니 솔로몬의 모든 영광으로도 입은 것이 이 꽃 하나만 같지 못하였느니라 오늘 있다가 내일 아궁이에 던져지는 들풀도 하나님이 이렇게 입히시거든 하물며 너희일까보냐 믿음이 작은 자들아 그러므로 염려하여 이르기를 무엇을 먹을까 무엇을 마실까 무엇을 입을까 하지 말라 이는 다 이방인들이 구하는 것이라 너희 하늘 아버지께서 이 모든 것이 너희에게 있어야 할 줄을 아시느니라

솔로몬이 매일 받은 수라상에는 끼니마다 산해진미가 가득했을 것입니다. 솔로몬의 하루 식사에 사용된 밀가루만 90고르kors라고 하는데, 이것은 2만 킬로그램이 넘습니다. 그 정도면 약 1만 4천 명이 먹을 수 있는 양이라고 합니다. 그것만이 아니라 외

이것들을 생각하라

양간에서 기른 소 열 마리, 방목으로 기른 소 스무 마리, 양 100 마리도 있었고, 사슴, 노루, 새 등도 쓰였습니다. 하루 식사 분으로 한 사람이 평생 동안 먹을 수 있을 것 같습니다.

그뿐만 아니라 그는 당시 이스라엘 자손들이 살지 못했던 최고의 집에서 살았습니다. 그가 성전은 7년 만에 완공했지만 왕궁은 13년 동안이나 지었습니다. 그가 입었던 어의御衣는 이스라엘에서는 누구도 입을 수 없었습니다. 오직 자신만을 위한 옷이었습니다. 그러한 솔로몬의 삶에 대해 주님께서는 "그의 모든 영광이 이 꽃 하나, 들의 백합화보다 못하다"고 하셨습니다.

예수님께서 솔로몬이 어떻게 살았는지 몰랐기 때문에 이렇게 말씀하신 것이 아닙니다. 솔로몬의 화려함은 하나님을 신뢰하지 않고 자신의 힘만으로 이루려던 것이기 때문입니다. 솔로몬은 자신의 권력을 유지하기 위해 수많은 정략결혼을 했습니다. 후궁이 700명이고, 첩이 300명이었습니다. 아마 후궁과 첩의 이름과 얼굴도 다 기억하지 못했을 것입니다. 그 이방 여인들이 솔로몬에게 올 때 자신들이 섬기던 우상을 가지고 들어왔습니다. 솔로몬이 나이가 들자, 그 여인들을 따라 그의 신앙도 병들고 말았습니다. 또 솔로몬은 더 잘 먹고 더 좋은 옷을 입기 위해 백성에게 가혹한 세금을 거두고, 과도한 부역과 병역 의무를 부과했습니다. 그로 인해 백성의 원성이 하늘을 찌를 듯했습니다. 결국 그가 죽은 후 나라가 두 동강 나고 말았습니다. 예수님의 말씀은, 솔로몬의 삶이 늘 염려하는 인생이었음을 의미합니다.

'닐링'을 통한 '힐링'의 지혜

염려는 솔로몬만의 문제가 아니라 이 땅에 사는 모든 사람의 공통된 문제입니다. 이 염려에 대한 가장 좋은 해결책이 무엇인지를 오늘 본문이 잘 일러 줍니다.

바울은 빌립보교회 사람들에게 "주 안에서 항상 기뻐하라"고 권면합니다. 그것도 4절 한 절에만 두 번을 명령형으로 기록한 것은 그만큼 중요하다는 의미입니다. 그리스도인이 주 안에서 기쁨을 누리는 한, 그 기쁨을 빼앗아 갈 수 있는 사람도 없고, 그 기쁨을 가져갈 상황도 없습니다. 세상의 그 무엇도 주님을 무너뜨릴 수 없기 때문입니다. 죽음까지도 그러합니다.

주 안에서 기뻐하는 것은 단지 신경자극을 통해 오는 일시적인 웃음이 아닙니다. 원하던 것을 얻는 데서 오는 일시적인 만족도 아닙니다. 이 기쁨은 신앙과 인격의 성숙을 통해 이루어지는 것이기 때문에 본질적이고도 영원에 잇대어진 것입니다.

주님 안에서 기뻐하는 최상의 방법 두 가지 중의 하나인, '우리의 관용을 모든 사람에게 알게 하는 것'에 대해서는 지난주에 상세히 살폈습니다. '주님 안에서 기뻐하는 것'의 또 다른 한 가지를 오늘 본문 6절이 이렇게 증거합니다.

■ 아무것도 염려하지 말고 다만 모든 일에 기도와 간구로, 너희 구할 것을 감사함으로 하나님께 아뢰라

아무것도 염려하지 않고 하나님께 기도하는 것이 주님 안에서 기뻐하

이것들을 생각하라

는 것입니다.

5절에 있는 '너희 관용을 모든 사람에게 알게 하라'에서 '알게 하다'와 6절의 '너희 구할 것을 감사함으로 하나님께 아뢰라'에서 '아뢰다'는 어원이 같습니다. 우리의 관용을 사람들에게 알게 함으로 우리는 주님 안에서 기뻐할 수 있고, 우리의 기도제목을 하나님께서 아시게 함으로 주님 안에서 기쁨을 누릴 수 있습니다. 우리가 사람들에게 보여야 하는 것이 관용이라면, 하나님께 보여야 하는 것이 '구할 것 – 기도제목'입니다.

그런데 6절은 '아무것도 염려하지 말고'라는 말로 시작합니다. 어떻게 하면 염려하지 않을 수 있습니까?

감정을 억제한다고 해서 염려되지 않는 것은 아닙니다. "걱정하지 마세요. 마음을 굳게 하세요"라는 말을 듣고 염려가 해소된다면 얼마나 좋겠습니까? 그것은 마치 알코올 중독자에게 "술 생각을 아예 끊으세요. 그러면 해결될 것입니다"라고 하거나, 도박 중독자에게 "화투나 카드를 머리에 그리지도 마세요. 그러면 새롭게 출발할 수 있습니다"라고 해서 알코올 중독에서 벗어나고, 도박 중독에서 해방되게 하는 것과 같습니다. 술이 없으면 알코올에 물을 타서라도 마시고, 손가락이 없으면 발가락에 화투를 끼워서라도 한다고 하는데 어떻게 말 한마디로 해결될 수 있겠습니까?

염려에 대한 통계를 아는 것도 염려하지 않는 데 아무런 도움을 주지 못합니다.

걱정거리의 40퍼센트는 결코 현실로 일어나지 않을 일이고, 30퍼센트는 이미 일어난 일이라고 합니다. 22퍼센트는 사소한 일이고, 4퍼센트는 우리가 바꿀 수 없는 일이며, 나머지 4퍼센트는 우리가 바꿀 수 있는 일이라고 합니다. 그래서 염려하는 것의 96퍼센트는 무의미한 것이니 염려하지 말라고 합니다. 이런 통계를 누가 어떻게 냈는지 궁금합니다. 지나간 일이든, 사소한 일이든 우리 속에서 스멀스멀 기어 나오는 염려에서 자유로운 사람은 아무도 없습니다.

'걱정인형'도 우리의 염려를 해결해 주지 못합니다. 걱정인형에 대해 들어보셨습니까? 과테말라 고산지대에 살고 있는 인디언들은 아이들이 잠을 잘 자지 못하면 아이 손에 조그만 인형을 쥐어 주며 "이 인형에게 너의 걱정을 이야기하고, 베게 맡에 두고 자면 인형이 걱정을 대신 해준단다"라고 말한다고 합니다.

우리나라에서도 몇 해 전부터 이 인형이 판매되기 시작했습니다. 한 수험생이 걱정인형을 선물받고 대학에 합격했다는 사연을 올리자, 일주일 동안 70만 명이 인형 판매 사이트를 방문하는 바람에 서버가 다운되기도 했다고 합니다. 걱정인형은 다섯 개가 한 세트라는데 이런 인형 몇 세트를 가지면 염려가 완전히 사라지겠습니까?

'염려하지 말'고 편지를 보내는 바울도 염려했던 때가 있습니다. 고린도후서 1장 8-9절이 이렇게 증거합니다.

■ 형제들아 우리가 아시아에서 당한 환난을 너희가 모르기를 원하지 아니하노니 힘에 겹도록 심한 고난을 당하여 살 소망까지 끊어지고 우리는 우리 자신이 사형 선고를 받은 줄 알았으니 이는 우리로 자기를 의지하지 말고 오직 죽은 자를 다시 살리시는 하나님만 의지하게 하심이라

바울 일행이 소아시아에서 무슨 일을 겪었는지는 알 수 없지만, 그때

이것들을 생각하라

는 사망의 골짜기를 위태위태하게 걷는 듯했고, '사는 게 사는 게 아니구나. 산 몸이 죽은 몸보다 못하구나'라고 생각했다고 합니다. 이때는 바울이 염려를 넘어서 깊은 절망을 느낀 것으로 보입니다.

또 고린도후서 2장 12-13절은 이렇게 증거합니다.

> 내가 그리스도의 복음을 위하여 드로아에 이르매 주 안에서 문이 내게 열렸으되 내가 내 형제 디도를 만나지 못하므로 내 심령이 편하지 못하여 그들을 작별하고 마게도냐로 갔노라

바울은 3차 전도여행 중에 드로아에서 밤새도록 복음을 전했습니다. 유두고라는 청년이 창에 걸터앉아 복음을 듣다가 떨어져 죽는 사고가 있었는데 바울은 그를 살려 냈습니다. 빌립보에서 드로아까지는 뱃길로 이틀 정도의 거리였습니다. 하지만 바울은 닷새 만에 도착했습니다. 바람이 심하게 불어 뱃길이 힘들었던 것으로 보입니다. 그렇게 어렵게 온 드로아였고, 유두고를 살린 후 많은 사람들이 위로를 받았습니다. 이는 사람들의 마음이 열려 있었고, 복음을 받아들일 만한 준비가 되었음을 의미하는 것입니다. 그럼에도 바울은 일주일 만에 드로아를 떠났습니다. 바울의 사역은 방문하는 도시에서 복음을 전하고 교회를 세우는 것이었습니다. 그런데 드로아에서는 복음의 문이 열렸지만 고린도교회 소식을 전해 주기로 한 디도가 오지 않아 마음이 편치 못해서―염려되어서 사역을 하지 못하고 떠날 수밖에 없었던 것입니다.

'염려하다'는 '찢다, 분열하다'는 단어와 어원이 같습니다. 2천 년 전에는 배를 만들 때 나무를 암수로 깎아서 연결하고 그 사이에 아교를 발라서 붙였습니다. 그래서 항해하던 배가 태풍을 만나 바다 한가운데서 며

칠썩 보내게 되면 파도와 수분이 가득한 바람 때문에 배의 일부분이 찢겨 나가곤 했습니다. 그와 같이 마음의 일부분이 찢겨 나가는 것이 '염려'입니다. 사도행전 27장에는 죄수가 된 바울을 태운 배가 로마로 가는 장면이 있는데, 지중해를 가로질러 가지 못하고 해안선을 따라 갑니다. 바다 한가운데서 태풍을 만나면 아교로 붙인 나무들이 하나씩 떨어져서 난파선이 될 가능성이 많았기 때문입니다. 염려는 그리스도인의 삶을 난파선으로 만듭니다. 다시 6절입니다.

> ■　　아무것도 염려하지 말고 다만 모든 일에 기도와 간구로, 너희 구할 것을 감사함으로 하나님께 아뢰라

염려에 대한 최고의 처방전은 기도하는 것이라고 합니다. 판에 박은 말처럼 들리지만 이보다 정답이 없습니다.

기말고사를 앞두고도 스마트폰을 손에서 놓지 않는 자녀에게 부모는 "스마트폰 갖고 놀지 말고, 공부해!"라고 할 것입니다. 하지만 스마트폰을 손에서 놓았더라도 자녀가 잠을 자거나 먼 산을 멍하니 바라보고 있다면 그것은 해결책이 아닙니다. 스마트폰 갖고 놀지 말라는 것과 별반 다르지 않습니다. 오직 공부하는 것이 스마트폰을 갖고 놀지 않는 것의 최고의 처방전입니다.

염려하지 않는다고 해서 아무 생각을 하지 않는다든지, 잠을 잔다든지, 엉뚱한 일에 시간을 보내는 것은 해결책이 되지 못합니다. 그런 것들은 오히려 염려에게 먹이를 주어 일을 더 크게 만들곤 합니다.

아무것도 염려하지 않기 위한 유일한 해결책은 기도하는 것입니다. 그래서 바울은 6절 한 절에 기도에 대한 단어를 세 번이나 반복합니다.

　　　　　이것들을 생각하라

첫째가 기도입니다. 이것은 기도의 가장 포괄적인 용어로 '공예배의 기도'를 의미합니다. 염려가 생길 때 자신의 시선을 어디에 두느냐는 참 중요합니다. 중고생 자녀에게 염려거리가 생길 때, 그가 부모에게 시선을 두면 해결될 가능성이 많지만, 시선을 염려 자체나 자기 자신, 친구들에게 두면 해결하기가 어려울 것입니다. 우리에게 염려거리가 생길 때에도 하나님께 시선을 두는 것이 해결의 첩경입니다.

둘째는 간구입니다. 이것은 개인기도라고 할 수 있습니다. 특히 가슴에 사무치는 내용과 관련이 있습니다. 대표적인 예가 누가복음 18장에 나오는 불의한 재판장을 찾아가는 과부의 청원 같은 내용과, 그 뒤에 나오는 세리가 가슴을 치면서 "하나님이여, 불쌍히 여기소서. 나는 죄인입니다"라며 드리는 것입니다. 가끔 "나 같은 사람이 기도한다고 바뀔까? 하나님은 내 기도를 들어주실까" 하는 생각이 들 때도 있습니다. 그렇습니다. 나를 보면 언제나 그런 생각이 듭니다. 그러나 시선을 하나님께 두면 달라집니다.

셋째는 '감사함으로 아뢰는 것'입니다. 이것은 참 쉽지 않은 일입니다. 염려가 해소될 때 감사하기는 쉽지만, 염려되는 것이 눈앞에 있을 때는 어렵습니다. 감사는 돌아보는 것입니다. 3, 40년 전만 해도 우리나라는 참 가난했습니다. 이따금 또렷하게 떠오르는 것이 있는데, 제가 살던 집의 두 방 사이에 있던 형광등입니다. 방마다 형광등을 달 수 없어서 천장 가까운 곳에 벽을 뚫어 형광등 하나로 두 방을 밝혔습니다. 제가 살던 집만이 아니라 많은 집에서 그러했습니다. 또 고등학교 때 새벽기도를 종종 다녔는데, 그때는 의자에 앉아서 기도하는 것은 하나님께 불경하다고 여겨졌기 때문에 바닥에 앉아서 새벽기도회를 했습니다. 그 기도회에 어린 아기를 업고 나와서 눈물을 줄줄 흘리며 기도하던 분들이 기억납니다.

자녀들 학비가 없어서, 부모님 병원비가 없어서 참 많이 염려하며 기도했습니다. 그런데 지금 돌아보면 그때 그렇게 기도할 수 있었던 것이 얼마나 감사하게 여겨집니까? 지금은 그때와는 비교할 수 없을 정도로 가진 것도 많고, 편하게 살아가고 있습니다. 그런데 그때에 비하면 기도도 적고, 간구는 희귀하고, 감사함으로 아뢰는 것도 많이 사라졌습니다. 그래서 우리 속에서 주님으로 인해 기뻐하는 것도 많이 희미해졌습니다. 그때는 주님만 있으면 행복했는데 말입니다.

요즘 사람들에게 최대의 화두 가운데 하나는 '힐링'입니다. 그만큼 삶을 힘들고 어렵게 꾸려 온 사람이 많다는 의미일 것입니다. 사실 인생이 가볍고 쉬운 사람은 아무도 없습니다. 만약 그렇다면 그 사람 때문에 다른 사람은 더 무거운 짐을 지고 있을 것입니다.

힐링은 어떻게 하면 이루어집니까? 여러 힐링 프로그램을 많이 시청하면 됩니까? 아니면 그런 프로그램에 나가서 자신이 상처 받은 것을 이야기하면 됩니까? 아니면 종종 또는 자주 야외로 나가서 숲속을 거닐거나 가족들과 야영을 하며 바비큐 파티를 열면 됩니까?

내게 힐링이 필요할 때 나를 힐링하게 하는 것은 무엇입니까? 나 자신입니까? 아니면 가까운 지인들입니까? 그것도 아니면 높은 자리에 있는 위정자들입니까? 경제인들입니까? 학자들입니까? 그런 사람들보다는 자기 집에서 키우는 애완견에게 위로받았다는 이야기를 훨씬 많이 들었습니다.

그리스도인들에게 정말 필요한 것은 '힐링-치유'가 아니라 '닐링 kneeling-무릎 꿇음'입니다. 오늘날 교회가 교회답지 못하고, 주님의 이름이 땅에 떨어져 모욕을 당하시는 것은 그리스도인이 무릎을 꿇지 않

이것들을 생각하라

기 때문입니다. 우리가 하나님 앞에 무릎 꿇을 때 하나님의 힐링을 경험하게 될 것입니다.

과거엔 찬송가 370장, 〈주 안에 있는 나에게〉를 참 많이 불렀습니다. 1절과 2절 가사가 이러합니다.

■ 1. 주 안에 있는 나에게 딴 근심 있으랴/ 십자가 밑에 나아가 내 짐을 풀었네
2. 그 두려움이 변하여 내 기도 되었고/ 전날의 한숨 변하여 내 노래 되었네

이 가사에 마음이 찔립니다. 과거엔 염려거리가 많아도 그것을 십자가로 가지고 나아갈 줄 알았고, 두려움을 기도로 승화시킬 줄 알았으며, 한숨도 찬송으로 바꾸어 하나님께 올릴 줄 알았습니다. 그래서 "내 앞길 멀고 험해도 나 주님만 따라가리"라고 결단했고, 마음 깊은 곳에서 주님과 함께하는 기쁨이 가득했습니다.

이 시간 주님께서 우리에게 말씀하십니다. "아무것도 염려하지 말고 다만 모든 일에 기도와 간구로, 너희 구할 것을 감사함으로 하나님께 아뢰라." 이 말씀은 주님께서 우리에게 하시는 명령이자 애원입니다.

하나님 아버지!
솔로몬은 세상적으로는 조금도 부족함이 없는, 참 화려한 삶을 살았습니다. 사람들은 그의 삶을 많이 부러워합니다. 더 많은 재물을 얻고, 더 높은 자리에 이르고, 더 많은 업적을 이루려 하

고, 다른 사람들에게 나를 조금이라도 더 돋보이게 하는 것이라면 무엇이든 성취하기 위해 동분서주합니다. 그래서 솔로몬에게 있는 염려하는 마음과 공허함, 허망함이 우리에게도 고스란히 있음을 고백합니다.

또한 우리 속에 있는 염려를 해소하기 위해 돈이라는 걱정인형, 지위와 명예라는 걱정인형, 재능이라는 걱정인형, 인간관계라는 걱정인형을 악착같이 모으기도 하지만 정작 중요한 하나님 앞에 무릎 꿇는 일은 하지 않음으로 우리의 삶과 신앙이 난파선이 되는 경우도 적지 않았습니다.

하나님 아버지!

우리 모두가 힐링 그리스도인이 되기보다 닐링—무릎 꿇는 그리스도인이 되게 하여 주옵소서. 인간이 인간에게 줄 수 있는 것은 일시적인 힐링밖에 없고, 인간이 인간에게 받을 수 있는 것도 순간적인 힐링밖에 없다는 것을 잊지 않게 하옵소서. 기도와 간구로, 감사함으로 아룀을 통해, 염려의 해결자 되시며 영원한 치유자 되시는 하나님을 만나게 하옵소서. 그리하여 우리 모두가 '내 앞 길 멀고 험해도 나 주님만 따라가리'라고 다시 한 번 새길 때, 우리 속에서 주님이 주시는 기쁨이 가득한 것을 경험하게 하옵소서. 예수님 이름으로 기도드립니다.

아멘.

이것들을 생각하라

19

마음과 생각을
지키시리라

빌립보서 4장 4-9절

바울의 기도

바리새인들은 율법을 지키는 일에 자신을 던진 사람들입니다. 그들은 일반 유대인이 지켜야 하는 율법을 지키려 했음은 물론, 제사장만 지켜도 되는 율법까지 지키려 했던 사람들입니다. 그래서 그들은 유대인들의 존경을 한몸에 받았습니다. 하지만 그들의 위선은 그들이 앓고 있는 중병重病과도 같았습니다. 당시 사람들은 금식할 때 이발과 면도를 하지 않았고 얼굴에 흰 분칠을 했습니다. "지금 금식하고 있기 때문에 음식을 먹을 수 없으니 권하지 마십시오"라는 의미였습니다. 그런데 바리새인들은 머리를 일부러 헝클었고, 분도 과장해서 발랐습니다. 게다가 회개했다는 표시로 눈물자국까지 냈습니다. 그들은 일주일에 두 번, 목요일과 월요일에 금식을 했습니다. 목요일은 모세가 십계명을 받기 위해 산에 올라간 날이고, 월요일은 하산한 날이기 때문입니다. 모세의 제자들이라는 데 자부심을 느끼던 바리새인들은 모세를 본받아 일주일에 두 번씩 금식을 했던 것입니다. 사실 그것은 표면적인 이유였고, 실제적인 이유는 목요일과 월요일에 시장이 열렸기 때문입니다.

당시 바리새인들이 기도하던 모습을 마태복음 6장 5절은 이렇게 증거합니다.

또 너희는 기도할 때에 외식하는 자와 같이 하지 말라 그들은 사람에게 보이려고 회당과 큰 거리 어귀에 서서 기도하기를 좋아하느니라 내가 진실로 너희에게 이르노니 그들은 자기 상을 이미 받았느니라

바리새인들의 기도 장소는 '회당'과 '큰 거리 어귀'였습니다. 이런 곳의 공통점은 사람들이 많다는 것입니다. 바리새인들은 기도할 때 '하나님의 눈'이 아니라 '사람들의 눈'을 의식했던 것입니다. 그래서 예수님께서는 하나님의 눈을 의식하라는 의미로 골방에서 기도하라고 하셨습니다. 그런데 바리새인들은 '서서' 기도했다고 합니다. 기도하는 자세가 여러 가지가 있지만 유대인, 특히 바리새인들은 서서 기도했습니다. 그것이 그들의 전통이었습니다.

바울이 로마의 감옥에서 쓴 옥중서신 가운데 하나인 에베소서에는 바울이 에베소교회를 위해 기도한 내용이 나옵니다. 에베소서 3장 14-15절이 이렇게 증거합니다.

이것들을 생각하라

이러므로 내가 하늘과 땅에 있는 각 족속에게 이름을 주신 아버지 앞에 무릎을 꿇고 비노니

바울은 에베소교회를 위해 기도하면서, '서서' 한다고 하지 않고 '무릎을 꿇고' 빈다고 합니다. 바울은 유대인일 뿐만 아니라, 과거엔 그토록 자랑스럽게 여기던 '바리새인'이었습니다. 그렇다면 바울에겐 서서 기도하는 것이 훨씬 익숙했을 것입니다. 그럼에도 바울은 무릎을 꿇고 기도드린다고 합니다. '무릎을 꿇음'은 '간절함'과 '항복'의 표현입니다.

엘리야 선지자는 바알 선지자들 450명과 갈멜산에서 '누가 하나님이냐'로 대결을 벌였습니다. 엘리야는 그 대결에서 승리한 후, 하나님께 비를 내려 주시기를 간구 드렸습니다. 그때 무릎을 꿇고 얼굴을 무릎 사이에 넣고 기도드렸습니다. 우리는 근육이 당겨서 잘 취할 수도 없는 자세입니다. 그것은 비를 내려 주시기를 간구하는 엘리야의 기도가 그만큼 간절했고, 3년간의 가뭄에 마침표를 찍고 비를 내려 주실 수 있는 분은 오직 하나님밖에 없음을 인정하는 태도였습니다.

그렇다면 도대체 바울은 에베소교회 사람들의 무엇을 위해 무릎 꿇고 기도드렸겠습니까? 에베소서 3장 16절이 이렇게 증거합니다.

그의 영광의 풍성함을 따라 그의 성령으로 말미암아 너희 속사람을 능력으로 강건하게 하시오며

에베소교회를 위한 바울의 간절한 기도는 에베소교회가 거대한 원형경기장을 사서 그곳을 예배당으로 쓰게 해달라는 것도 아니었고, 에베소교회 사람들이 정부 요직에 앉게 해달라는 것도 아니었습니다. 그들의 속사람이 능력으로 강건해지기를 간구하고 있습니다. 하나님의 자녀답게, 또 제대로 된 그리스도인으로 살아가는 데 속사람보다 더 중요한 것은 없기 때문입니다.

오늘날에는 겉사람에 관심이 많습니다. '얼짱', '몸짱', '짐승남', '꽃미남', '꽃미녀', '까도남', '된장녀' 등 많은 신조어들이 모두 겉사람과 관련이 있습니다. 그러나 살아가면 갈수록 겉사람보다는 속사람이 훨씬 중요하다는 것을 인정하지 않을 수 없습니다. 잠시 만났다가 다시 보지 않을 사람이나, TV나 영화 등 대중매체를 통해서만 볼 사람이라면 혹 모르지만, 인격적인 관계를 맺어가야 하는 사람이라면 속사람은 겉사람에 비교할 수 없을 정도로 중요합니다.

기도와 간구, 감사와 기쁨

오늘 본문에서도 우리의 속이 얼마나 중요한지 강조합니다. "주 안에서 항상 기뻐하라"는 것은 빌립보서의 중요한 주제 가운데 하나이자, 빌립보교회 사람들에게 주는 바울의 권면입니다.

예술가는 작품 활동과 작품 속에서 기쁨을 누립니다. 자기 직업에 만족하는 사람들은 그 직업 속에서 기쁨을 누립니다. 〈생활의 달인〉이라는 TV 프로그램에 나오는 사람들이 대표적입니다. 그들은 직업이 남들이 우러러볼 만한 것도 아니고, 많은 돈을 벌게 해주는 것이 아니어도 자

이것들을 생각하라

신의 일 속에서 참 기뻐합니다. 취미 생활하는 사람들은 그 취미 활동 속에서 기뻐합니다. 과거 제 친구 중 하나는 낚시를 얼마나 좋아하는지, 자동차 트렁크에 낚시도구를 넣어 놓고 다니다 주말에 퇴근할 때 낚시터로 직행해서 낚시를 즐기고 월요일에 직장으로 바로 출근할 때가 종종 있다고 했습니다. 예술이든, 직업이든, 취미든 어떤 활동에서 누리는 기쁨은 주님 안에서 누리는 기쁨의 그림자이자 서막에 불과합니다. 주님 안에서 누리는 기쁨이 영원한 것은, 그 기쁨을 감싸고 계시는 분이 영원하신 분이기 때문입니다.

우리가 주님 안에서 기뻐하는 구체적인 방법 두 가지는 '우리의 관용을 모든 사람에게 알게 하는 것'과 '아무것도 염려하지 말고 다만 기도와 간구로 우리의 구할 것을 감사함으로 하나님께 아뢰는 것'입니다.

'공정함'만으로 상대를 대하며 사필귀정事必歸正이나 인과응보因果應報를 가르쳐 주고 싶을 때가 있습니다. 하지만 공정함을 무너뜨리지 않으면서 그보다 더 큰 따뜻함을 보여 줄 때, 상대방에게서가 아니라 주님으로부터 오는 은혜가 있습니다. 주님께서 나를 공정함만으로 대하지 않으시고 관용을 보여 주신 것이 마음 깊은 곳에서 감사가 됩니다. 그때 누리는 기쁨은 세상 그 무엇과도 바꿀 수 없습니다.

아무것도 염려하지 말고 다만 모든 일에 기도와 간구로 우리의 구할 것을 감사함으로 아뢰는 것도 마찬가지입니다. 하나님은 우리를 모르시지 않습니다. 우리의 상황도 모르시지 않습니다. 그럼에도 우리가 '모든 일에 우리의 구할 것을 하나님께 아뢰는 것'은 우리와 하나님의 관계 때문입니다.

모든 인간관계가 그러하듯, 특히 부모와 자녀 사이에 많은 대화가 있고 자식이 자기에 관한 모든 것을 부모와 나눈다면, 그것은 무엇을 주고 받는 관계가 아니라 친밀한 관계입니다.

그래서 '모든 일에 기도하는 것'은 자신의 모든 기도제목을 구체적으로 하나님께 알리는 것 자체를 의미하지 않습니다. "하나님, 한강이 보이는 아파트 아시죠? 제 가족 수만큼은 방이 있어야 됩니다", "하나님, 제 남편 될 사람은 키가 180센티미터는 넘어야 하고, 학력은 대학원 이상, 연봉은 최소한 1억 이상입니다", "하나님, 제 아내 될 사람은 연예인에 버금가는 미모와 상당한 재력가 집안, 현모양처여야 합니다"라고 아뢰는 것은 세밀하거나 구체적인 기도라고 하지 않고, '헛소리'라고 합니다.

모든 일에 기도하는 것은 우리가 기도할 때 하나님께서 우리를 향한 마음이 가득하고, 우리를 위해 세심한 배려를 하신다는 의미입니다.

반면에 "하나님, 제가 필요한 것 대충 알아서 주십시오"라고 아뢰는 것은 우리를 향한 하나님을 무시하는 것입니다. "대충 알아서 주십시오"는 과일이나 찐빵을 사러 가서 하는 말이지 하나님께 기도드릴 때 하는 말이 아닙니다. 우리와 하나님의 관계가 요청하고 받는 정도라면 필요한 것 천 가지쯤 목록을 만들어 놓고 "하나님, 오늘은 1~50번까지 응답해 주세요", 다음 날에는 "하나님, 오늘은 51~100번까지 사인해 주세요" 하는 식으로 하면 됩니다. 그러면 기도하기도 쉽고, 신앙생활하기도 쉬울 것입니다. 하지만 우리와 하나님의 관계는 생각보다 친밀합니다.

오늘 본문 4-6절이 이렇게 증거합니다.

주 안에서 항상 기뻐하라 내가 다시 말하노니 기뻐하라 너희 관용을 모든 사람에게 알게 하라 주께서 가까우시니라 아무것도 염려하지 말고 다만 모든 일에 기도와 간구로, 너희 구할 것을 감사함으로 하나님께 아뢰라

이것들을 생각하라

이 세 절에는 네 개의 명령어가 나옵니다. '주 안에서 기뻐하라', '너희 관용을 모든 사람에게 알게 하라', '아무것도 염려하지 말라', '모든 일에 기도와 간구로 너희 구할 것을 감사함으로 하나님께 아뢰라'입니다. 그런데 이 네 개의 명령어 한 가운데 있는 말이 "주께서 가까우시니라"입니다. '주께서 가깝다'는 고백은 네 개의 명령을 성취하게 하는 열쇠와 같습니다. '주께서 가깝다'는 것은 시간적인 의미이기도 하고 공간적인 의미이기도 하다고 했습니다. 시간적인 의미는 주님을 만날 때가 얼마 남지 않았다는 뜻이고, 공간적인 의미는 주님과 같은 공간에 있다는 의미입니다.

때로 기뻐할 수 없는 상황을 맞을 때, 주님께서 가까이 계신다는 것은 얼마나 큰 위로와 격려가 되는지 모릅니다. 관용을 알게 하기보다 정당함을 알게 해주고 싶을 때, 주님께서 가까이 계신다는 것은 인내와 성숙을 배우게 합니다. 염려가 안개처럼 자욱할 때도 주님께서 가까이 계신다는 것은 마치 놀이공원에서 엄마의 손을 놓쳐 길을 헤매던 아이가 다시 엄마를 발견하고 그 손을 잡는 것처럼 얼마나 안도감과 담대함을 갖게 하는지 모릅니다. 하나님께 아뢰야 할 것이 너무 많아서 어떻게 시작해야 할지도 모를 때 주님께서 가까이 계신다는 것은 그것 자체가 얼마나 큰 감격이 되는지 모릅니다.

우리의 관용을 모든 사람에게 알게 하며, 염려하지 않고 우리의 구할 것을 하나님께 아룀을 통해 주 안에서 기뻐하는 사람들에게 하나님께서 주시는 응답을 7절이 이렇게 증거합니다.

■　　　그리하면 모든 지각에 뛰어난 하나님의 평강이 그리스도 예수

우리의 기도와 간구, 구할 것을 감사함으로 아뢰면 하나님의 평강이 그리스도 예수 안에서 우리의 마음과 생각을 지켜 주신다고 합니다. 하나님의 응답이 약간 실망스럽게 다가오지는 않으십니까? 염려하지 말라고 하셨으니까 "너희 평생에 '염려'라는 단어는 너희 사전에서 빼줄게"라든지, "이제부터 너희가 기도하는 것은 모두 자동응답이다"라고 말씀해 주시면 얼마나 좋겠습니까? 하지만 하나님께서는 우리의 환경보다는 우리 자신에게, 또 우리의 겉보다는 속에 더 관심이 많으십니다.

'마음'의 문자적인 뜻은 '심장'인데, 우리의 감정을 대표하는 말입니다. '생각'은 우리의 사고 작용을 대표합니다. 염려의 출발지가 바로 마음과 생각입니다. 이 마음과 생각을 지키기 위해 모든 지각에 뛰어난 하나님의 평강이 동원된다고 합니다. 즉 하나님이 함께하시는 것입니다.

우리가 마이크로소프트사의 빌 게이츠 회장과 아주 친한 사이가 되었다고 해보십시다. 하루는 빌 게이츠가 우리를 자기 집으로 초대하더니 "이 집에 있는 것 중에서 무엇이든 원하는 것 한 가지를 선택하면 그것을 주겠다"고 한다면 무엇을 달라고 하시겠습니까? 아마 별 생각이 없는 사람은 "지금 저녁을 안 먹어서 몹시 허기가 지니까 이 집에 있는 가장 맛있는 고기로 스테이크를 만들어 주시오"라고 할 것입니다.

그러나 생각이 좀 있는 사람이라면 뭐가 있는지 둘러보고 가장 마음에 드는 것—주로 비싼 것—을 선택할 것입니다. 그리고 더 생각이 있는 사람이라면 그 집을 관리하는 사람에게 집 안에서 무엇이 가장 좋고 진귀한 것인지 물어보고 선택할 것입니다. 물론 가장 지혜로운 사람은 지체하지 않고 바로 '빌 게이츠'를 택할 것입니다. 그러면 그가 가진 모든 것이 내 것이 되기 때문입니다. 빌게이츠가 함께해도 큰 힘이 된다면 하물며 천지만물을 창조하신 하나님이시겠습니까?

빌 게이츠의 소유가 아무리 많다 해도 우리에게 영원한 생명을 사줄 수 없으며, 우리의 생명을 1분도 연장시켜 줄 수 없습니다. 오직 하나님만이 해주실 수 있습니다.

7절에 있는 '지키다'라는 뜻의 동사 '프루레오phroureō'는 '파수꾼'이라는 명사에서 왔는데, 군인이 초소를 지키는 것을 가리킬 때 쓰던 말입니다. 당시 로마 군대는 세계 최강이었고, 빌립보는 로마의 군사도시였습니다. 그 군대가 초소를 지키듯 하나님께서 우리를 지켜 주겠다고 하십니다. 하나님의 지키심에 대해 시편 기자는 121편에서 이렇게 노래했습니다.

■　　내가 산을 향하여 눈을 들리라 나의 도움이 어디서 올까 나의 도움은 천지를 지으신 여호와에게서로다 여호와께서 너를 실족하지 아니하게 하시며 너를 지키시는 이가 졸지 아니하시리로다 이스라엘을 지키시는 이는 졸지도 아니하시고 주무시지도 아니하시리로다 여호와는 너를 지키시는 이시라 여호와께서 네 오른쪽에서 네 그늘이 되시나니 낮의 해가 너를 상하게 하지 아니하며 밤의 달도 너를 해치지 아니하리로다 여호와께서 너를 지켜 모든 환난을 면하게 하시며 또 네 영혼을 지키시리로다 여호와께서 너의 출입을 지금부터 영원까지 지키시리로다

(시 121:1-8)

하나님을 '지키시는 분'이라고 합니다.

이 시편은 이스라엘 자손들이 절기를 맞아 성전으로 올라가면서 부르던 노래입니다. 이 시편이 쓰이고 불리던 당시, 팔레스타인에서는 이교 숭배가 횡행했습니다. 대부분의 이교도들은 산 정상 여기저기서 자신들의 신전을 만들어 제사를 지냈습니다. 그 신전에는 남녀 창기들이 있었습니다. 사람들은 풍년과 다산을 기원하며 그 신전에서 제사를 드렸습니다. 재앙을 막아 준다는 약을 팔기도 하고, 부적을 팔기도 했습니다.

그것을 기억하며 이스라엘 자손들은 노래하는 것입니다. "내가 눈을 들어 산 위에 있는 여러 신전들을 봅니다. 바알 신이 나를 지켜 줄까요? 아세라 여신이 나를 지켜 줄까요? 태양신의 사제들이 도움이 될까요? 달신의 여사제들이 도움이 될까요? 아닙니다. 나의 도움은 이 산을 포함해서 천지를 지으신 여호와 하나님에게서 옵니다. 여호와 하나님만이 나의 영혼을 지키시고, 내가 떠날 때도 돌아올 때도 지켜 주십니다"라는 고백입니다.

그 하나님께서는 우리를 지키시고, 우리의 마음과 생각을 지키시는 분이십니다. 당시 세계 최강이었던 로마 군대는 오래 전에 사라지고 없지만, 하나님은 그때도, 지금도, 앞으로도 영원히 우리를 지키십니다.

평생 하나님의 지켜 주심을 경험했던 다윗은 이렇게 고백했습니다. 시편 23편 1-2절입니다.

■ 여호와는 나의 목자시니 내게 부족함이 없으리로다 그가 나를 푸른 풀밭에 누이시며 쉴 만한 물가로 인도하시는도다

예전에 제네바에 있을 때, 〈아니모〉(Animaux, 동물들)라는 프로그램을 자주 보았습니다. 우리나라의 〈동물의 왕국〉에 해당하는 것입니다. 그때 화면에 자주 나오는 장면 가운데 하나가 동물들이 강을 건너는 모습인데, 그들은 생각보다 수영을 잘했습니다. 들소나 얼룩말, 영양(가젤) 등이 헤엄을 쳐서 쉽게 강을 가로질러 건너는데, 물살이 세어도 겁 없이 뛰어듭니다. 그리고 목이 마르면 강가에서 물을 마십니다. 어렸을 때 개가 헤엄치는 것을 자주 보았습니다. 개도 얼마나 헤엄을 잘하면 수영 종류에 '개헤엄'이 있겠습니까?

그런데 양은 수영을 할 줄 모릅니다. 물에 빠지면 털 자체가 스펀지 같은 역할을 해서 몸을 물속으로 잡아당기기 때문입니다. 그래서 양은 흐르는 물에 공포심이 있어 목이 말라도 흐르는 물에서는 물을 마시지 못합니다.

과거에 목자가 양들에게 물을 먹이는 방법은 세 가지였습니다. 첫째는 이른 아침에 이슬에 젖은 풀을 뜯게 하는 것입니다. 둘째는 우물을 파거나, 저수지의 물을 길어다 먹이는 것입니다. 셋째는 잔잔하게 흐르는 시냇물을 돌로 막아서 웅덩이처럼 흐르지 않는 물로 만들어서 먹이는 것입니다. 이 방법을 가장 많이 사용했는데, 다윗도 하나님께서 자신을 '쉴 만한 물가'로 인도하신다고 고백합니다. '쉴 만한 물'의 원래 의미는 '움직이지 않는 물'입니다. 그래서 NIV영어성경에는 'quiet water-조용한 물', KJV영어성경에서는 'still water-움직이지 않는 물'이라고 번역합니다.

다윗 자신이 목동일 때 양들에게 물을 먹이기 위해 시내를 돌로 막아 움직이지 않는 물을 만들어 주었듯이, 하나님께서 양인 자신을 먹이기 위해 자신을 두렵게 하는 것들을 막아서 지켜 주셨다고 고백하는 것입니다.

하나님의 그 지켜 주심으로 사망의 음침한 골짜기에서도 해를 두려워하지 않을 수 있었고, 주의 지팡이와 막대기가 안위해 주심으로 '염려의 강'도 건널 수 있었습니다. 다윗의 고백은 이렇게 이어집니다.

■ 주께서 내 원수의 목전에서 내게 상을 차려 주시고 기름을 내 머리에 부으셨으니 내 잔이 넘치나이다 내 평생에 선하심과 인자하심이 반드시 나를 따르리니 내가 여호와의 집에 영원히 살리로다(시 23:5-6)

이 말씀은 이런 장면이 연상됩니다. 다윗이 원수들에게 쫓겨 도망가다 더 이상 도망갈 수 없어 기진맥진한 상태로 '이제는 죽었다'고 생각하고 눈을 감고 있는데, 시간이 지나도 아무런 일이 없습니다. 그래서 눈을 살포시 떠보니 하나님의 장막이 다윗을 감싸고 지켜 주고 있습니다. 또 하나님께서는 다윗을 목욕시켜 주신 후 머리에 기름을 발라 주시고, 잔치를 여시고는 사람들 앞에서 머리에 기름을 부어 주고 계십니다. 하나님의 장막 밖에서는 원수들이 다윗을 잡으려고 살기등등해 있지만, 하나님의 장막 때문에 더 이상 접근할 수 없습니다. 그때 다윗이 깨달은 것은 염려와 근심거리, 고난과 고통이 늘 자신을 따라다닌다고 생각했는데, 그것들보다 더 가까이 자신을 따라다닌 것이 하나님의 선하심과 인자하심이었다는 것입니다. 그래서 그는 하나님의 집에 거하겠다고 결단하는 것입니다.

우리에게도 염려와 근심거리가 많고, 고난과 고통이 있습니다. 삶을 짓누르는 일도 있습니다. 그 가운데 나를 가장 염려하게, 고통스럽게 만드는 것 한 가지만 없어도 더 이상 소원이 없을 것 같은데 없어지지 않

이것들을 생각하라

기도 합니다.

하지만 우리의 마음과 생각을 지키시는 하나님께서 그 무엇보다도 가깝게 계십니다. 하나님의 지키심 때문에 우리는 염려하지 않을 수 있고, 기도할 수 있습니다.

하나님께서 우리의 마음과 생각을 지키고 계시다는 것을 진심으로 믿는 사람만이 부와 명예와 권력, 아름다움 등을 비롯한 세상의 가치에 일희일비하지 않을 수 있습니다. 하나님의 지키심을 진심으로 수용하는 사람만이 모든 지각에 뛰어난 하나님의 평강을 누릴 수 있습니다.

지나온 날들을 가만히 생각해 보십시오. 하나님께서 우리 마음과 생각을 지켜 주시며, 우리에게 말씀하지 않으십니까? 하나님의 그 지키심을 자기 것으로 삼는 사람은 시편 23편이 자신의 노래와 고백이 될 것이고, 하늘 위에서 내려오고 영혼 깊은 곳에서 솟구치는 하나님의 평강 안에 거하게 될 것입니다.

하나님 아버지!

바울이 에베소교회 사람들을 위해 무릎 꿇고 기도했던 첫 번째 기도 제목이 '그들의 속사람이 강건해지는 것'이었습니다. 우리의 기도를 정직하게 돌아보면, 우리의 무릎 꿇음은 속사람보다 겉사람일 때가 더 많았음을 고백합니다. 또 우리 기도는 하나님께서 우리 마음과 생각을 지켜 주시기보다 건강을 지켜 주시고, 소유를 지켜 주시고, 일을 지켜 달라는 것일 때가 대부분임을 고백합니다. 그래서 우리의 겉사람은 낡아지나 속사람이 날로 새로워지지 않고, 겉사람은 날로 화려해지나 속사람은 날로 파리해질 때가 많았습니다.

지난 생애 동안 하나님께서 우리 마음과 생각을 지켜 주셨기에 감정대로 본능대로 살지 않을 수 있었고, 내 생각만 옳다고 고집 부리지 않을 수 있게 됨은 얼마나 감사한지요. 우리의 남은 생애 동안 우리 마음과 생각을 지켜 주옵소서. 내 감정대로 살려고 할 때 하나님께서 '아니!'라고 말씀해 주시고, 내 생각에서 벗어나지 못할 때 '왜 그래?'라고 말씀하여 주옵소서. 하나님의 평강으로 우리의 마음과 생각을 지켜 주심이 우리의 평생의 자랑이 되고 신앙이 되게 하옵소서. 예수님 이름으로 기도드립니다.

아멘.

이것들을
생각하라

신발 끈을 다시 묶으며

바울은 '주 안에서 항상 기뻐하라'고 권면합니다. 그 기쁨을 구체적으로 누리려면 '우리의 관용을 모든 사람에게 알게' 하고, '염려하는 것 대신 우리의 구할 것을 감사함으로 하나님께 아뢰야' 한다고 합니다.

문학작품이나 영화, 드라마에서는 관용보다는 상대의 잘못을 밝혀내거나 복수를 통해 독자나 시청자에게 카타르시스를 느끼게 하는 경우가 많습니다. 사람들은 누구나 그렇게 하고 싶은 본능이 있기 때문입니다. 하지만 자신이 그 당사자일 때는 관용을 베풀 때 누리는 기쁨이 훨씬 큽니다. 그 관용의 마음과 생각을 모든 지각에 뛰어난 하나님의 평강이 지키기 때문입니다.

또한 인간은 한계를 지닌 존재입니다. 인간은 다른 동물들에 비해 뛰어난 면이 있지만 그것은 같은 유한한 존재와 비교할 때에 한해서입니다. 영원하신 하나님에 비하면 인간은 연약하기 짝이 없습니다. 그래서 성경은 인간이 '안개'와 같고 '벌레'와 같다고 합니다. 자욱한 안개로 사방을 분간할 수 없는 것 같아도 해가 뜨고 나면 안개는 찾으려야 찾을 수 없는 것처럼 인간의 생명의 길이는 영원에 비하면 한 점에 불과합니다. 또 벌레와 인간은 얼마나 차이가 많아 보입니까? 그러나 그 차이는 인간과 하나님의 차이에 비하면 없는 것과 같습니다.

　사도행전 12장에 보면 헤롯 아그립바 1세가 요한의 형제인 야고보 사도를 순교당하게 했습니다. 그것을 유대인들이 기뻐하는 것을 보고, 베드로 사도까지 죽이려고 했습니다. 하지만 투옥시키는 데까지는 성공했어도, 주의 사자가 옥에서 꺼내 주는 바람에 목적을 이루지 못하고 말았습니다. 그 헤롯이 날을 택하여 어의를 입고 옥좌에 앉아서 백성들에게 연설을 했는데, 백성들은 "이것은 사람의 소리가 아니라 신의 소리다!"라고 외쳤습니다. 하지만 그는 하나님께 영광을 돌리지 않았고, 주의 사자가 치자 벌레에게 먹혀 죽고 말았습니다. 온 나라를 호령하는 임금일지라도 이러할 수 있습니다.

　이처럼 벌레에게도 먹힐 수 있을 정도로 인간은 연약한 존재이기 때문에 염려거리에서 벗어나기가 쉽지 않습니다. '염려에서 벗어나자'고 아무리 자기암시를 해도 염려가 해소되는 것이 아니고, 염려를 분석한다고 해서 벗어날 수 있는 것도 아닙니다.

　가장 좋은 방책은 그 염려를 기도제목으로 만들어 하나님 앞에 나아가는 것입니다. 하나님께 나아간다고 해서 "염려가 없어질 줄 믿습니다"라고 하면 응답이 되지 않습니다. 그 염려거리로 하나님과 교제해야 합니다. 저는 요즘 토요일 밤에 자기 전에 이런 기도를 드립니다. "하나님, 내일은 주일입니다. 설교하는 것은 늘 저를 긴장하게 하고, 자신 없는 일입니다. 아침이 오지 않으면 좋겠다는 생각이 들기도 합니다. 제가

이것들을 생각하라

할 수 있는 것보다 더 잘하고 싶은 욕심에서 벗어나게 해주십시오. 내일도 저를 통해 교우님들에게 말씀해 주시든지, 직접 말씀해 주시든지 역사해 주십시오."

우리의 구할 것을 하나님께 아룀으로 누리는 기쁨은 참 큽니다. 물론 염려거리가 사라지는 것이 아님에도, 염려거리가 있는 우리의 마음과 생각을 모든 지각에 뛰어난 하나님의 평강이 지키기 때문입니다.

우리가 하나님의 평강을 경험하게 될 때 어떻게 해야 하는지를 오늘 본문이 잘 일러 줍니다. 8절이 이렇게 증거합니다.

> 끝으로 형제들아 무엇에든지 참되며 무엇에든지 경건하며 무엇에든지 옳으며 무엇에든지 정결하며 무엇에든지 사랑받을 만하며 무엇에든지 칭찬받을 만하며 무슨 덕이 있든지 무슨 기림이 있든지 이것들을 생각하라

하나님의 평강을 경험하는 사람들이 생각해야 하는 덕목을 여덟 가지로 말합니다.

첫째는 '무엇에든지 참되며'입니다. '참되다'는 것은 겉은 물론 속까지 바른 것입니다.

가끔 과일가게에서 과일을 살 때, 그리 좋아 보이지 않는 것을 일부러 고를 때가 있습니다. 그런 과일들은 다른 사람들이 사려 하지 않기 때문에 저라도 몇 개 가져가면 주인에게 낫지 않을까 싶어서입니다. 전에 한 가게에서 역시 과일을 골라 사면서 덜 좋아 보이는 것들을 고르니까 주인이 제 얼굴을 빤히 쳐다보더니 한 개를 덤으로 주었습니다.

1톤 트럭에서 파는 과일을 한 바구니씩 살 때도 가끔 있습니다. 겉으로

보기에 괜찮아 보여서 샀는데, 집에 와서 보면 그렇지 못한 과일들이 섞여 있는 경우가 있습니다. 겉에는 괜찮아 보이는 것을, 안쪽에는 그렇지 못한 과일을 둔 것입니다. 사람의 성품이 그러하다면 그것은 참되지 못한 것입니다. 그리스도인은 겉과 속이 같아야 하는 사람입니다.

둘째는 '무엇에든지 경건하며'입니다. '경건한'은 '고상한', '존경하는'이라는 뜻입니다. 가까이에서 볼수록 높은 품격이 느껴지는 것입니다.

신조어新造語 중에 '넘사벽'이라는 말이 있습니다. '넘을 수 없는 4차원의 벽'의 줄임말입니다. 아무리 노력해도 자신의 힘으로는 격차를 줄이거나 뛰어넘을 수 없는 상대를 가리키는 말입니다. 현재 활약하고 있는 축구선수 중에서는 FC 바르셀로나의 리오넬 메시나 레알 마드리드의 크리스티아누 호날두가 축구선수들의 넘사벽과 같을 것입니다. 우리나라 역사에서 손꼽히는 존경하는 인물 가운데는 이순신 장군이나 세종대왕이 넘사벽이 될 것입니다. 한국 개신교 역사의 인물 중에서는 주기철 목사님, 손양원 목사님 같은 분들이 넘사벽이 될 것 같습니다.

그리스도인들은 신앙 인격이 넘사벽이 되기 위해 자기를 가꾸어 가는 사람들입니다.

셋째는 '무엇에든지 옳으며'입니다. '옳다'는 것은 하나님과의 관계와 사람들과의 관계가 바른 것입니다.

하나님과 바른 관계를 맺어 가고 있는 사람인지 아닌지는 사람들과의 바른 관계로 증명됩니다. 하나님과 바른 관계를 맺어 가는 사람이 사람들과 바르지 못한 관계를 맺어 갈 리가 없다는 의미입니다. 그러나 사람들과의 관계가 하나님과의 관계를 증명해 주거나, 사람들과의 관계가 좋다고 해서 하나님과의 관계도 좋다고 할 수는 없습니다. 무엇이 더 이익이 되느냐보다 무엇이 더 옳으냐를 생각하고 '옳음'을 선택하는 사람은

　　　　　　　　　　　　　　　이것들을 생각하라

하나님께서 배부르게 하심을 경험하게 될 것입니다.

넷째는 '무엇에든지 정결하며'입니다. '정결하다'는 것은 '순결하다, 흠 없다'의 의미입니다. 남편이나 아내가 배우자 앞에서 두 마음을 품지 않아야 하듯이, 그리스도인은 하나님 앞에서 두 마음을 품지 않는 사람들입니다. 두 마음을 품는 것은 정결하지 못한 것입니다.

다섯째는 '무엇에든지 사랑받을 만하며'입니다. '사랑받을 만하다'는 것은 '매력적이다'는 의미입니다. 그리스도인들이 다른 사람들을 사랑하는 존재가 되는 것도 중요하지만, 사랑받을 만한 존재—매력적인 존재가 되는 것도 중요합니다.

매력적인 사람이 되는 것은 외모가 남들보다 뛰어남에서 오기도 하지만 그것은 그리 오래가지 않습니다. 속사람의 아름다움은 겉사람의 아름다움에 비교할 수 없을 정도로 매력적입니다.

연예계에 '국민배우', '국민가수'라고 불리는 사람들이 있습니다. 그들이 배우나 가수들 중에서 최고의 미남, 미녀는 아닐 것입니다. 그런 칭호를 받게 하는 것은 그들의 밖에 있지 않고 속에 있습니다. 그들이 연기하는 것과 노래하는 것이 사랑스럽고 매력적이라는 뜻입니다. 그런 칭호를 받기 위해 그들은 자신들의 연기력이나 가창력을 높이고 넓히려고 혼신의 노력을 한 사람들입니다.

우리도 교만하지 않고 끊임없이 자기부인을 해가다 보면 사랑받을 만한 매력적인 존재가 될 것입니다.

여섯째는 '무엇에든지 칭찬받을 만하며'입니다. '칭찬받을 만하다'는 것은 '좋은 평판을 듣다'입니다. 좋은 평판을 듣는 것은 한두 번 잘했다고 해서 이루어지는 것이 아니라 오랜 시간 반복해서 잘하게 될 때 이루어지는 것입니다.

다른 교회에 다니는 사람이 우리 교회 교우님에게 "정한조 목사 어때요?"라고 물었을 때, "얘기하고 싶지 않아요"라고 하면 저는 우리 교회에서 좋은 평판을 받는 그리스도인이 아닌 것입니다.

일곱째는 '무슨 덕이 있든지'입니다. 사전에 나오는 '덕'의 첫 번째 의미는 '도덕적 · 윤리적 이상을 실현해 가는 인격적 능력'입니다. 고대에도 이 단어는 '힘'과 관련되어 쓰였습니다. 우리말에도 덕과 관련해서 힘을 느낄 수 있는 좋은 예가 있습니다. "나는 좋은 부모 덕에 잘 자랄 수 있었습니다"라고 하면 부모가 '도덕적으로 훌륭했다'는 의미만이 아니라 부모의 인격적인 힘, 경제적인 힘, 바르게 인도하는 힘 등을 포함하는 말입니다. 그리스도인은 덕으로 자신을 가꾸어 가는 사람입니다.

마지막 여덟째는 '무슨 기림이 있든지'입니다. '기림'은 '칭찬', '칭송'의 뜻입니다. 다른 사람에게 칭찬받는 것도 쉬운 일이 아니지만, 다른 사람을 칭찬하는 것도 쉽지 않습니다. '배고픈 것은 참아도, 배 아픈 것은 참지 못한다'는 말이 있습니다. 배고파하는 사람과 배아파하는 사람을 함께 품어 주는 사람은 기림/칭찬을 받아야 하는 사람입니다.

바울은 이런 덕목들을 '생각하라'고 명령형으로 말합니다. 헬라어에서 명령형은 지속적이고 반복적인 행동을 요구하는 말입니다. 한두 번 생각하고 끝내는 것이 아니라 평생 계속 생각해야 하는 것들이라는 의미입니다.

성도님들은 지난 한 주간 무슨 생각을 가장 많이 하셨습니까? 내가 한 주간 동안 가장 많이 한 그것이 나를 보여 주는 거울입니다. 생각은 그대로 삶에 반영됩니다. 고상한 것을 생각하는 사람에게는 격조 있는 품격이 나타납니다. 반면에 증오와 분노를 품으며 사는 사람에게는 거친 언어와 난폭한 행동이 나타납니다.

이것들을 생각하라

꼭 30년 전, 〈고교생 일기〉라는 TV 드라마가 있었습니다. 그 주제가 1절 가사가 이렇습니다.

■ 무지개를 보듯 내일을 본다/ 이리저리 열린 여러 갈래 길/ 우리들은 이제 어디로 갈까/ 물을 담아 두면 물 단지/ 꿀을 담아 두면 꿀 단지/ 우리들은 꿈 단지 꿈을 담아라/ 너와 나는 고교생 진리의 물을 마시자/ 너와 나는 고교생 푸른 풀잎처럼 자라자

같은 단지여도 물이 들어 있으면 물단지가 되고, 꿀이 들어 있으면 꿀 단지가 되듯이, 우리 속에 참된 것, 경건한 것, 옳은 것, 정결한 것, 사랑받을 만한 것, 좋은 평판을 받을 만한 것, 덕스러운 것, 칭찬받는 것을 담으면 하나님도 함께 거하시는 성전이 되고, 세속적 가치관과 병든 이기심을 담으면 욕망의 소굴이 됩니다.

바울의 권면은 이렇게 이어집니다. 9절입니다.

■ 너희는 내게 배우고 받고 듣고 본 바를 행하라 그리하면 평강의 하나님이 너희와 함께 계시리라

배우는 것이 이성을 통한 앎이라면, 받는 것은 감성을 통한 앎이고, 듣는 것은 의지를 통한 앎, 본 것은 체험을 통한 앎이라 할 수 있습니다. 바울은 빌립보교회 사람들에게 이와 같은 방법으로 진리인 하나님의 말씀을 전해 주었다고 합니다. 바울은 자신의 전 인격을 통해 빌립보교회 사람들을 가르친 것입니다.

배운 대로 행하면 평강의 하나님께서 함께하신다고 합니다. 우리가 아

무엇도 염려하지 않고 다만 모든 일에 기도와 간구로 우리의 구할 것을 하나님께 아뢰면 '하나님의 평강'이 함께하는 것을 경험하고, 배우고, 받고, 듣고 본 바를 행하면, 즉 말씀대로 살아가면 '평강의 하나님'이 함께하심을 경험하게 될 것입니다.

요셉은 형들에게 모함을 당해서 애굽으로 팔려가 종살이를 했고, 옥살이를 했습니다. 그러한 세월을 13년 동안이나 보냈습니다. 그럼에도 그는 종살이 중에서도 참되고 옳은 삶을 살아 보디발의 집이 복을 받았고, 보디발의 부인의 유혹 앞에서도 정결했고, 억울한 옥살이 가운데서도 사랑받을 만했고, 칭찬받을 만했습니다. 시편 기자는 여호와의 말씀이 응할 때까지 여호와의 말씀이 요셉을 단련했다(시 105:19)고 노래했습니다. 요셉이 보디발 장군의 집에 있을 때 어떻게 해서 형통할 수 있었는지 창세기 39장 2절이 이렇게 증거합니다.

■   여호와께서 요셉과 함께하시므로 그가 형통한 자가 되어 그의 주인 애굽 사람의 집에 있으니

평강의 하나님께서 요셉과 함께해 주신 것입니다. '하나님의 함께하심'은 요셉이 누린 가장 큰 복이었습니다. 그러나 많은 그리스도인들은 평강의 하나님이 함께해 주시는 것보다 하나님의 손에 든 것(선물)을 더 좋아합니다. 자신의 인생은 자신이 잘 꾸려 갈 수 있으니 필요한 때 도움만 주시면 좋겠다고 생각합니다. 그러나 자신의 인생을 하나님께서 인도해 주시는 것보다 자신이 인생을 더 잘 꾸려갈 수 있다고 생각하는 것은 오만이자 무지입니다.

이것들을 생각하라

초등학교 6학년과 중학교 2학년인 제 두 아들이 제게 "아빠! 매일 우리에게 각각 만 원, 이만 원씩만 주세요. 나머지는 알아서 할게요"라고 하면, 제가 "우리 아들 다 컸네"라며 칭찬하겠습니까? 그들에게 회초리가 기다릴 것입니다. 반면에 "아빠, 나는 아빠가 우리 아빠인 것이 자랑스러워요"라고 하면 만 원, 이만 원이 아니라 무엇이든 주려고 할 것입니다.

우리의 신앙도 마찬가지입니다. 하나님께서 함께해 주심은 무엇과도 비교될 수 없는 큰 복이자 상이고 은총입니다.

부모가 자녀들을 두고 먼저 세상을 떠나게 될 때는 가장 하고 싶은 말을 하고, 가장 소중한 것을 주려고 할 것입니다. 그래서 우리를 위해 십자가에 대속의 죽음을 죽어 주신 주님께서 승천하시며 이렇게 말씀하셨습니다.

■ 볼지어다 내가 세상 끝날까지 너희와 항상 함께 있으리라
(마 28:20하)

오늘은 우리 교회가 여덟 번째 생일을 맞이하는 주일입니다.

오늘 본문 8절의 '바르게 생각해야 할 덕목' 여덟 가지는 우리 교회가 지나온 8년의 봉우리처럼 여겨집니다. '몸을 산 제물로', '야긴과 보아스', '미래와 희망', '오직 나의 영으로', '함께', '여호와를 기다릴지어다', '내 상이 무엇이냐', '생각하여 보라' 등 이 여덟 개의 표어로 우리는 참되고, 경건하고, 올바르고, 정결하고, 사랑받을 만하고, 좋은 평판을 듣고, 덕을 세우고, 칭찬받을 만한 것을 생각하고, 하나님의 말씀대로 행하는 일에 최선을 다해 왔습니다.

'양화진외국인선교사묘원의 소유권 등기말소 소송'이 2013년 2월 28

일 대법원 판결로 확정되었습니다. 이 소송은 2008년 12월 경성구미인 묘지회(회장 원한석)가 제기했던 것인데, 4년 3개월 만에 마침표를 찍은 것입니다. 대법원은 일치된 의견으로 '원고인, 경성구미인묘지회의 상고를 모두 기각하고, 상고비용은 원고가 부담하라'고 판결했습니다. 이것은 올바른 것을 생각하고, 하나님의 말씀대로 순종하려 했던 100주년기념재단과 100주년기념교회에 평강의 하나님께서 함께해 주신 결과입니다. 또한 이것은 '한국 기독교 선교 100년의 신앙과 정신을 계승하고, 선교 200년을 향한 비전을 함양하라'는 우리 교회의 소명을 더 잘 이루어가라는 하나님의 명령이기도 합니다.

우리 교회에 맡겨진 양화진외국인선교사묘원과 용인에 있는 한국기독교순교자기념관을 성지로 잘 관리하고 보존하는 일을 통해 한국 기독교 선교 100년의 신앙과 정신을 계승하고, 선교 200년을 향한 비전을 함양하는 일도 잘 감당해야 하지만, 그보다 더 중요한 일이 있습니다. 우리 각자가 바른 성전이 되어 가는 것과, 우리 교회 공동체가 성전이 되어 가는 것입니다.

성경에는 성전을 지칭하는 말들이 여럿 있습니다. 성막은 이동용 성전이라고 할 수 있는데, 18.5평 정도가 됩니다. 건물 성전으로는 솔로몬성전, 스룹바벨성전, 헤롯성전이 있습니다.

또한 예수님이 성전이십니다. 예수님께서 공생애를 보내실 때 헤롯성전이 지어지고 있었습니다. 예수님께서는 "너희가 이 성전을 헐라. 내가 사흘 동안에 일으키리라"(요 2:19)고 하셨습니다. 그러자 유대인들은 "이 성전은 사십육 년 동안에 지었거늘 네가 삼 일 동안에 일으키겠느냐 하더라"(요 2:20)고 반문했습니다. 예수님께서 말씀하신 성전은 당신의 육체를 가리켜 하신 말씀입니다. 사실 이때부터 건물의 성전시대

이것들을 생각하라

는 끝났습니다.

또한 우리 자신이 성령의 전이라는 것은 잘 아실 것입니다. 그런데 또 하나의 성전을 에베소서에서 말합니다. 에베소서 2장 21-22절이 이렇게 증거합니다.

> ■ 그의 안에서 건물마다 서로 연결하여 주 안에서 성전이 되어 가고 너희도 성령 안에서 하나님이 거하실 처소가 되기 위하여 그리스도 예수 안에서 함께 지어져 가느니라

이 성전은 성전인 우리가 함께 지어 가는 연합성전이라고 할 수 있습니다. 아직 완성되지 않은 성전입니다. 이 성전에서 어떤 사람은 바닥 역할을 해야 하고, 어떤 사람은 창고 역할, 또 어떤 사람은 굴뚝 역할 등을 해야 합니다. 바닥 역할을 하는 사람은 편하기는 하지만 매일 밟힙니다. 방금 씻었는데 또 더럽습니다. 그러나 바닥 역할을 해야 하는 사람이 그 역할을 하지 않는다면 다른 사람들은 날개를 달고 날아다녀야 합니다. 창고 역할을 하는 사람에게는 잡다한 것이 쌓입니다. 누가 알아주지도 않습니다. 만약 창고 역할을 해야 하는 사람이 하지 않는다면 다른 것들이 정리되지 않을 것입니다. 굴뚝 역할을 하는 사람은 자신이 새카맣게 되지만 그로 인해 다른 부분들이 깨끗해질 수 있습니다.

만약 모두가 함께 지어져 가지 않고 일부만 지어져 간다면 어떻게 되겠습니까? 집을 사기로 마음먹고 가서 보니 앞은 근사하게 지어졌는데 뒷면은 벽이 없다면 그 집을 구입하시겠습니까? 하나님의 집은 소수의 사람만이 아니라 모두가 함께 지어 가야 합니다.

또한 이 집은 '성전'이라고 부릅니다. 성전에 가장 중요한 것은 거룩함

입니다. 건물 크기도, 모양도, 재질도 중요하지 않습니다. 건물 안에 있는 장롱도, 가전제품도, 주방기구도 중요하지 않습니다. 거룩함은 하나님의 뜻, 하나님의 방법, 하나님의 원리를 따르는 것입니다.

100주년기념교회 창립 8주년을 맞아 우리가 참됨과 경건함, 올바름, 정결함, 사랑받을 만함, 좋은 평판을 들음, 덕을 세움, 칭찬받음을 생각하고, 하나님의 말씀을 살아 냄으로 우리 모두가 성전으로 가꾸어지십시다. 그리고 그런 우리가 모여서 100주년기념교회 공동체라는 성전을 아름답게 지어 가십시다. 그렇게 될 때 오염투성이의 한국 교회가 정화되기 시작할 것이요, 한국 기독교 선교 100년의 신앙과 정신을 계승하고 선교 200년을 향한 비전을 함양하는 일도 더 잘 감당할 수 있을 것입니다. 평강의 하나님께서 우리와 함께하시기 때문입니다.

하나님 아버지!
교회 창립 8주년을 맞이하게 하시고 우리가 무엇을 생각해야 하는지 일깨워 주셔서 감사합니다. 우리 모두가 참된 것과 경건한 것, 올바른 것, 정결한 것, 사랑받을 만한 것, 좋은 평판을 들을 만한 것, 덕을 세우는 것, 칭찬받는 것을 생각하게 하시고, 지금까지 배우고, 받고, 듣고, 본 것을 행하는 그리스도인이 되게 하여 주옵소서. 우리의 마음을 추스르고, 신발 끈을 다시 묶습니다. 평강의 하나님께서 우리와 함께하심으로 우리가 세월이 지날수록 더욱 하나님의 자녀답고 그리스도인답게 하여 주옵소서.

이것들을 생각하라

또한 우리 교회가 선교 100년의 신앙과 정신을 잘 계승하고, 선교 200년을 향한 비전을 함양하기 위해 우리 각자가 자신의 삶과 신앙을 성전으로 잘 가꾸어 가게 하시고, 우리 모두가 아름다운 연합성전이 되게 하여 주옵소서. 작금의 한국 교회는 맛을 잃은 소금처럼 되어 사람들에게 밟히고 있고, 빛을 잃은 등대처럼 존재하는 것이 무의미하다 여김을 받고 있습니다. 바라옵고 원하옵나니, 성전 되신 주님께서 한국 교회를 새롭게 하여 주시고, 빛을 다시 밝혀 주옵소서. 요셉을 애굽으로 보내서 그를 통해 400년 후에 있을 출애굽의 밀알로 삼아 주셨듯이, 100주년기념교회를 한국 기독교 선교 200주년, 300주년, 400주년의 밀알로 삼아 주옵소서. 예수님의 이름으로 기도드립니다. 아멘.

5

빌립보서

4장 10-23절

¹⁰ 내가 주 안에서 크게 기뻐함은 너희가 나를 생각하던 것이 이제 다시 싹이 남이니 너희가 또한 이를 위하여 생각은 하였으나 기회가 없었느니라 ¹¹ 내가 궁핍하므로 말하는 것이 아니니라 어떠한 형편에든지 나는 자족하기를 배웠노니 ¹² 나는 비천에 처할 줄도 알고 풍부에 처할 줄도 알아 모든 일 곧 배부름과 배고픔과 풍부와 궁핍에도 처할 줄 아는 일체의 비결을 배웠노라 ¹³ 내게 능력 주시는 자 안에서 내가 모든 것을 할 수 있느니라 ¹⁴ 그러나 너희가 내 괴로움에 함께 참여하였으니 잘하였도다 ¹⁵ 빌립보 사람들아 너희도 알거니와 복음의 시초에 내가 마게도냐를 떠날 때에 주고 받는 내 일에 참여한 교회가 너희 외에 아무도 없었느니라 ¹⁶ 데살로니가에 있을 때에도 너희가 한 번뿐 아니라 두 번이나 나의 쓸 것을 보내었도다 ¹⁷ 내가 선물을 구함이 아니요 오직 너희에게 유익하도록 풍성한 열매를 구함이라 ¹⁸ 내게는 모든 것이 있고 또 풍부한지라 에바브로디도 편에 너희가 준 것을 받으므로 내가 풍족하니 이는 받으실 만한 향기로운 제물이요 하나님을 기쁘시게 한 것이라 ¹⁹ 나의 하나님이 그리스도 예수 안에서 영광 가운데 그 풍성한 대로 너희 모든 쓸 것을 채우시리라 ²⁰ 하나님 곧 우리 아버지께 세세 무궁하도록 영광을 돌릴지어다 아멘 ²¹ 그리스도 예수 안에 있는 성도에게 각각 문안하라 나와 함께 있는 형제들이 너희에게 문안하고 ²² 모든 성도들이 너희에게 문안하되 특히 가이사의 집 사람들 중 몇이니라 ²³ 주 예수 그리스도의 은혜가 너희 심령에 있을지어다

21 일체의 비결을 배웠노라

《난 당신이 좋아》

일반적으로 간증집은 실패에서 성공을 체험했거나 중병에서 기적적으로 고침 받은 내용 등을 비롯하여 믿을 수 없는 하나님의 큰 역사를 체험한 내용이 대부분입니다. 그러나 그러한 간증만이 우리의 신앙과 삶에 자양분이 되는 것은 결코 아닙니다.

《난 당신이 좋아》라는 책이 있습니다. 김병년이라는 목사님이 쓴 것인데, 이분의 부인에 대한 이야기입니다. 이 책의 부제가 '고통 속에 부르는 아가雅歌'입니다. 2005년 8월에 이분이 수요예배를 마치고 예배당 정리를 한 뒤 휴대폰 전원을 켰는데, 음성메시지 하나가 와 있었습니다. "형부, 전화해. 언니가 병원 응급실에 있어. 빨리 와!" 그 메시지는 그의 인생을 완전히 바꾸어놓고 말았습니다. 아내가 셋째를 낳은 지 이틀 만에 젖을 먹이다 뇌경색으로 쓰러진 것입니다. 의사는 수술에 성공해도 식물

인간이 될 거라고 했습니다.

병원에선 수술을 하기 위해서는 보호자가 사인을 해야 한다고 했습니다. "하나님, 저는 보호자가 아닙니다. 하나님이 보호자시잖아요! 어떻게 좀 해주세요." 하나님께 절규했습니다.

수술은 성공적으로 끝났지만 의사 말대로 아내는 식물인간이 되었습니다. 뇌는 살아 있어서 상대방이 말하는 것을 이해는 하지만 신경조직이 마비되어 몸은 조금도 움직일 수 없었습니다. 손가락과 눈썹으로만 의사소통을 할 수 있었습니다. 이 사고가 있은 지 3년 뒤, 아내는 전기장판 누전으로 다리에 화상을 입어 한쪽 다리도 잘라야 했습니다.

이분이 아침에 일어나서 세 자녀에게 가장 먼저 하게 하는 일은 엄마에게 뽀뽀를 하는 것이라고 합니다. "엄마에게 뽀뽀 열번!"이라고 외치면 세 아이는 달려가서 볼과 입술에 뽀뽀를 하는데, 아내는 슬며시 미소를 짓는다고 합니다. 가끔은 엄마에게 재미있는 이야기 다섯 개씩 들려주면 맛있는 것을 사준다며 이벤트를 벌인다고 합니다. 그리고 밤마다 아이들을 엄마 곁으로 오게 해서 외롭지 않도록 첫째는 엄마의 오른손을, 둘째는 왼손을, 셋째는 얼굴을 만지게 한다고 합니다.

이분은 이 책의 마지막을 이렇게 장식합니다.

코피를 쏟을 정도로 몸은 말할 수 없이 피곤하지만, 마음만은 행복합니다. 하나님이 주신 선물인 아내와 세 아이 그리고 교회를 사랑하며, 하나님이 허락하신 삶을 살고, 하나님이 허락하신 기업을 돌보는 즐거움을 누리고 있습니다. 오늘도 새벽에 일어나

이것들을 생각하라

서 그분 앞에 아내와 함께 나아갑니다. 아내 곁에서 그분의 이름을 부르며 기도합니다.

참. 행. 복. 합. 니. 다.

세상적인 시각으로는 성공한 것으로 보이는데 만족하지 못하는 삶도 있고, 세상적인 안목으로는 실패한 것으로 보이는데 만족하는 삶도 있습니다.

이 시대를 살아 가는 바울들이 되게 하여 주옵소서

오늘 본문은 세상적으로 완전히 실패한 것으로 보이지만 진정한 만족자로 살아간 바울을 통해 우리도 어떻게 만족하며 살아갈 수 있는지를 잘 일러 줍니다.

바울이 빌립보교회에 빌립보서를 보낸 이유 중의 하나는, 로마 감옥에 있는 자신에게 에바브로디도를 통해 후원금을 보내 준 것에 감사하기 위해서입니다. 그래서 빌립보서는 보내 준 후원금에 대한 영수증과도 같습니다. 그것이 4장 10-20절까지인데, 감사의 인사말이 참 깁니다.

바울은 아주 중요한 교리인 "너희 관용을 모든 사람에게 알게 하라. 주께서 가까우시니라"(5절)는 말은 단 한 절로 끝내고, 기도에 관한 가르침도 아주 중요한 것임에도 6-7절 두 절로, 바른 생각과 바른 행함에 관한 가르침도 8-9절 두 절로 기록합니다. 그런데 감사 인사는 열한 절이나 됩니다. 그것도 직접적으로 감사를 표현하지 못하고 주저주저하고 있는 것처럼 보입니다. 10절에서 "내가 크게 기뻐한다"고 하더니, 11절에서는 "내가 궁핍하므로 말하는 것이 아니니라"고 합니다. 또 14절에서는

"너희가 내 괴로움에 함께 참여하였으니 잘하였도다"라고 하더니, 17절에서는 "내가 선물을 구함이 아니요"라고 말을 뒤집습니다.

고린도전서 9장에 보면 게바(베드로)는 부인을 대동해서 사역했습니다. 그리고 가는 곳마다 사역비를 후원받았습니다. 당시 사도들과 순회 성경교사들과 달리 바울은 자비량으로 사역했습니다. 자비량으로 하지 않음으로 인해 복음을 전하는 데 조금이라도 방해가 되지 않게 하기 위함이었습니다.

그렇지만 바울은 빌립보교회 사람들의 도움에도 깊이 감사하고 있습니다. 4장 1절에서 그들을 호칭하면서 "나의 사랑하고 사모하는 형제들, 나의 기쁨이요 면류관인 사랑하는 자들아"라고 합니다. 그들을 얼마나 깊이 생각하고 있는지가 금방 느껴집니다. 그러나 바울은 그들이 자신에게 그런 친절을 베풀어 주기를 기다리거나 기대한 적이 없었고, 그들에게 의존하고 싶은 마음도 없었음을 알게 해주고 싶었습니다. 그래서 감사와 자비량사역을 왔다 갔다 하는 것처럼 보입니다. 즉 빌립보교회 사람들에게 감사를 표현하는 것이 사람을 의지하고 하나님을 신뢰하지 않는 것처럼 보이기를 원치 않은 것입니다. 감사와 신앙을 함께 표현하려다 보니 말이 길어지게 되었습니다.

오늘 본문 10절이 이렇게 증거합니다.

■　　　　내가 주 안에서 크게 기뻐함은 너희가 나를 생각하던 것이 이제 다시 싹이 남이니 너희가 또한 이를 위하여 생각은 하였으나 기회가 없었느니라

빌립보교회는 바울에게 후원하고 싶었습니다. 그렇지만 좋은 기회를

　　　　　　　　　　　　　　　　　　　　　　이것들을 생각하라

얻지 못하자 거의 잊히고 말았습니다. 그런데 바울이 로마 감옥에 투옥되자, 예전에 생각했던 것이 되살아났습니다. 그래서 에바브로디도를 통해 후원금을 보냈고, 바울은 그것을 감사하고 있습니다. 빌립보교회 사람들의 따뜻함과 지혜로움은 자기들이 돕고 싶은 때를 정해서 한 것이 아니라, 바울이 도움이 필요할 때를 알아서 했다는 것입니다. 바울이 처음 2년 동안은 가택연금 상태였기 때문에 집세도 내야 했고, 재판 비용도 부담해야 했고, 먹고 살기도 해야 했습니다. 그러나 천막 만드는 일을 할 수 없어서 돈을 벌 수 없었습니다. 그런 정황을 깊이 이해한 빌립보교회가 바울에게 후원금을 보내 준 것입니다.

스위스 로잔에서 동쪽으로 40킬로미터쯤 떨어진 에글Aigle이란 곳에 '라브리L'Abri'라는 공동체가 있습니다. '라브리'는 프랑스어로 '피난처'라는 의미입니다. 1955년 미국인 프란시스 쉐퍼Francis Schaeffer 목사님 부부가 시작한 곳입니다. 당시 유럽은 2차 세계대전이 끝나고 영적으로 많이 피폐해 있었습니다. 쉐퍼 목사님의 글에 의하면 당시 제네바 국가 교회에 소속된 목사들 60명 중에서 두세 명만이 성경을 진리로 믿는 그리스도인이었습니다. 그래서 라브리는 성경이 진리인 것을 삶으로 증명하기 위해 시작되었습니다.

라브리가 조금씩 알려지고 있을 때, 쉐퍼 목사님 부부는 집 임대료를 계속 지불하는 것보다 집을 사는 게 낫겠다고 생각했습니다. 은행에서 대출을 받아서 사면 임대료보다 덜 들었기 때문입니다. 당시 집을 구입하는 데 필요한 비용은 건물 구입비와 서류상 절차에 드는 비용을 합해서 7,366달러였습니다. 그 돈이 2개월 안에 꼭 있어야 했습니다. 그래서 기도하기 시작했습니다. 라브리의 생활과 사역 원칙 네 가지 중에 첫 번째가 '가족들의 생활과 찾아오는 사람들을 섬기는 데 필요한 돈을 사람들에게 요청하지 않고 하나님께 요청한다'입니다.

2개월 동안 세계 곳곳에서 157건의 후원금이 들어왔습니다. 가장 많은 액수의 후원금은 225달러였고, 적은 후원금은 1달러였습니다. 두 달 동안 모아진 후원금이 7,343달러 30센트였는데, 나중에 결산을 했더니 예상 비용보다 조금 덜 들어서 3달러가 남았다고 합니다. 그때 이후로 집을 사라고 후원금이 온 경우는 한 번도 없었다고 합니다. 그리고 집을 사고 난 주말마다 젊은이들이 몰려오기 시작했습니다.

바울이 로마 감옥에 갇혀 있을 그때 하나님께서는 빌립보교회로 하여금 후원금을 보내게 했고, 라브리에서 성경 말씀이 진리인 것을 삶으로 증명하기 위한 공간이 필요할 때 하나님께서 세계 곳곳에 있는 사람들의 마음을 움직여 주신 것입니다. 이처럼 하나님은 타이밍을 맞추는 분이십니다.

바울은 빌립보교회 사람들에게 '주 안에서 기뻐하라'고 여러 번 권면했습니다. 이제는 자신도 주 안에서 기뻐한다고 합니다. 그런데 바울은 그렇게 말하며 '크게'라는 부사를 덧붙였습니다. 에바브로디도를 통해 빌립보교회가 보낸 후원금이 바울을 기쁘게 했지만 그것은 본질적인 기쁨은 아니었습니다. 그래서 바울은 '후원금 안에서 기뻐한다'고 하지 않고 '주 안에서', 그것도 '크게' 기뻐한다고 합니다. 자신에게 큰 기쁨을 준 것은 빌립보교회가 보내 준 후원금이 아니라 주님이라고 고백하는 것입니다. 세상적인 관점으로만 본다면 로마 감옥에서 크게 기뻐할 일이 무엇이 있겠습니까? 부족한 것, 불편한 것투성이였을 것입니다. 자유롭게 할 수 있는 것이라고는 아무것도 없었습니다. 그러나 바울의 마음을 사로잡은 것은 그가 가장 고상하다고 고백했던 예수 그리스도, 그분이었습니다.

이것들을 생각하라

바울의 고백은 이렇게 이어집니다. 11절이 증거합니다.

> ■ 　내가 궁핍하므로 말하는 것이 아니라 어떠한 형편에든지 나
> 　는 자족하기를 배웠노니

옥에 갇혀 있던 바울의 외적 상황은 아주 어려웠던 것으로 보입니다. '궁핍'이라는 단어가 신약성경에 또 한 번 나오는데, 마가복음 12장 44절입니다.

> ■ 　그들은 다 그 풍족한 중에서 넣었거니와 이 과부는 그 가난한 중
> 　에서 자기의 모든 소유 곧 생활비 전부를 넣었느니라 하시니라

여기서 '가난'은 '궁핍'과 같은 단어입니다. 예루살렘 성전 뜰에 있던 연보궤에 부자들은 많은 헌금을 냈지만, 과부의 헌금은 동전 두 개였습니다. 그러나 그것은 그의 생활비 전부였습니다. 세상에 상대적으로 가난한 사람들은 많습니다. 월급이 많지 않아서 문화생활은 꿈도 꾸지 못하는 것은 물론 큰마음 먹어야 옷을 살 수 있는 사람도 있고, 자녀가 4~5명이나 되는데 집에 방이 두 개밖에 없어서 남자와 여자로 나뉘어 잠을 자는 가정도 있습니다. 게다가 자동차를 살 수 없어 대중교통을 이용하여 출퇴근하는 사람은 참 많습니다. 그러나 이것은 대부분 상대적인 가난입니다. 이 과부의 가난은 절대적이었습니다. 먹을 것이 없어서 초근목피草根木皮나 마른 흙을 먹어야 할 정도의 가난이었습니다.

그래서 바울의 옥중생활이 쉽지 않았던 것으로 보입니다. 하지만 그런 상황 속에서도 자족自足하기를 배웠다고 합니다. 자족은 자기에게 필요

한 적절한 양을 스스로 충족시키는 것입니다. 외적인 양이 적을 때는 그것을 크게 여겨서 적절한 양으로 만들고, 많을 때는 그것을 적게 여겨서 적절한 양으로 만드는 것입니다. 그래서 자족은 속이 아주 강함을 뜻하는 말이었습니다.

'자족'은 당시 스토아 학자들이 자주 사용하던 용어입니다. 그들은 욕구를 제거함으로써 자족에 이른다고 생각했습니다. 그래서 가장 적은 것으로 만족하는 사람이 가장 부한 사람이라고 가르쳤습니다. 또한 그들은 자기에게나 다른 사람에게 어떤 일이 일어나도 감정을 배제해야 자족에 이를 수 있다고 생각했습니다. 그래서 그들이 많이 사용하던 말이 "상관없어요I don't care"였습니다. 컵이나 그릇이 깨어져도, 개나 말과 같은 동물들이 다쳐도, 자신이 다쳐도 "상관없어요"라고 했습니다. 심지어 가족이 세상을 떠나도 "상관없어요"라고 말하곤 했습니다. "상관없어요"를 많이 말하기만 하면 저절로 자족이 찾아오면 얼마나 좋겠습니까? 하지만 자족은 우리 안에서 만들어 낼 수 있는 것이 아니라 우리 밖에 계신 분이 만들어 주시는 것입니다.

바울이 자족하기를 배운 것 두 가지를 12절이 이렇게 증거합니다.

■ 나는 비천에 처할 줄도 알고 풍부에 처할 줄도 알아 모든 일 곧 배부름과 배고픔과 풍부와 궁핍에도 처할 줄 아는 일체의 비결을 배웠노라

우선, 비천에 처함을 통해 자족을 배웠다고 합니다. '비천하다'는 것은 가난하거나 돈이 없다는 뜻만이 아닙니다. 그런 상황 때문에 무시당하고 천대당했다는 뜻입니다. 바울은 배고프고 궁핍한 상황에서도 그것을 모

이것들을 생각하라

자라다고 여기지 않으며 자족했습니다.

다음으로, 풍부에 처함을 통해 자족을 배웠다고 합니다. '풍부하다'는 '필요한 것보다 많다'는 뜻입니다. 바울은 배부름이나 풍성함에도 그것을 자기 속에 적절하게 맞추는 자족이 있었습니다.

우리는 비천함에 처할 수도 있고, 풍부에 처할 수도 있습니다. 비천하면 비굴해지거나 자포자기에 빠져서 다른 사람들과 세상과 하나님을 원망하기 쉽습니다. 풍부하면 눈에 보이는 것 때문에 하나님을 잊기 쉽습니다. 자족 이상의 것을 가질 때 어떻게 살아야 하는지 몰라서 자신과 가정, 사회를 파괴하기 쉽습니다.

비천에 처해서 자족하는 것도 쉽지 않고, 풍부에 처해서 자족하는 것도 어렵습니다. 그리스도인들의 기도의 대부분은 비천에서 벗어나 풍부에 처하게 해달라는 것입니다. 풍부에 처하기만 하면 자족하는 것은 두말할 필요도 없고, 하나님께 순종할 뿐만 아니라 열심히 섬기겠다고 합니다. 그런데 비천에 처해서 자족하는 것보다 풍부에 처해서 자족하는 것이 훨씬 어렵습니다.

최근 2주 사이에 신문기사에서 거액의 복권에 당첨된 영국 소년 소녀가 10년 후 어떻게 되었는지에 관한 이야기를 읽었습니다.

마이클 캐롤이라는 사람은 열여덟 살이던 2002년, 970만 파운드(약 165억 원)짜리 복권에 당첨되었습니다. 당첨 후 그는 화려한 인생을 계획하며 하루하루를 꿈같이 보냈습니다. 그러나 그의 계획은 꿈같이 끝나고 말았습니다. 당첨금의 40퍼센트에 가까운 400만 파운드는 가족과 친구들에게 나누어 주었고, 남은 돈으로 고급 저택과 레이싱카를 여러 대 샀습니다. 그때부터 음주, 도박, 매춘에 빠져 살았고, 마약에도 두 차례나 손을 대어 교도소를 두 번 다녀오기도 했습니다. 결국 복권 당첨 8년 만인 2010년 2월에 파산하여 실업수당을 받는 처지가 되었다가 최근 비스킷공장에 취직해서 주당 204파운드(약 35만 원)를 받으며 근근이 살아가고 있습니다.

칼리 로저스는 열여섯 살이던 2003년, 1,875,000파운드(약 32억 원)짜리 복권에 당첨되었습니다. 칼리는 영국 역사상 최연소 복권당첨자였습니다. 그는 10년 동안 학교와 직장은 다니지 않았고, 당첨금으로 저택과 고급자동차를 구입했으며, 쇼핑, 성형수술과 매일 열다시피 하는 호화파티 등으로 탕진했습니다. 마약중독과 알코올중독에 빠졌으며, 자살시도도 세 번이나 했습니다. 지금은 2000파운드(약 340만 원)가 통장 잔고의 전부고, 마트에서 일하면서 일주일에 두 번 노인 간병을 하는 등, 간호사가 되기 위한 준비를 하고 있다고 합니다.

두 사람 모두 자족함이 무엇인지 몰랐기 때문에 풍부가 이들의 인생을 망친 것입니다. 혹 "10년 살다 죽어도 좋으니 마음대로 돈을 펑펑 써봤으면 좋겠다"고 생각하시는 분이 계십니까? 그분은 속이 아주 많이 병든 것입니다.

돈을 버는 것과 돈이 생기는 것은 동의어가 아닙니다. 내게 있는 같은 100만 원이라도 땀 흘려 번 것과 그냥 생기게 된 것은 의미가 다릅니다. 버는 게 아니라 생기기를 구하게 되면 그 인생은 망가집니다.

바울은 '배부름과 배고픔', '풍부와 궁핍'에도 자족하는 비결을 배웠다고 합니다. 세상적인 시각에서 바울이 배부름이나 풍부함을 누린 것은 성경에 거의 나오지 않습니다. 바울은 다메섹으로 가다가 예수 그리스도를 만난 후 가문에서 누릴 수 있는 것, 유대교에서 누릴 수 있는 것을 모두 잃어버렸습니다. 그러나 그의 배고픔과 궁핍은 성경 여러 곳에 나타나

이것들을 생각하라

있습니다. 대표적인 곳이 고린도후서 11장 23-27절입니다.

> ■ 그들이 그리스도의 일꾼이냐 정신 없는 말을 하거니와 나는 더욱 그러하도다 내가 수고를 넘치도록 하고 옥에 갇히기도 더 많이 하고 매도 수없이 맞고 여러 번 죽을 뻔하였으니 유대인들에게 사십에서 하나 감한 매를 다섯 번 맞았으며 세 번 태장으로 맞고 한 번 돌로 맞고 세 번 파선하고 일 주야를 깊은 바다에서 지냈으며 여러 번 여행하면서 강의 위험과 강도의 위험과 동족의 위험과 이방인의 위험과 시내의 위험과 광야의 위험과 바다의 위험과 거짓 형제 중의 위험을 당하고 또 수고하며 애쓰고 여러 번 자지 못하고 주리며 목마르고 여러 번 굶고 춥고 헐벗었노라

한두 번의 배고픔과 궁핍은 감사함으로 수용할 수 있습니다. 그러나 반복되는 배고픔과 궁핍은 수용하기 쉽지 않습니다. 바울에게 고생과 투옥, 매 맞음, 죽을 뻔함은 늘 따라다니는 것들이었습니다. 이스라엘 자손이 맞을 죄를 지었어도 하나님께서는 40대까지만 때릴 수 있게 하셨습니다. 그런데 때리다 보면 몇 대를 때렸는지 알 수 없는 경우가 생겼습니다. 그래서 아예 한 대를 빼고 때렸습니다. 그래야 혹 한 대를 세지 않았다 하더라도 40대를 넘기지 않게 되기 때문입니다. 그래서 40에서 하나 감한 매, 서른아홉 대는 인간이 맞을 수 있는 최대, 최악의 숫자였습니다. 그런 매를 다섯 번이나 맞았다고 합니다. 루스드라에서는 돌로 얼마나 심하게 맞았는지, 유대인들은 그가 죽은 줄 알고 버릴 정도였습니다. 실제로 잠자지 못하고, 주리고, 목마르고, 굶고 헐벗은 때도 부지기수였

습니다. 이것이 바울의 궁핍이었습니다.

바울이 풍부할 때나 궁핍할 때를 이겨낼 수 있었던 것은 '비결을 배웠기' 때문이라고 합니다. '비결을 배우다'는 헬라어로 '뮈에오mueō'인데, 옛날 신비종교에 입문해서 비밀 지식을 전수받을 때 사용하던 말입니다. 이 단어는 '입을 다물다'라는 단어에서 유래했습니다. 유명한 요리사가 음식을 만들 때 특별한 맛을 내는 방법이나, 장인이 작품을 만들 때 특별한 방법은 아무에게나 가르쳐 주지 않고 자신의 수제자 같은 사람에게만 가르쳐 줍니다. 많은 사람이 있을 때 가르쳐 주지 않고, 두 사람만 있을 때 가르쳐 줍니다. 큰 소리로 가르치지 않고 속삭이듯 가르쳐 줍니다. 그것이 비결을 가르치고 배우는 것입니다.

바울이 풍부를 경험할 때나 궁핍을 경험하게 될 때 주님께서 속삭여 주신 것입니다. "바울아! 힘들지? 그래도 복음을 위해, 나를 위해 살아 줄래? 내가 너와 함께할게!" 이것이 바울이 배운 일체의 비결입니다.

혹시 삶에 풍부함과 배부름이 있으십니까? 그것이 자족을 넘어 자만이 되지 않게 하십시다. 풍부함과 배부름 자체가 아니라 그것을 주신 주님께 집중하십시다. 주님께서 말씀하실 것입니다. "네게 있는 풍부함이나 배부름은 일시적인 것이지만, 나와 함께하는 것은 영원한 풍부함이고 영원한 배부름이란다."

혹시 삶에 궁핍과 배고픔이 있으십니까? 그것 때문에 주님과 세상을 원망하지 말고, 그 모자람 때문에 주님을 붙잡읍시다. 지나온 삶을 돌아보면 우리는 풍부함과 배부름을 그렇게 구했는데, 정작 우리로 하여금 주님을 붙잡게 해준 것은 궁핍과 배고픔이 아니었습니까? 우리에게 있는 궁핍과 배고픔은 주님으로 인해 자족을 경험하게 하는 최상의 도구입니다.

이것들을 생각하라

풍부함이나 배부름, 궁핍이나 배고픔에 집중하지 않고 주님께 집중하게 될 때, 우리는 자족하기를 배우고 일체의 비결을 배우는 주님의 사람들이 될 것입니다.

하나님 아버지!

예수님께서 이 땅에 오심은 우리로 하여금 풍성한 삶을 살게 하기 위함이라고 하였습니다. 그러나 하나님! 우리는 그 풍성함을 물질적인 것, 세상적인 것으로만 이해하곤 합니다. 그래서 지난 세월 동안 우리는 물질적이고 세상적인 것을 참 많이 구하곤 했습니다. 그러나 정작 우리 영혼과 신앙을 풍성하고 의미 있게 만들어 준 것은 대부분 배고픔이나 궁핍함이었음을 고백드리지 않을 수 없습니다.

지금 우리 삶에 풍부함과 배부름이 있다면 그것에 집중하기보다 그것이 어디서 왔는지를 바르게 인식함으로 자족하는 삶과 일체의 비결을 배우는 자녀가 되게 하여 주옵소서.

혹 삶에 궁핍함과 배고픔이 있다 할지라도 그것 때문에 주눅 들지 않게 하시고, 그것이 주님만을 바라보게 해주는 통로임을 인식함으로 자족하는 삶과 일체의 비결을 배우는 그리스도인이 되게 하여 주옵소서.

우리 모두가 바울과 같이 궁핍함에도 풍부함에도 일체의 비결을 배움으로 이 시대를 살아가는 바울들이 되게 하여 주옵소서.

예수님의 이름으로 기도드립니다.

아멘.

22

내게
능력 주시는 자 안에서 빌립보서 4장 10-13절

미국 수정교회

미국 캘리포니아 주 오렌지카운티 가든 그로브에 수정교회 Crystal Cathedral가 있습니다. 이 예배당은 이름처럼 외벽이 10,664장의 유리로 덮여 있고, 지진이 자주 일어나는 지역에 있기 때문에 진도 8.0 이상의 강진에도 견딜 수 있도록 설계되어 있습니다. 또 이 예배당은 내부 앞뒤 길이가 약 62.5미터이고, 좌우 길이는 그 두 배인 125미터, 천장까지의 높이가 39미터이며, 2,900명 이상이 앉을 수 있습니다. 파이프 오르간은 세계 5대 대형 오르간의 하나로, 무려 16,000개의 파이프로 되어 있습니다.

로버트 슐러 목사에 의해 1955년 자동차 극장에서 시작된 수정교회는 1980년에 1800만 달러를 들여 예배당을 완공했는데, 캘리포니아 주의 랜드 마크 건물이 되었고, 거대한 예배당을 꿈

이것들을 생각하라

꾸는 목사들에게 선망의 대상이었습니다.

그런데 이 예배당에서 수정교회는 지난 6월 30일 주일에 마지막 예배를 드렸습니다. 2006년 창립목사인 로버트 슐러의 은퇴 이후 교회의 지도력을 둘러싼 자녀들 간의 다툼으로 한때 1만 명이 넘던 출석 교인은 급감했고, 4,300만 달러의 부채를 해결하지 못하여 2010년에 파산 신청을 했습니다. 1년 뒤인 2011년 말 로마 가톨릭 오렌지카운티 교구에 5,750만 달러에 매각되고 말았습니다.

수정교회당의 매각은 거대한 개신교 예배당이 가톨릭 예배당으로 바뀐 것만을 의미하지 않습니다. 로버트 슐러 목사는 '하면 된다', '예수 안에서 불가능은 없다'는 메시지를 전하는, 적극적인 사고방식 신앙의 전도사였습니다. 그래서 수정교회 예배에서는 사회적으로 성공한 기업인, 정치인, 운동선수들이 예수 믿으면 성공할 수 있다고 간증했고, 설교도 그와 유사했습니다. 수정교회라는 이름도 'Crystal Church'나 'Crystal Chapel'이 아니라 웅장한 건물 자체를 지칭하는 'Crystal Cathedral-수정성당'입니다. 그 예배당 안에서 지난 50년간 TV 설교를 촬영했습니다. 그 프로그램 이름이 'Hour of Power-능력의 시간'입니다. 또한 예배당 내부 벽에는 이런 글귀가 새겨져 있습니다. 'If You Can Dream It, You Can Do It-당신이 꿈을 꾼다면, 당신은 할 수 있습니다.'

수정교회당의 매각은 '적극적인 사고방식'이 하나님의 사고방식, 성경적 사고방식, 영원한 사고방식이 아니라 인간의 사고방식, 세속적 사고방식, 유행적 사고방식임을 그림처럼 보여 줍니다. 또한 마치 포도주잔이 대리석 바닥에 떨어지면 박살나듯이, 적극적인 사고방식 신학, 번영신학이라는 10,664장의 유리가 산산조각 나는 듯한 느낌을 줍니다.

'적극적 사고방식'을 말할 때 대표적으로 인용되는 성경 구절이 오늘 본문 13절입니다.

축소되어야 하는 존재, 확대되려는 마음

10절이 이렇게 증거합니다.

■ 내가 주 안에서 크게 기뻐함은 너희가 나를 생각하던 것이 이제 다시 싹이 남이니 너희가 또한 이를 위하여 생각은 하였으나 기회가 없었느니라

바울은 지금 로마 감옥에서 미결수 신분으로 있습니다. 5년이든 10년이든 형이 확정되면 그 기간 동안은 그냥 감옥에서 적응하면 됩니다. 하지만 지금은 어떤 판결이 내려질지 전혀 알 수 없는 상황입니다. 그런 때는 조마조마하고 전전긍긍하기 쉽습니다. 마음의 닻을 내릴 공간이 없기 때문입니다. 더군다나 이때의 로마 황제는 폭군 네로였습니다. 정당한 재판이 이루어질지도 알 수 없었습니다.

그러나 그런 때에도 바울은 '주 안에서, 크게' 기뻐한다고 고백합니다. 외적으로만 생각하면 결코 있을 수 없는 일입니다. 감옥은 먹을 것과 입을 것이 부족한 곳일 뿐만 아니라 최소한의 자유나 권리도 누릴 수 없는 곳입니다.

이것들을 생각하라

바울이 로마 감옥에 투옥된 것은 서기 62년경입니다. 이 감옥에서 2~3년 정도 구금 생활을 합니다. 여기서 바울은 옥중서신인 에베소서, 빌립보서, 골로새서, 빌레몬서를 기록했습니다. 그러나 계속된 감옥 생활에도 기소되지 않아 풀려나게 되었습니다. 그래서 에베소, 마게도냐, 드로아, 그레데, 니고볼리 등지로 다니며 사역을 했습니다. 67년경 네로의 박해로 다시 투옥되어 6개월 정도 수감되어 있다가 참수당함으로 그는 순교하게 됩니다.

로마 감옥에 있던 바울이 순교당하기 전에 에베소에서 목회하고 있던 디모데에게 편지를 보내며 이렇게 고백했습니다. 디모데후서 4장 17절입니다.

■ 주께서 내 곁에 서서 나에게 힘을 주심은 나로 말미암아 선포된 말씀이 온전히 전파되어 모든 이방인이 듣게 하려 하심이니 내가 사자의 입에서 건짐을 받았느니라

바울이 마지막 투옥되었을 때는 데마는 세상을 사랑하여 데살로니가로 가고, 그레스게는 갈라디아로, 디도는 달마디아로 가고 없었고, 누가만 바울이 외롭지 않도록 곁에서 함께해 주었습니다(딤후 4:10-11). 그때 바울이 디모데에게 속히 좀 오라고 하면서 올 때 드로아 가보Carpus의 집에 둔 겉옷을 가지고 오라고 부탁하는 장면은 가슴이 저밉니다. 추위를 막아 줄 만한 것이 아무것도 없어서 겉옷이라도 좀 갖고 와달라고 부탁하는 것입니다. 이것이 감옥 생활이었습니다.

그러나 바울이 끝까지 자신의 사역을 잘 감당할 수 있었던 원동력은 주님께서 그의 곁에 서서 힘을 주셨기 때문입니다. 사람들은 그를 떠나도

주님은 떠나지 않으셨던 것입니다. 이때뿐만 아니라 예루살렘에서 심문받을 때도 곁에 서서 격려해 주셨고, 유라굴로Euraquilo 광풍이 14일 동안 휘몰아칠 때도 주님은 바울 곁에 서 계셔 주셨습니다.

〈나의 등 뒤에서 나를 도우시는 주〉라는 복음성가 3절 가사에 "때때로 뒤돌아보면 여전히 계신 주 잔잔한 미소로 바라보시며 나를 재촉하시네"라는 부분이 있습니다. '여전히 계신 주'는 바울의 평생의 고백이었습니다.

바울이 지금 로마 감옥에서 기뻐할 수 있었던 것은 그가 주님과 함께, 주님 안에, 주님을 향해 있었기 때문입니다. 그때 에바브로디도를 통해 빌립보교회로부터 온 선물은 단순한 선물이 아니라 주님의 격려였고, 주님의 미소였습니다. 그래서 그가 '주 안에서', '크게' 기뻐할 수 있었던 것입니다. 11절과 12절은 이렇게 증거합니다.

■　　내가 궁핍하므로 말하는 것이 아니니라 어떠한 형편에든지 나는 자족하기를 배웠노니 나는 비천에 처할 줄도 알고 풍부에 처할 줄도 알아 모든 일 곧 배부름과 배고픔과 풍부와 궁핍에도 처할 줄 아는 일체의 비결을 배웠노라

'자족'은 당시 스토아학파 사람들이 자주 사용하던 용어라고 말씀드렸습니다. 그들은 인간의 마음에 있는 모든 감정을 배제시키면 자족을 얻게 된다고 생각했습니다. 그래서 그들에게는 다른 사람을 사랑하거나 관심을 갖는 것도 감정의 사치였습니다. 그들은 마음을 사막으로 만든 후 그것을 평화라고 불렀습니다.

바울도 자족을 말합니다. 그러나 양쪽이 모두 '자족'이라고 할지라도

그 자족은 결코 동일한 의미가 아닙니다. 스토아 사람들이 말하는 자족이 '자급자족self-sufficient'이라고 한다면 바울이 말하는 자족은 '신급자족God-sufficient'입니다. 그래서 스스로 자족을 만들어 내려 했던 스토아 사람들은 진정한 자족에 이르지 못했고, 하나님께서 주시는 상황에 순종했던 바울은 참자족을 누렸습니다.

지금 감옥에 있는 상황뿐만 아니라, 바울이 사역 중에서 자족하는 모습이 성경 여러 곳에 나타납니다. 고린도후서 12장 7-10절에서 이렇게 고백합니다.

■ 여러 계시를 받은 것이 지극히 크므로 너무 자만하지 않게 하시려고 내 육체에 가시 곧 사탄의 사자를 주셨으니 이는 나를 쳐서 너무 자만하지 않게 하려 하심이라 이것이 내게서 떠나가게 하기 위하여 내가 세 번 주께 간구하였더니 나에게 이르시기를 내 은혜가 네게 족하도다 이는 내 능력이 약한 데서 온전하여짐이라 하신지라 그러므로 도리어 크게 기뻐함으로 나의 여러 약한 것들에 대하여 자랑하리니 이는 그리스도의 능력이 내게 머물게 하려 함이라 그러므로 내가 그리스도를 위하여 약한 것들과 능욕과 궁핍과 박해와 곤고를 기뻐하노니 이는 내가 약한 그때에 강함이라

사도행전에는 바울이 병자를 고치는 장면이 여러 번 나옵니다. 루스드라에서는 태어나서 한 번도 걸어 본 적이 없는 사람을 고쳐 주었습니다. 빌립보에서는 귀신 들려 점치던 소녀를 고쳐 주었습니다. 죄수 신분으로 로마로 항해하다 조난당해서 14일 만에 도착한 멜리데 섬에서, 그 섬에

서 가장 높은 사람 보블리오의 아버지가 열병과 이질에 걸려 누워 있는 것을 보고 안수하여 낫게 해주었습니다. 드로아에서는 창틀에 걸터앉아 설교를 듣던 유두고가 졸다가 떨어져 죽었을 때 그를 살리기까지 했습니다. 에베소에서는 바울이 사용했던 손수건이나 앞치마를 가져다가 병든 사람에게 얹어도 병이 치유되고 귀신이 떠나갈 정도였습니다.

그런데 정작 바울 자신에게는 '육체에 가시'가 있었습니다. '가시'는 문자 그대로 뾰족한 것이고 찌르는 것입니다. 가시가 구체적으로 무엇이었든 '사탄의 사자'라고 다시 표현하는 것으로 보아 자신의 사역에 치명적인 방해를 했던 것으로 보입니다. 가시는 바울을 고통스럽게 만들고, 주눅 들게 만들고, 사람들에게 나서기 힘들게 만든 그 무엇으로 여겨집니다. 그래서 가시를 떠나가게 해달라고 세 번이나 간구했습니다. 이것은 단지 횟수를 뜻하는 말이 아닙니다. 예수님께서 겟세마네 동산에서 십자가를 피할 수 있으면 피하게 해달라고 세 번 기도드리셨습니다. 이때 세 번의 기도는 간절하고도 처절한 기도를 드렸다는 의미입니다.

그러나 하나님께서는 "네가 그 가시를 갖고서도 자족할 수 있니?"라고 말씀하셨습니다. 바울은 이 응답에 완전히 굴복했습니다. 약한 자신과 강한 주님이 합쳐져서 자족과 온전함에 이르는 것을 체험했기 때문입니다. 배부름과 배고픔, 풍부와 궁핍에도 자족과 일체의 비결을 배운 바울이 13절에서 이렇게 고백합니다.

■　　내게 능력 주시는 자 안에서 내가 모든 것을 할 수 있느니라

스토아학파 사람들은 자족에 이르기 위해 스스로 자기를 가르치고 배운다고 생각했습니다. 그러나 바울은 자신에게 자족과 일체의 비결을

　　　　　　　이것들을 생각하라

가르쳐 주신 분이 있다고 합니다. 그분이 바로 '내게 능력 주시는 분'입니다.

13절을 두 부분—'내게 능력 주시는 자'와 '내가 모든 것을 할 수 있다'—으로 나누면 전반부에 악센트가 있습니다. 그러나 사람들은 후반부에 관심이 많습니다. 이런 내용은 성경 여러 곳에 있습니다. 그리스도인들이 좋아하는 성경구절 중에 마태복음 6장 33절이 있습니다.

> ■　　그런즉 너희는 먼저 그의 나라와 그의 의를 구하라 그리하면 이 모든 것을 너희에게 더하시리라

이 말씀을 좋아하는 까닭도 '먼저 그의 나라와 그의 의를 구하라'는 부분보다 '이 모든 것을 너희에게 더하시리라'는 부분 때문일 것입니다. 이 부분이 "그리하면 너희가 하나님을 닮게 되리라"나 "그리하면 너희 보화가 천국에 쌓이게 될 것이다"라고 기록되어 있다면 그렇게 좋아하지 않을지 모르겠습니다. 신앙은 "하나님나라와 의를 구하는 것을 목적으로 달려갔더니 하나님께서 내 삶도 채워 주시더라"고 고백하는 것입니다. 반대로 "모든 것을 더해 주시면 하나님나라와 의를 구하겠습니다"라고 하는 것은 신앙이 아니라 거래이고 투자입니다.

요한복음 15장 17절에 이런 말씀도 있습니다.

> ■　　너희가 내 안에 거하고 내 말이 너희 안에 거하면 무엇이든지 원하는 대로 구하라 그리하면 이루리라

이 말씀도 후반부인 '무엇이든지 원하는 대로 구하라 그리하면 이루리

라'라는 부분 때문에 좋아합니다. 사람들은 '무엇이든지'를 '자기 욕망 전부'라고 생각하는 경향이 있습니다. 그러나 그런 의미가 아닙니다.

포도나무에 달린 가지가 구하는 것은 오직 좋은 상품의 포도송이입니다. 포도나무 가지는 사과나 배가 달리기를 구하지 않습니다. 포도나무는 가지에 포도송이가 열리도록 수액을 공급하기 때문입니다. 그리스도에게 달려 있는 우리는 그리스도가 주시는 진리와 생명의 수액을 공급받아 성령의 열매를 구하는 사람입니다. 그리스도께 진리와 생명의 수액을 공급받아 세속적 가치관을 충족시키는 열매, 욕망의 열매를 맺으려 한다면 얼마 지나지 않아 스스로 말라 비틀어져 나무에서 떨어져 나가게 될 것입니다.

바른 신앙은 "내게 능력 주시는 자 안에서 내가 모든 것을 할 수 있느니라"라는 구절에서 내게 능력 주시는 자가 더 크다는 것을 아는 것입니다.

일주일쯤 전에 우리 교회 한 교역자가 페이스북에 올려놓은 글을 읽었습니다. 그날 새벽기도 본문인 시편 70편 중에서 4절 말씀에 대한 묵상이었습니다.

■ 주를 찾는 모든 자들이 주로 말미암아 기뻐하고 즐거워하게 하시며 주의 구원을 사랑하는 자들이 항상 말하기를 하나님은 위대하시다 하게 하소서

"하나님을 찬양하는 이에게는 기쁨을 주시고, 하나님의 구원을 사랑하는 자에게는 하나님의 기품magnificence을 허락하신다. 찬양하면 기쁘

이것들을 생각하라

고, 구원을 깨달으면 보인다"라고 써놓았습니다.

그 글에서 제 시선을 사로잡은 것은 제목이었습니다. "하나님은 위대하시다 하게 하소서"가 제목이었는데, 영어로 이렇게 쓰여 있었습니다. "Let God be magnified—하나님이 확대되게 하소서."

이 말은 신앙의 본질을 잘 표현하고 있습니다. 하나님은 확대되셔야 하는 분이고, 인간은 축소되어야 하는 존재입니다. 그러나 인간은 끊임없이 자기가 확대되고 싶어 합니다. 물론 우리가 하나님을 확대시키면 하나님께서 우리도 크게 해주실 수 있습니다. 그러나 내가 커지면 하나님도 커진다고 생각하는 것은 잘못이고, 내가 커지기 위해 하나님을 확대하는 것도 잘못입니다.

'적극적인 사고방식'이나 '번영신학'이 바르지 못한 것은 자신을 크게 만드는 데 관심이 있기(초점을 두기) 때문입니다. 우리의 삶은 적극적이어야 하고, 하나님은 우리가 풍성한 삶을 살기를 원하십니다. 삶이 적극적이어야 하는 것은 하나님께서 우리에게 허락하신 삶을 성실하게 살아가야 하기 때문입니다. 또 우리는 영생에 잇대어진 존재이기 때문에 풍성한 삶을 살 수밖에 없는 존재입니다. 만약 자신을 세상적 기준으로 극대화하기를 목적으로 삼는 적극적인 사고방식이나 번영신학이 올바른 것이라면, 하나님께서 바울을 비롯한 예수님의 사도들을 대부분 참수 당하게 하시거나, 산 순교자를 만드실 리가 없습니다. 수정교회보다 열 배는 더 큰 예배당을 건축하게 하시고, 수만 명 앞에서 사자후를 토하게 하셨을 것입니다.

바른 신앙은 나를 확대하지 않고 하나님을 확대하는 것입니다. 더 정확하게는 영원히 확대된 분이신 하나님께 나의 전부를 얹는 것입니다.

그래서 "내게 능력 주시는 자 안에서 내가 모든 것을 할 수 있느니라"

라는 구절은 적극적 사고방식의 가르침이 전매특허 할 수 있는 말씀이 아닙니다. 그리고 '모든 것을 할 수 있다'에서 모든 것이 '세상에 있는 모든 일'을 가리키는 말도 아닙니다. 11-12절에서 말한 바와 같이 "내가 자족하는 법을 배운 것도, 배부름과 배고픔, 풍부와 궁핍에 처해도 좌절하지 않고 견딜 수 있는 비결을 배운 것도 내게 능력 주시는 분이 계시기 때문입니다"라고 말하는 것입니다.

바울은 언제나 자기 자신을 강조하지 않고, 자기 속에 있는 분을 강조합니다. 빌립보서 1장 6절이 이렇게 증거합니다.

■　　너희 안에서 착한 일을 시작하신 이가 그리스도 예수의 날까지
　　　이루실 줄을 우리는 확신하노라

빌립보교회는 자색 옷감 장사 루디아와 그 가족들과 귀신 들려 점치던 소녀, 빌립보 감옥의 간수와 그 가족들이 중심이 되어 바울이 시작했습니다. 하지만 바울은 자신이 시작했다고 하지 않습니다. 바울은 잘 알고 있습니다. 자신은 빌립보로 갈 아무런 계획도 없었는데 그곳으로 가도록 인도해 주신 분이 계시고, 기도하는 곳에서 만난 사람들에게 복음을 전했을 때 루디아의 마음을 열어 주신 분이 계시고, 빌립보 감옥의 문을 여신 것을 통해 간수의 마음의 문을 열어 주신 분이 계시다는 사실을 말입니다. 그분이 능력을 베푸셔서 빌립보교회가 시작될 수 있었기에, 시작하신 그분이 완성시켜 가실 거라고 합니다. 그리고 그 일에 자신이 쓰임받았다는 사실은 바울에게 감격이자 감사의 제목이었습니다.

2001년, 저는 37세의 나이로 제네바한인교회를 담임목사로 섬기게 되

　　　　　　　　　　　　　　　이것들을 생각하라

었습니다. 주님의 인도하심을 받아서 분명히 갔는데, 어떻게 해야 할지 몰라 모든 것이 어색하고 두려웠습니다. 망망대해에 일엽편주를 타고 있는 느낌이었습니다. 서재 의자에 앉아서 기도드리려고 손을 모았는데 저도 모르게 방바닥에 그대로 무릎이 꿇려졌습니다. 한동안 의자에 앉아서 기도드릴 수 없었습니다. 그렇게 시작된 제네바에서의 사역은 6년간 계속되었습니다. 그곳에서의 사역이 다 끝나게 되었을 때, 하나님께서 한 찬양을 주셨습니다.

■ 나의 힘이 되신 여호와여/ 내가 주님을 사랑합니다/ 주는 나의 반석이시며/ 나의 요새시라/ 주는 나를 건지시는/ 나의 주 나의 하나님/ 나의 피할 바위시요 나의 방패시라/ 나의 하나님 나의 하나님/ 구원의 뿔이시요 나의 산성이라/ 나의 하나님 나의 하나님/ 그는 나의 여호와 나의 구세주

제가 사역을 잘 마칠 수 있었던 것은 전적으로 하나님께서 제 힘이 되어 주셨기 때문이라는 것이 저절로 고백되었습니다.

바울이 "내게 능력 주시는 자 안에서 내가 모든 것을 할 수 있느니라"고 한 말은 "나의 지난 사역을 돌아보니, 내가 나에게 맡겨진 사역을 잘 해낼 수 있었던 것은 내가 잘났거나 뛰어나서가 아니라 나에게 능력 주시는 분이 계셨기 때문입니다"라고 고백하는 것입니다.

사랑하는 성도님들!

우리가 지금까지 삶을 살아오고, 하나님을 하나님으로 인정하며 이 자리에 앉아 있을 수 있게 된 것은 우리가 모든 것을 할 수 있었기 때문이 아니라 우리에게도 능력을 주시고 우리를 인도해 오신 분이 계셨기 때문

이 아닙니까? 그분이 우리를 건져 주시고, 우리가 피할 바위가 되어 주시고, 우리의 방패가 되어 주시고, 우리의 산성이 되어 주시고, 우리의 하나님이 되어 주셨다고 고백되신다면 이제부터 더욱 우리를 확대하려 하지 않고, 주님을 확대하는 삶을 살아가십시다. 그렇게 될 때 우리는 어떠한 환경에서도 자족할 수 있고, 어떤 일을 만나도 일체의 비결을 배울 수 있게 될 것입니다. 그리고 인생 마지막에 이르러서도 "내게 능력 주시는 자 안에서 내가 모든 것을 할 수 있습니다"라고 고백하게 될 것입니다.

하나님 아버지!

바울은 로마의 감옥에 있으면서도 자족을 배웠고, 궁핍과 풍부에도 일체의 비결을 배웠습니다. 또한 많은 고생을 하고 많은 위기를 겪었을지라도 모든 것을 감당할 수 있었던 것은 바울 속에서 능력을 주시는 분이 계셨기 때문입니다.

바울 속에서 능력을 베푸신 분이 우리 속에서도 지금까지 동일하게 역사해 주셨음을 감사합니다. 주님의 능력 베푸심과 인도하심이 우리를 그리스도인으로 만들었고, 세월이 지날수록 조금씩 주님을 닮아가는 자녀로 만들어 주심을 감사합니다.

하지만 여전히 우리는 주님을 확대하는 것보다 나 자신을 확대하는 것에 관심이 많습니다. 내가 좀더 커지고, 더 높아지고, 더 많이 소유하는 것이 주님을 더 크게 만드는 것이라며 고집을 부리기도 합니다. 우리의 크기나 높이, 소유와 상관없이 주님은 본질적으로 크신 분이신 것을 다시 한 번 되새깁니다.

하나님 아버지!

이것들을 생각하라

우리가 어긋날 길을 걸으려 할 때는 우리 속에서 능력을 주시는 분이신 주님께서 우리의 걸음을 바꾸어 주옵소서. 우리가 욕망을 품으려 할 때는 우리 속에서 역사하시는 주님께서 진리를 안겨 주옵소서. 우리가 갈 길을 몰라 헤맬 때는 우리 속에서 행하시는 주님께서 지팡이와 나침반이 되어 주옵소서. 그리하여 우리 모두가 "내게 능력 주시는 자 안에서 내가 모든 것을 할 수 있습니다"라고 고백하게 하옵소서. 예수님의 이름으로 기도드립니다.

아멘.

23

하나님을
기쁘시게

빌립보서 4장 14-20절

홉니와 비느하스와 다윗의 세 용사들

어렸을 때 사무엘 선지자는 제사장 엘리 슬하에서 자랐습니다. 그에게는 장성한 두 아들 홉니와 비느하스가 있었습니다. 그들도 제사장이었습니다. 그들은 매일 회막에서 백성들이 가져온 제물로 제사를 드렸을 것입니다. 하는 일로 보면 그들은 하나님과 가장 가까운 사이여야 했습니다. 게다가 아버지 엘리는 사사이기도 했습니다. 사사는 한 지역의 입법, 사법, 행정 3권을 모두 가진 최고 권력자였습니다. 겉으로는 사람들이 부러워할 만한 가정이었습니다. 하지만 하나님께서 그들을 어떻게 보셨는지를 사무엘상 2장 12절이 이렇게 증거합니다.

엘리의 아들들은 행실이 나빠 여호와를 알지 못하더라

'행실이 나쁘다'는 것은 '시시껄렁하다'는 정도가 아니라 '아주 악한 의도로 행하다'라는 뜻입니다. 그들은 겉은 제사장이지만 속은 불량배였습니다. 그들이 그런 삶을 산 것은 여호와 하나님을 알지 못했기 때문입니다. 그들은 어린 시절부터 아버지 엘리에게 하나님에 대해 수없이 들었을 것입니다. 제사를 드릴 때마다 하나님을 언급했을 것입니다. 하지만 그들은 하나님을 알지 못했습니다. 그것은 그들의 삶을 돌이킬 수 없는 지경으로 몰고 갔습니다. 하나님 없는 삶은 질주하는 자동차에 브레이크도 없고 핸들도 없는 것과 같습니다.

레위기 말씀을 따르면 이스라엘 백성들이 감사와 나눔을 위해 화목제사를 드릴 때, 제물 중에서 제사장의 몫은 오른쪽 넓적다리 부분과 가슴 부분이었습니다. 하지만 홉니와 비느하스는 그렇게 하지 않았습니다. 큰 가마에 고기를 넣고 삶을 때, 갈고리에 걸려 나오는 것이 자기들 것이라 여겼습니다. 그것만이 아니었습니다. 때로는 고기를 구워 먹겠다며 삶기 전에 갖고 오게도 했습니다. 화목제를 드릴 때 가장 먼저 하는 것은 기름을 태워서 하나님께 그 향기를 올려 드리는 것이었습니다. 그러나 그들은 하나님보다 자기들의 탐식을 앞세웠습니다. 이러한 그들의 삶에 대해 하나님은 이렇게 평가하셨습니다. 사무엘상 2장 17절입니다.

이 소년들의 죄가 여호와 앞에 심히 큼은 그들이 여호와의 제사를 멸시함이었더라

홉니와 비느하스는 자신들의 삶이 하나님과 밀접한 관련이 있다는 것을 인정하지 않았습니다. 그것은 그들의 삶을 무가치하게 만들었을 뿐만 아니라 다른 사람들의 예배마저 무효화하는, 씻을 수 없는 죄를 짓게 만들고 말았습니다.

자신이 드리는 예배가 예배답게 하는 것만큼이나 다른 사람이 드리는 예배도 예배다울 수 있도록 섬기는 것은 참 아름답고 귀한 일입니다.

홉니와 비니하스가 다른 사람의 예배를 방해하는 악한이었다면, 다윗은 다른 사람의 행동을 예배로 승화시켜 주었습니다. 사무엘하 23장은 다윗이 이스라엘을 세우는 데 공을 세운 37명의 장군들에 대해 전해 줍니다. 그중에서 세 장군—아비새, 브나야 그리고 이름이 알려지지 않은 한 장군—에 관한 내용이 있습니다. 다윗이 사울 왕에게 쫓겨 다닐 때 있었던 에피소드입니다. 다윗이 아둘람 굴에 피해 있을 때, 갑자기 예전에 고향에서 마시던 우물물이 간절하게 마시고 싶어졌습니다. 그래서 "누가 베들레헴 성문 곁에 있는 우물물을 나에게 길어다 주어, 내가 마실 수 있도록 해주겠느냐?"고 했습니다. 성서 고고학자들에 의하면, 다윗이 진을 치고 있는 아둘람 근처의 물은 그렇게 좋지 않았지만, 베들레헴 성문 곁 우물은 맑고 시원한 냉수를 내는 깊은 우물이었다고 합니다. 베들레헴 태생인 다윗은 어린 시절 이 우물물을 먹고 자랐습니다. 그러나 그 물을 긷는 것은 쉬운 일이 아니었습니다. 아둘람에서 베들레헴까지는 20킬로미터나 되었고, 게다가 그때 베들레헴에는 블레셋 군대가 진을 치고 있

이것들을 생각하라

었습니다.

그 말을 듣자마자 세 장군이 베들레헴으로 향했습니다. 그들이 물을 길으려면 왕복 40킬로미터를 걸어야 했고, 적진을 뚫고 들어가야 했고, 적진을 뚫고 나와야 했습니다. 마침내 우물물을 길어 다윗에게 진상進上했습니다. 그때 다윗이 취한 행동을 사무엘하 23장 16절 하반절-17절이 이렇게 증거합니다.

다윗이 마시기를 기뻐하지 아니하고 그 물을 여호와께 부어 드리며 이르되 여호와여 내가 나를 위하여 결단코 이런 일을 하지 아니하리이다 이는 목숨을 걸고 갔던 사람들의 피가 아니니이까 하고 마시기를 즐겨하지 아니하니라 세 용사가 이런 일을 행하였더라

다윗이 추억과 향수鄕愁에 젖어서 우물물이 먹고 싶다고 했지만, 물을 보는 순간 마실 수가 없었습니다. 그것은 단순한 물이 아니라 세 장군의 생명과 같았기 때문입니다. 그래서 그 물을 하나님께 부어 드렸습니다. 제사를 드릴 때 제물 위에 포도주를 부어 드리는 것이 '전제drink offering'입니다. 다윗은 목숨을 걸고 길어 온 베들레헴 우물물을 물이 아니라 하나님께 드리는 제물로 여겼고, 세 장군의 그러한 행위는 지도자인 다윗 자신을 위한 것이 아니라 하나님을 향한 것이라고 인정한 것입니다.

이 시대의 빌립보교회이기를

오늘 본문에서도 바울은 빌립보교회가 보내 준 선물 – 후원금을 하나님께 드린 제물로 승화시키고 있습니다.

빌립보서는 바울이 로마 감옥에 갇혀 있을 때 에바브로디도를 통해 보내 준 선물에 대한 감사의 편지입니다. 조금 더 자세히 말씀드리면 이러합니다.

바울에게 전달할 선물을 가지고 로마로 온 에바브로디도가 그만 질병에 걸리고 말았습니다. 요즘도 동남아시아나 아프리카 같은 열대지방을 여행하기란 쉽지 않습니다. 풍토병이나 바이러스성 감염 등으로 심하게 고생하기도 하고, 심지어 목숨을 잃기도 합니다. 2천 년 전에는 더욱 힘들었을 것입니다.

에바브로디도도 그랬습니다. 거의 그의 장례식을 준비해야 하는 상황이었던 것으로 여겨집니다. 그 상황에도 그는 자기가 병들었다는 것을 빌립보교회가 알게 되어 근심한다는 이야기를 들었는데, 그것이 그에게도 근심이 되었습니다. 또한 바울은 투병하고 있는 에바브로디도와 빌립보 교회를 걱정하고, 빌립보 교회는 바울과 에바브로디도를 근심했습니다. 그러나 하나님께서 에바브로디도를 긍휼히 여겨 주셔서, 회복하게 해주셨습니다. 그래서 바울은 에바브로디도를 빌립보로 돌려보내, 그가 회복된 사실을 알게 해주고 싶었습니다. 그때 그의 손에 들려 보낸 것이 빌립보서입니다.

바울은 비천에 처할 때도, 풍부에 처할 때도 자족하기를 배운 사람입니다. 그 자족은 스토아학파 사람들이 말하는 자족, 즉 자신의 욕구나 감정을 완전히 배제함으로 얻게 되는 자족이 아니었습니다. 인간이 인간 속에서 만들어 내는 자족이 아니라, 그에게 능력으로 역사하시는 분을 신뢰함에서 생성되는 것이었습니다. 그래서 바울은 배부름과 배고픔, 풍부와 궁핍에도 교만하거나 주눅 들지 않는 일체의 비결을 배웠습니다.

그렇다고 에바브로디도를 통해 선물을 보내 준 빌립보교회가 고맙지 않은 것은 아닙니다. 오늘 본문 14절이 이렇게 증거합니다.

■   그러나 너희가 내 괴로움에 함께 참여하였으니 잘하였도다

'괴로움'은 본래 '사방에서 조여 오는 그 무엇'이나 '압력기로 무엇을 누르는 것'을 표현하는 말입니다. 바울이 실제로 로마 감옥에 있었기 때문에 감옥 생활이 그를 사방에서 조였을 것이고, 경제적인 궁핍함이나 사람들의 오해 등이 그를 짓눌렀을 것입니다. 그러한 때 빌립보교회로부터 온 선물은 하나님의 격려와도 같았을 것입니다.

바울이 다메섹으로 가다가 부활하신 주님을 만나 그의 사도가 되었을 때, 그에게 일어난 일은 우리가 생각하는 것보다 훨씬 심했을 것입니다. 바울에게 가장 먼저 일어난 일은 가족과의 단절이었을 것입니다. 유대인들로부터는 변절자, 배신자라는 낙인이 찍혔을 것이고, 바리새인들로부터는 수치와 불명예라는 타이틀을 얻었을 것입니다. 사실 바울은 대부분의 그리스도인들에게도 예수님의 열두 제자 중의 한 명이 아니었다는 이유로 제대로 인정받지 못했습니다. 그러한 때 빌립보교회는 바울에게 큰 위로였습니다.

'함께 참여하다'는 헬라어로 한 단어―쑹코이노네오sungkoinōneō인데, '함께 나누다', '함께 교통하다'라는 뜻입니다. 바울에게 빌립보교회 사람들은 후원자가 아니라 같은 교회 교우였고 가족이었습니다.

15절이 이렇게 증거합니다.

> 빌립보 사람들아 너희도 알거니와 복음의 시초에 내가 마게도
> 냐를 떠날 때에 주고 받는 내 일에 참여한 교회가 너희 외에 아
> 무도 없었느니라

바울은 빌립보가 있는 마게도냐 지역을 떠날 때를 복음의 시초라고 합
니다. 그것은 그때부터 바울이 복음을 전하는 사역을 시작했다는 의미가
아닙니다. 바울이 빌립보를 방문한 것은 2차 전도여행 때였습니다. 그
전에는 1차 전도여행이 있었고, 그 전에는 안디옥교회에서 1년 동안 사
람들을 가르쳤습니다. 물론 그 전에도 사역을 했습니다.

그럼에도 마게도냐에서 사역한 것을 복음의 시초라고 한 것은 빌립보
가 마게도냐의 첫 성이었고, 바울이 거기서부터 시작해서 데살로니가,
베뢰아까지 사역을 했기 때문입니다.

그런데 15절의 '주고 받는'이란 말은 상업용어입니다. '주고'의 대상은
'물건'이고, '받는'의 대상은 '영수증'입니다. 빌립보교회가 바울에게 보낸
선물을 수령했다는 영수증을 받았다는 의미입니다.

18절에도 상업용어가 있습니다.

> 내게는 모든 것이 있고 또 풍부한지라 에바브로디도 편에 너희
> 가 준 것을 받으므로 내가 풍족하니 이는 받으실 만한 향기로운
> 제물이요 하나님을 기쁘시게 한 것이라

'모든 것이 있고'는 '모든 것을 잘 받았다는 것을 사인했고'라는 뜻

입니다.

혹 '성경에 이렇게 상업용어를 써도 되는가?' 하고 생각하실 수 있을 것입니다. 하지만 예수님께서도 마태복음 6장에서 상업용어를 사용하셨습니다. 구제하는 사람이 구제를 하면서 자랑하려고 회당이나 거리에서 나팔을 불었습니다. 그리고 기도하는 사람이 사람들에게 자신을 과시하기 위해 회당과 큰 거리 어귀에서 기도했습니다. 예수님께서는 그런 사람들은 "자기 상을 이미 받았다"고 말씀하셨습니다. 그 말의 문자적 의미가 '이미 영수증을 받았다'입니다. 즉 그들은 아무리 구제를 많이 하고 기도를 많이 해도 이미 영수증을 받았기 때문에 하나님께서 보답하시고 응답하실 것이 없다는 의미입니다.

빌립보서가 바로 빌립보교회가 보내 준 선물−후원금에 대한 영수증이라고 말씀드렸습니다. 그것에 대해 바울은 정확한 용어를 사용하고 있는 것입니다. 영적일수록 재정 문제에 엄격해야 합니다. 영적으로 투명한 사람이 재정적으로 투명하고, 재정적으로 투명한 사람이나 기관일수록 영적으로 맑고 선명함을 유지할 수 있습니다.

계속해서 16절이 이렇게 증거합니다.

■   데살로니가에 있을 때에도 너희가 한 번뿐 아니라 두 번이나 나
    의 쓸 것을 보내었도다

바울은 자비량으로 사역하는 것을 원칙으로 했습니다. 바울의 빌립보 다음 사역지는 빌립보에서 약 160킬로미터 떨어진 데살로니가였습니다. 그곳에서 3개월 정도 복음을 전했는데, 후에 데살로니가교회에 보내는 편지에 이렇게 기록했습니다. 데살로니가전서 2장 9절입니다.

■ 형제들아 우리의 수고와 애쓴 것을 너희가 기억하리니 너희 아
무에게도 폐를 끼치지 아니하려고 밤낮으로 일하면서 너희에게
하나님의 복음을 전하였노라

데살로니가는 마게도냐의 수도였습니다. 그래서 빌립보보다 부유했습니다. 그러나 데살로니가교회로부터는 후원을 받지 않았습니다. 밤낮으로 중노동을 하여 사역비를 벌어야 했고, 틈틈이 복음을 전한 것으로 보입니다.

데살로니가에서 사역한 후에는 베뢰아와 아테네를 거쳐 고린도에서 사역했습니다. 바울은 고린도에서 아굴라 부부를 만나 천막 제조로 생계를 이어가며 복음을 전했습니다. 복음을 전하는 사람이 누릴 수 있는 권리를 아무것도 누리지 않고, 그런 권리를 행사하지 않는 것이 자기의 상이라고 했습니다. 고린도는 아가야 지역의 수도여서 아주 부유한 도시였습니다. 그러나 바울은 그곳에서도 아무런 후원을 받지 않았습니다.

당시 데살로니가와 고린도 같은 부유한 도시에 복음을 전하는 성경순회교사들이 있었는데, 그들은 복음을 전하는 동안 숙식을 제공받았고, 다음 행선지로 가는 교통비를 제공받곤 했습니다. 그것만이 아니라 스토아 철학자들이나 에피쿠로스 철학자들이 삶의 지혜나 성공적인 삶을 사는 방법 등을 가르쳐 준다며 모금을 하는 일들이 있었습니다. 만약 바울이 그곳에서 사역비를 후원받았다면 바울이 전하는 복음도 떠돌이 철학자들이 가르치는 삶의 철학 가운데 하나로 여김 받았을 것입니다. 바울은 복음이 그렇게 여김 받지 않게 하기 위해, 복음은 하나님께서 인간에게 베푸시는 은혜임을 전하기 위해 아무런 도움을 받지 않은 것입니다.

그런데 빌립보교회는 바울이 데살로니가에 있던 3개월 동안 두 번, 그

리고 지금 로마 감옥에 갇혀 있을 때 에바브로디도 편에 받은 한 번, 도합 세 번 후원금을 보냈습니다. 빌립보교회는 복음을 받은 지 얼마 되지 않은 신생교회인 데다가, 빌립보는 데살로니가나 고린도보다 부유한 도시도 아니었습니다. 그럼에도 빌립보교회가 순수한 마음으로 바울을 후원할 수 있었던 것은, '소아시아로 향하려던 바울의 사역을 두 번씩이나 막으심으로 빌립보를 향하게 하신 것은 빌립보교회를 위한 하나님의 역사'라고 믿었기 때문입니다. 또 루디아의 마음을 열어 주신 것, 귀신들려 점치던 소녀를 고쳐 주신 것, 빌립보 감옥의 옥문이 열린 것을 통해 간수와 그 가족들이 세례를 받은 것 등을 하나님의 신비한 역사로 받아들였기 때문입니다. 그래서 미력하나마 후원을 통해 하나님께서 바울을 통해 다른 곳에서도 자신들에게 행하셨던 역사를 동일하게 행하시기를 간절히 소망했던 것으로 보입니다.

우리가 오늘 이 자리에서 이렇게 아름다운 예배를 드릴 수 있게 되고, 우리의 몸과 마음과 물질을 드리며 섬기는 것도 같은 이유에서입니다. 8년 전에 하나님께서 100주년기념재단 어르신들을 더 이상 일반 목회를 하지 않겠다고 했던 이재철 목사에게 두 번이나 찾아가게 하셔서 마음의 방향을 바꾸어 목회를 하게 함으로 100주년기념교회를 세우도록 역사하셨기 때문입니다. 또한 우리의 섬김을 통해 양화진외국인선교사묘원과 한국기독교순교자기념관, 한국 교회와 한국 사회에 하나님의 신비한 역사가 펼쳐지기를 소망하기 때문입니다.

바울이 빌립보교회가 보내 준 선물을 받은 까닭을 17절이 이렇게 증거합니다.

이 말씀을 이렇게 번역할 수 있습니다. "저는 선물을 구하는 것이 아닙니다. 여러분이 이익을 많이 남겨서 여러분의 통장에 더 많이 저축할 수 있기를 구합니다." 바울은 도움을 받은 것은 자신이지만, 도움을 준 빌립보교회에 더 도움이 되기를 바라고 있습니다.

2006년 여름, 제네바에서 사역할 때의 일입니다. 신학대학원 동문 모임에 참석했는데, 독일 괴팅엔에서 사역하는 한 후배 목사가 내년에 자기가 섬기는 교회 여름수련회 강사로 와줄 수 있겠냐고 물었습니다. 날짜와 장소는 아직 정해지지 않았다고 했습니다. 그 목사는 그 모임에서 처음 만났습니다. "나를 모르지 않느냐? 나를 어떻게 믿고 수련회에 오라고 하느냐?"라고 제가 물었습니다. 그랬더니 그냥 와주면 좋겠다고 했습니다. 생면부지의 저를 믿어 주는 것이 감사했습니다. 그래서 가겠다고 했습니다.

그러고는 연락이 없었습니다. 다른 강사가 준비되었나 보다 하고 생각하고 있었습니다. 이듬해 6월 초에 "잊지 않으셨죠?"라고 전화가 왔습니다. 수련회가 8월 2~4일이라고 했는데, 그 날짜만 딱 비어 있었습니다. 그때는 9월 귀국으로 마음이 분주한 때였습니다.

약속을 지켜야 하기에 가겠다고 했습니다. 그랬더니 자기 교회는 성인이 3, 40명밖에 안 되어 사례비는 줄 수 없다고 했습니다. 그래서 제가 비행기 표 값만 주면 된다고 했습니다. 표 값을 아끼려고 오전 6시에 출발하는 비행기를 타고 갔습니다. 수련회 기간 내내 큰 기쁨이 있었습니다. 저의 6년간의 사역을 돌아보는 좋은 기회였습니다.

제네바로 돌아올 때 항공료를 받았는데, 갖고 올 수가 없었습니다. 후배 목사가 수련회 동안 들고 다니는 가방을 보았는데, 아주 많이 낡은 데다가 여기저기 찢어져 있었습니다. 저라면 들고 다니지 않을 가방이었습니다. 그래서 표 값으로 가방을 사라고 주고 왔습니다.

그해 여름, 동유럽에서 사역하는 선교사 모임에도 참석했습니다. 부인과 초등학생, 중학생 두 아들과 함께 참석한 한 선교사님을 만났습니다. 그런데 초등학교에 다니는 아들의 안경 렌즈 한쪽이 여러 갈래로 금이 가 있었습니다. 자기 안경도 아니고 아들의 안경이 깨어졌음에도 그것을 해결해 주지 못하고 있는 부모의 안쓰러운 마음이 느껴졌습니다. 그래서 아들에게 안경을 다시 맞춰 주면 좋겠다고 하며 약간의 도움을 드렸습니다. 후에 그 선교사님에게 메일이 왔는데, 돈을 조금 더 보태서 두 아들의 안경을 해주었다며 안경을 보고 생각날 때마다 기도하겠다고 했습니다. 찢어진 가방이 보이고, 금 간 렌즈가 보이는 것이 복이라 여겨지고, 도움을 받은 그들보다 제 열매가 더 풍성해지는 느낌이었습니다.

바울이 빌립보교회에서 보내 준 선물을 어떻게 생각했는지를 18절이 이렇게 증거합니다.

> ■ 내게는 모든 것이 있고 또 풍부한지라 에바브로디도 편에 너희가 준 것을 받으므로 내가 풍족하니 이는 받으실 만한 향기로운 제물이요 하나님을 기쁘시게 한 것이라

바울은 에바브로디도를 통해 받은 선물로 인해 풍족하다고 합니다. 이것은 아주 감사하다는 표현입니다. 실은 풍족하거나 여유있지는 않았을

것입니다. 그럼에도 많이 있다고 하고, 채우고도 남는다고 합니다. 이것이야말로 자족하기를 배운 사람, 풍부와 궁핍에도 일체의 비결을 배운 사람의 언어입니다.

그뿐만 아니라 바울은 빌립보교회의 선물이 '받으실 만한 향기로운 제물'이고 '하나님을 기쁘시게 한 것'이라고 합니다.

구약에서 하나님께 제사드릴 때 대부분은 제물을 태워서 드립니다. 그 향기를 하나님께 드리는 것입니다. 그래서 번제, 소제, 화목제 등을 설명할 때 후렴구처럼 등장하는 것이 "여호와께 향기로운 냄새니라"입니다.

바울과 그의 사역을 섬기려 했던 빌립보교회의 신앙도 참 아름답고, 그들의 선물을 하나님께 드린 제물로 승화시킨 바울의 신앙도 참 귀합니다.

우리의 삶도 모두 신앙과 연결되어 있습니다. 그래서 우리 교회 신앙의 목표가 '예배의 생활화, 생활의 예배화'입니다. 예배에서도 하나님을 의식하고, 생활에서도 하나님을 의식하는 것입니다.

자신을 향기로운 제물로 가꾸어 가는 사람은 하나님을 기쁘시게 하는 삶을 살아가는 것이요, 자신을 향기 없는 욕망의 덩어리로 만들어 가는 사람은 하나님을 슬프시게 하는 삶을 살아가는 것입니다. 물론 홉니와 비느하스처럼 하나님을 하나님으로 섬기지 않고, 눈에 보이는 것이 전부라고 여기며 자신의 삶을 강도의 소굴로 만들어 가는 사람은 하나님을 분노하시게 하는 삶을 사는 것입니다.

오늘도 세상에는 하나님을 기쁘시게 하는 사람, 하나님을 슬프시게 하는 사람, 하나님을 분노하시게 하는 사람이 뒤섞여 살아가고 있습니다. 자신의 삶을 향기 나게 만들어 하나님을 기쁘시게 하는 사람이 참 적은 것 같습니다. 하지만 오늘도 하나님의 역사는 그런 사람들을 통해 오묘

이것들을 생각하라

하게 펼쳐지고 있습니다. 하나님을 기쁘시게 하는 삶을 사는 은총, 그것은 살아 보지 않으면 모릅니다. 우리가 그러한 은총을 누린다면 우리는 이 시대의 빌립보교회들이 될 것입니다.

하나님 아버지!

홉니와 비느하스는 제사장을 아버지로 둔 제사장이었습니다. 그들의 겉은 하나님과 백성들을 중보하는 제사장이지만 속은 하나님을 알지 못하는 악한이었습니다. 그들의 겉은 제사와 가장 가까운 사람이지만, 그들의 속은 제사와 가장 먼 사람이었습니다. 그들은 가까워야 할 하나님과 가깝지 않고 제물과 가까웠습니다. 그래서 그들은 다른 사람의 제사를 막는 방해자였을 뿐만 아니라 자신들의 삶을 제물로 드리는 것과도 전혀 상관없는 무신론자로 인생을 마치고 말았습니다.

다윗과 바울은 다른 사람의 생명과 섬김을 소중히 여기며, 그것을 예배로 승화시켜 줄 줄 아는 성숙한 하나님의 사람들이었습니다.

바라옵고 원하옵나니, 우리가 다윗과 바울을 본받게 하시고, 우리의 몸을 거룩한 산 제물로 드려서 하나님을 기쁘시게 하는 삶을 살아가게 하여 주옵소서.

우리의 삶이 악취가 나거나 아무런 향기를 내지 못하는 인생이 아니라 예수님의 향기, 진리와 복음의 향기, 영원한 생명의 향기가 나게 하여 주옵소서.

빌립보에 교회를 세우기 위해 바울의 사역 방향을 바꾸시고, 루디아의 마음을 여시고, 귀신들려 점치던 소녀를 고치시고, 간수의 마음을 여시는 신비한 은총을 베푸신 하나님께서 우리 인생을 성전으로 만들기 위해서도 셀 수 없는 신비한 역사를 베푸셨음을 감사합니다. 우리 모두가 하나님께 향기로운 제물이 되어 또 다른 사람들의 마음을 여는 하나님의 통로, 이 시대의 빌립보교회들이 되게 하여 주옵소서. 예수님 이름으로 기도드립니다. 아멘.

이것들을 생각하라

24

나의 하나님……
우리 아버지

빌립보서 4장 14-20절

"예수님을 가진 자가 모든 것을 가진 자다"

바울과 빌립보교회의 관계는 참 아름다웠습니다. 바울에게 빌립보교회 사람들은 사랑과 그리움의 대상이었고, 생각만 해도 기쁘고, 천국에서 하나님께 자랑하고 싶은 대상이었습니다. 빌립보교회도 바울이 데살로니가에서 사역할 때 두 번, 로마 감옥에 투옥되어 있을 때 한 번 선물을 보냄으로 그의 사역에 동참했습니다.

그들의 이런 아름다운 관계는 혈연이나 지연 관계로 생성된 것이 아닙니다. 바울은 정통 유대인이었습니다. 그러나 빌립보교회 사람들은 유대인들에겐 이방인이었습니다. 유대인과 이방인이 하나 되는 것은 물과 기름이 섞이는 것만큼이나 힘든 일이었습니다. 유대인들은 이방인들을 사람이 아니라 '개'로 여겼고, 지옥의 땔감이라고 생각했습니다. 이방인들도 유대인들을 철학을 알지 못하는 야만인으로 여겼습니다.

이러한 그들을 연결시켜 준 것이 예수 그리스도와 그의 복음입니다.

복음 안에서는 유대인과 이방인의 차별이 없었고, 빌립보에 있든 로마에 있든 아무런 차이가 없었습니다. 땅의 일을 생각하지 않고 시민권이 있는 하늘에서 오시는 분인 주 예수 그리스도를 기다리는 삶을 살므로 그들이 형제와 자매가 되었습니다. 복음은 언제나 나와 너를 분리하지 않고, 우리로 연합된 것을 확인하게 함으로 갈등을 치유하고, 끊어진 신뢰를 연결해 줍니다.

바울을 향한 빌립보교회의 사랑과 신뢰는 그에게 선물을 보내게 했습니다. 그러나 바울은 그 선물은 받는 자신이 아니라 보내는 빌립보교회에게 더 유익이라고 합니다. 17절을 표준새번역으로 읽어 드리겠습니다.

■　　　나는 선물을 바라지 않습니다. 나는 여러분의 장부에 유익한 열매가 늘어나기를 바랍니다.

선물, 곧 후원금을 보내면 자신의 잔고가 줄어드는 것이 정상입니다. 그러나 바울은 반대로 그들의 잔고가 늘어나기를 바란다고 합니다. 그것을 하나님께서 기억하시고 갚아 주시기 때문입니다.

마태복음 25장에는 '양과 염소 비유'가 나옵니다. 임금이신 주님께서는 마지막 때 모든 민족을 자기 앞에 모으고는, 양은 오른편으로, 염소는 왼편으로 구분하신다고 했습니다. 임금은 오른편에 있는 사람들에게 "창세로부터 너희를 위하여 예비된 나라를 상속받으라"고 하시며, "너희는 내가 주릴 때 먹을 것을 주었고, 목마를 때 마시게 하였고, 나그네 되었을 때 영접하였고, 헐벗을 때 옷을 입혔고, 병들고 옥에 갇혔을 때 돌보아 주었다"고 하셨습니다.

반면에 왼편에 있는 사람들에게는 "나를 떠나 마귀와 그 사자들을 위하여 예비된 영원한 불에 들어가라"고 하시며 "너희는 내가 주릴 때 먹을 것을 주지 않았고, 목마를 때 마시게 하지 않았고, 나그네 되었을 때 영접하지 않았고, 헐벗을 때 옷을 입히지 않았고, 병들고 옥에 갇혔을 때 돌보지 아니하였다"고 했습니다.

임금의 이런 판결에 오른편과 왼편에 있는 사람들의 반응이 동일했습니다. "우리가 어느 때……"였습니다. "우리가 어느 때 했습니까?"와 "우리가 어느 때 하지 않았습니까"라는 의미입니다. 임금의 답변도 동일했습니다. "지극히 작은 자에게……"였습니다. "지극히 작은 자에게 행했다"와 "지극히 작은 자에게 행하지 않았다"는 의미입니다.

양편의 사람들은 모두 일상의 삶을 살았을 것입니다. 태어나 자라면서 공부했을 것이고, 일했을 것이고, 가정을 꾸렸을 것이고, 자녀를 양육했을 것입니다. 그들 중에는 많은 재물을 모은 사람도 있었을 것이고, 높은 학문의 경지에 이른 사람들도 있었을 것이고, 높은 관직에 오른 사람들도 있었을 것입니다. 그러나 임금은 그런 것들로 그들을 평가하지 않았습니다. 그들이 어떤 형태의 삶을 살았든지, 오른편에 있는 사람들은 지극히 작은 자들을 돌아보며 살았고, 왼편에 있는 사람들은 그러하지 않았습니다. 오른편에 있는 사람들은 사람들에게 베풀었는데, 그것이 자신의 계좌에 차곡차곡 쌓이고 있었던 것입니다. 구원받은 그리스도인은 살아가면서 베푼 것을 마지막 때에 찾게 된다는 것을 아는 사람입니다.

바울은 에바브로디도를 통해 받은 선물이 천국은행 빌립보교회 계좌에 이자가 되기를 바란다고 한 뒤, 그 선물이 자신에게 보낸 것이 아니라 하나님께 드린 향기로운 제물이고, 하나님을 기쁘시게 한 것이라고 합니다.

우리 교회와 저의 집 사이에는 고기를 파는 식당이 여러 집 있습니다. 가끔 저녁에 그곳을 지나가면 고기 굽는 냄새가 진동합니다. 뛰어 들어가 몇 점 먹고 싶은 생각이 간절할 때가 있습니다. 고기 굽는 냄새가 고기를 좋아하는 저를 기쁘게 하듯이, 바울은 빌립보교회가 보내 준 선물이 하나님께 그러하다고 합니다.

또한 바울은 하나님께서 빌립보교회를 위해 행하실 일에 대해 소망과 확신을 가지며 이렇게 말합니다. 19절입니다.

■　　　나의 하나님이 그리스도 예수 안에서 영광 가운데 그 풍성한 대로 너희 모든 쓸 것을 채우시리라

하나님은 우리의 모든 쓸 것을 채우시는 분입니다. 우리는 우리에게 허락된 삶을 열심히 살아갑니다. 그래서 우리에게 필요한 것을 채워 갑니다. 그런데 우리 삶을 우리가 살아가며 채워 가는데도 하나님께서 채우셨다는 고백이 저절로 나오는 것은 왜일까요? 그리스도인은 말할 필요도 없고, 비록 불신자라 하더라도 자신의 삶을 정직하게 반추하는 사람은 아무리 열심히 살았다 하더라도 자신의 인생에 필요한 것을 자기가 다 채웠다고 하지 못할 것입니다.

이스라엘 자손들은 출애굽 후 광야를 지나면서 "물이 없다", "먹을 것이 없다"며 40년 동안 하나님께 끊임없이 불평했습니다. 그러나 모세는 하나님께서 그들을 어떻게 인도하셨는지를 신명기 1장 30-33절에서 이렇게 증거합니다.

■   너희보다 먼저 가시는 너희의 하나님 여호와께서 애굽에서 너

희를 위하여 너희 목전에서 모든 일을 행하신 것같이 이제도 너

희를 위하여 싸우실 것이며 광야에서도 너희가 당하였거니와

사람이 자기의 아들을 안는 것같이 너희의 하나님 여호와께서

너희가 걸어온 길에서 너희를 안으사 이곳까지 이르게 하셨느

니라 하나 이 일에 너희가 너희의 하나님 여호와를 믿지 아니하

였도다 그는 너희보다 먼저 그 길을 가시며 장막 칠 곳을 찾으

시고 밤에는 불로, 낮에는 구름으로 너희가 갈 길을 지시하신

자이시니라

이스라엘 자손들은 하나님께서 자신들을 인도하지 않는다고 끊임없이
불평하지만 정작 하나님께서는 그들을 안고 인도하셨고, 이스라엘 자손
들이 '오늘은 무엇을 먹나, 내일은 어디서 자나'를 생각할 때, 하나님께
서 앞서서 장막 칠 곳을 찾으셨다고 하십니다. 마치 엄마가 아이를 위해
진자리 마른자리를 찾아 뉘는 것처럼 하나님께서 이스라엘 자손들을 위
해 여기저기 헤매시면서 "여기는 물이 없어서 안 돼", "저기는 맹수가 많
이 나와서 안 돼", "저기는 돌이 많아서 불편할 텐데" 하며 그렇게 열심
히 찾으셨다는 것입니다.

하나님께서 이스라엘 자손만 그렇게 인도하신 것이 아니라 우리를 위
해서도 동일하게 역사하지 않으셨습니까? 우리가 지금 이렇게 예배드리
는 자리에 앉아 있을 수 있게 된 것은 하나님께서 우리의 대적인 마귀의
유혹을 수없이 막아 주셨기 때문이고, 우리가 연약하고 부족할 때는 업어
서 또는 안아서 인도해 주셨기 때문입니다. 칠흑같이 어두운 인생길에서
어디로 가야 할지 모를 때 하나님은 말씀을 통해 불기둥을 보여 주셨고,

크고 작은 인생사에서 어떻게 해야 할지 알지 못할 때는 말씀을 통해 구름기둥을 보여 주심으로 우리가 출발할 때와 멈추어야 할 때를 알게 해주셨습니다. 그렇게 하나님은 우리의 필요한 것을 채우시는 분입니다.

바울은 하나님께서는 우리의 모든 쓸 것을 '영광 가운데' 채우신다고 합니다.

'영광'에 대해서는 오래전에 말씀드린 적이 있습니다. 신앙생활 중에 '하나님께 영광을 돌린다'라는 말을 많이 하지만 영광의 의미를 바르게 아는 그리스도인은 적습니다. '영광'은 '하나님의 본질, 하나님의 하나님 되심이 나타남'이라는 의미입니다. 모나리자 그림에는 레오나르도 다빈치의 영광이 있고, 〈영웅교향곡〉, 〈운명교향곡〉 등에는 베토벤의 영광이 있습니다. 2010년 밴쿠버 동계올림픽 여자 피겨스케이팅 금메달 수상자의 연기에는 김연아 선수의 영광이 있습니다. 사람들은 멋진 작품을 통해 "도대체 예술가가 어떤 존재이기에, 또 그 선수가 어떤 사람이기에 이런 작품을 만들 수 있단 말입니까?"라며 감탄합니다. 물론 그 작품 자체로도 최고의 상태로 있는 것입니다. 그래서 우리가 '하나님의 영광이 된다'는 것은 우리의 삶과 인격, 신앙을 보고 사람들이 "도대체 당신이 믿는 하나님이 어떤 분이시기에 당신의 지금의 모습을 만드실 수 있단 말입니까?"라고 반응을 보이는 것입니다. 그래서 우리의 모습을 통해 하나님의 전지전능하심과 자비하심, 하나님다우심이 나타나는 것이 하나님께 영광을 돌리는 것입니다.

또한 하나님은 우리의 필요를 풍성하게 채우시는 분입니다.

많은 그리스도인은 하나님을 찰스 디킨스의 희곡 〈크리스마스 캐럴〉에 나오는 수전노 스크루지 영감처럼 생각합니다. 그래서 간절히 기도하

이것들을 생각하라

면, 등에 지고 있는 자루에서 "이젠 떨어져"라는 의미로 뭔가를 선심 쓰듯이 하나를 던져 주신다고 생각합니다. 그렇게 생각하고 계신다면 하나님을 참 섭섭하게 만드는 것입니다. 로마서 8장 32절은 이렇게 증거합니다.

■ 자기 아들을 아끼지 아니하시고 우리 모든 사람을 위하여 내주신 이가 어찌 그 아들과 함께 모든 것을 우리에게 주시지 아니하겠느냐

하나님은 우리에게 당신의 아들을 주신 분입니다. 성인군자 같은 사람이 우리에게 와서 "당신의 자식을 죽여서 나를 좀 살려 주십시오"라고 하면 그렇게 하실 수 있겠습니까? 얼마를 주겠다고 하면 자식과 돈을 맞바꾸시겠습니까? 아니면 도저히 용서받을 수 없는 흉악한 범죄를 저지른 죄수를 살리기 위해 내 자식의 신장腎臟이 꼭 필요하다면 그것을 주는 것 정도는 괜찮다고 생각하시겠습니까?

하나님은 우리를 영원히 살리기 위해 십자가에서 죽는 자리까지 독생자를 내어 주신 분입니다. 그분이 무엇을 아끼시겠습니까? 하나님이 아끼는 분이 결코 아니심을 보여 주는 결정적인 증거가 아들을 주신 것입니다. 그렇다면 하나님은 그 풍성한 대로 우리의 모든 것을 채우시는 분인데 우리는 왜 그 풍성함을 누리지 못하는 것입니까? 그것은 구하지 않았기 때문입니다. 구하여도 누리지 못했다면 욕망을 따라 쓰려고 잘못 구했기 때문입니다.

중학생 아들이 "아빠! 자동차 키 좀 줘 보세요. 고속도로에서 신나게 한번 달려보고 올게요"라고 하면 주시겠습니까? 그런 아들은 자동차 키가

아니라 자동차 키처럼 생긴 몽둥이로 엉덩이를 맞아야 합니다.

또 만약 고등학생 딸이 "엄마! 천만 원만 줘보세요. 그러면 엄마가 나를 진짜로 사랑하는 줄 알게요"라고 하면 주시겠습니까? 어떻게 주겠습니까? 줬다가는 1~2년은 집에 들어오지 않을 텐데요.

다시 19절입니다.

■   나의 하나님이 그리스도 예수 안에서 영광 가운데 그 풍성한 대로 너희 모든 쓸 것을 채우시리라

하나님께서 우리의 모든 쓸 것을 영광 가운데 그 풍성한 대로 채우신다고 하는데, 그 일이 이루어지는 곳이 '그리스도 예수 안에서'입니다. 그리스도 예수 밖에서는 하나님께서 채우시는 풍성함을 누릴 수 없습니다. 또 아무리 풍성함을 누리는 것처럼 여겨져도 내가 그리스도 밖에 있다면 그것은 하나님께서 채우신 풍성함이 아닙니다.

충청남도 보령에 '갈매못' 가톨릭 성지가 있습니다. 1866년 병인박해 때 제5대 천주교 조선교구장 앙트완 다블뤼 주교 등 다섯 명이 참수당한 곳입니다. 갈매못 성지 기념관 입구에 다블뤼 주교의 좌우명이 기록되어 있습니다.

'Qui a Jésus a tout'(예수님을 가진 자가 모든 것을 가진 자다.)

그리스도 예수는 천지만물을 창조하시는 분이기에 그분을 가지면 모든 것을 가진 거나 다름이 없습니다. 더 정확하게 말하자면, 그리스도 예수께 소유된 사람은 모든 것을 가진 사람입니다.

하나님께서 그리스도 예수 안에서 우리의 모든 쓸 것을 영광 가운데 그 풍성한 대로 채우신다고 하는데, 왜 그렇게 해주십니까? 그분이 '나의

하나님'이시기 때문입니다. '나의 하나님'은 다른 사람에게서 들은 하나님이 아닙니다. 책에 등장하는 하나님도 아닙니다. 막연히 생각되는 절대적인 존재로서의 하나님은 더더욱 아닙니다. 내가 경험한 하나님, 나를 인격으로 만나 주신 하나님, 나를 수렁에서 건져 영원까지 올려 주신 하나님을 뜻합니다.

최근 종영된 드라마 〈여왕의 교실〉 마지막 회를 보게 되었습니다. 졸업장을 받은 6학년 3반 24명의 아이들이 마녀라는 별명의 마여진 선생님께 1년 동안 자신이 어떻게 변화했는지와 선생님께 하고 싶은 말을 차례로 말하는 장면은 사뭇 감동적이었습니다. 그중에서도 동구라는 아이의 고백은 가슴이 '찌-잉'했습니다.

"선생님! 엄마 찾아 주셔서 정말 감사합니다. 엄마도 감사하다고 전해 달라셔요. 선생님! 제가 필요하시면 언제든지 불러 주세요. 선생님이 부르시면 무슨 일이든 달려갈게요. 선생님은 나의 선생님입니다."

다른 아이들에게도 모두 그러했겠지만, 특히 동구라는 아이에게 마녀 선생님은 집 나간 어머니를 가정으로 돌아오게 해주신 분입니다. 그래서 그분이 원하시고 시키시는 일이라면 무슨 일이든 하겠다고 고백합니다. 동구가 한 평생 살아가면서 '나의 선생님' 하고 기억을 떠올리면 언제나 마녀 선생님이 기억날 것입니다. 다른 사람에게는 마녀일지 몰라도 자신에게는 영원한 천사로 기억될 것입니다.

다윗이 왕으로 등극하고서 지난 세월을 돌아보며 이렇게 노래했습니다. 시편 18편 1-2절입니다.

■   나의 힘이신 여호와여 내가 주를 사랑하나이다 여호와는 나의

반석이시오 나의 요새시오 나를 건지시는 이시오 나의 하나님
이시오 내가 그 안에 피할 나의 바위시오 나의 방패시오 나의 구
원의 뿔이시오 나의 산성이시로다

　다윗은 왕이 되기 전에 자신의 주군이자 장인이었던 사울 왕으로부터
오랜 세월 피해 다녀야 했고, 목숨이 오가는 전쟁을 참 많이 치렀습니다.
그때 하나님은 허상이 아닌 실상이었고, 이론이 아닌 실제였습니다.
　다윗에게 하나님은 흔들리는 인생을 흔들리지 않게 해주시는 반석이
었고, 적의 공격을 막아 주는 요새였고, 인생의 진창에 빠져 있을 때는
손을 잡고 건져올려 주시는 분이셨고, 언제나 인격적인 관계를 이어 주
시는 하나님이셨고, 생의 순간순간마다 고비를 넘게 하시는 방패이셨고,
짐승에게 뿔이 가장 강한 부분이듯이 자신에게 능력이 되어 주시는 분이
셨고, 적들이 침범하지 못하도록 막아 주시는 산성이 되셨다고 고백합니
다. 그 하나님이 자기 힘이기에 하나님을 사랑한다고 고백합니다. 단 두
절에서 '나', '내'라는 말을 열한 번이나 합니다.
　바울에게도 하나님은 '나의 하나님'입니다. 바울에게 하나님은 자신이
살기등등해서 그리스도인들을 잡아들이겠노라며 다메섹을 향해 나아가
고 있을 때 자기를 찾아와 주신 주님, 내 주 예수 그리스도를 이 땅에 보
내 주신 분이십니다.
　또 타락한 도시 고린도에서 사역하며 어떻게 해야 할지 모를 때 "너를
대적하여 해롭게 할 사람이 없을 것이니 두려워하지 말라"고 하시며, "이
성중에 내 백성이 많다"고 말씀해 주심으로 그곳에서 1년 6개월 동안 하
나님의 말씀을 가르칠 수 있도록 역사해 주신 분이십니다.
　예루살렘에서 체포되어 심문당할 때는, 바울이 유대인들에게 찢어 죽

임을 당하게 되지는 않을까 천부장이 염려할 정도였습니다. 그때 하나님은 "담대하라. 네가 예루살렘에서 나의 일을 증언한 것같이 로마에서도 증언하여야 하리라"(행 23:11)고 격려해 주셨습니다.

로마 황제에게 상소함으로 죄수가 된 바울이 배를 타고 로마로 갈 때 유라굴로라는 광풍이 불어서 그 배는 문자 그대로 망망한 지중해에 떠 있는 일엽편주가 되었습니다. 노를 저어도 소용없었고, 사공들은 짐과 배의 기구까지 버리면서 배를 저어 보려 했지만 속수무책이었습니다. 수일 동안 해와 별도 보이지 않아 며칠인지 알 수 없었던 것은 물론, 낮인지 밤인지도 구분할 수 없었고, 살아날 실낱 같은 희망도 접어야 했습니다. 그때 바울이 사람들에게 "이제는 안심하라. 너희 중 아무도 생명에는 아무런 손상이 없겠고 오직 배뿐이리라"(행 27:22)고 호소했습니다. 하나님께서 광풍이 휘몰아치는 가운데서도 그렇게 말씀해 주셨기 때문입니다.

바울에게 하나님은 이런 분이셨기에 그는 '나의 하나님'이라고 말합니다. 그 하나님께서 틀림없이 빌립보교회도 책임져 주시리라 확신에 차서 말하는 것입니다. 그리고 그 하나님이 또 어떤 분이신지를 20절이 이렇게 증거합니다.

- 하나님 곧 우리 아버지께 세세 무궁하도록 영광을 돌릴지어다 아멘

바울에게 하나님은 '나의 하나님'이셨습니다. 하나님은 자신의 삶과 사역에 필요한 것들을 공급해 주셨는데, 그리스도 예수 안에서 풍성하게 채워 주신 분이셨기 때문입니다. 또한 빌립보교회 사람들에게도 하나님은 '나의 하나님'이셨습니다. 하나님께서는 빌립보교회의 필요한 것들을 채

워 주시는 분이셨기 때문입니다. '나의 하나님'과 '나의 하나님'이 합쳐져서 이제는 '하나님, 곧 우리 아버지'가 되었습니다. 그분께 영광을 돌리는 것은 마땅한 것이라며 감격적으로 고백하고 있는 것입니다.

본문을 묵상할 때 20절 끝에 있는 '아멘'이라는 단어가 확성기에서 나오는 소리처럼 크게 들렸습니다. 아멘은 '진실입니다', '동의합니다', '확신합니다' 등의 뜻이 있습니다.

저는 설교 원고를 작성할 때 내용 중에 '아멘'이라고 써놓지 않습니다. '아멘'은 제가 해야 하는 말이 아니라 성도님들이 해야 하는 말이기 때문입니다. 성경을 읽거나 설교를 들으실 때, 성가대의 찬송을 들으실 때, 그 내용이 진실한 것이라 여겨지고, 그 내용이 동의되고, 그 내용에 확신이 올 때 "아멘"이라고 하실 수 있어야 합니다. 설교자가 엉뚱한 것을 말할 때나, 아무 의미도 없이 "믿습니까?"라고 유도하실 때는 "아멘" 하지 않으셔도 됩니다. 우리는 '아멘'을 말하는 기계가 아니기 때문입니다. '아멘'은 우리의 신앙 내용에 도장을 찍는 것과 같습니다.

20절이 빌립보서의 결론 마지막 부분입니다. 21-23절은 편지의 추신과도 같은 부분입니다. 바울이 지금까지의 내용을 모두 기록하고서 '아멘'이라고 붙인 것은 "이 모든 내용에 우리는 '아멘' 해야 합니다"라고 강조한 것같이 여겨집니다.

바울의 하나님, 다윗의 하나님이 바로 '나의 하나님'이십니다. 가만히 눈 감고 "나의 하나님!", "나의 하나님!"이라고 읊조려 보십시오. "하나님 우리 아버지!", "하나님 우리 아버지!"라고도 읊조려 보십시오.

그 하나님이 바로 우리 생애 동안 그리스도 예수 안에서 영광 가운데 그 풍성한 대로 우리의 쓸 것을 채우시는 분이십니다. 그 하나님께서 우리의 남은 생애 동안도, 우리 자손들에게도 그리스도 예수 안에서 영광

이것들을 생각하라

가운데 그 풍성한 대로 우리와 그들의 쓸 것을 채우실 분이십니다. 그 하나님, 우리 아버지께 세세 무궁하도록 영광을 돌리십시다. 아멘.

사랑과 자비가 풍성하신 하나님 아버지!

하나님께서는 이스라엘 자손들의 광야 생활 40년 동안 그들을 위해 싸워 주시고, 때로는 안고 인도하셨으며, 그들보다 앞서 행하셔서 장막 칠 곳을 찾으시고, 낮에는 구름기둥으로 밤에는 불기둥으로 역사하셨습니다. 하지만 이스라엘 자손들은 늘 불평과 불만의 연속이었습니다. 그러나 그들을 어리석다 할 수 없는 것은, 그들의 모습을 보는 것이 거울로 우리를 보는 것과 같고, 우리는 그들의 복사품과 같기 때문입니다. 그래서 우리의 삶에는 감사와 순종이 참 없었습니다.

그럼에도 우리를 내치지 않으시고 생의 순간순간마다 우리 하나님과 우리 아버지가 되어 주셔서 참 감사합니다. 다윗에게 반석과 요새와 방패와 산성이 되어 주시고, 바울에게 곁에 서서 말씀해 주신 분이 우리 하나님과 동일한 분이시기에 우리는 오늘도 용기와 소망을 가집니다.

어린이가 선생님이 '나의 선생님'이라고만 여겨져도 선생님이 부르시면 무슨 일이든 달려간다고 합니다. '나의 하나님'은 그리스도 예수 안에서 그 풍성한 대로 우리의 쓸 것을 채우시는 분이실 뿐만 아니라, 죄와 허물로 죽었던 우리를 살리기 위해 독생자를 보내 주신 분이십니다. 그 하나님을 하나님답게 섬기는 우리 모두가 되게 하여 주옵소서.

예수님을 가지면, 또 예수님의 소유가 되면 모든 것을 가진 것이 되지만, 예수님을 잃으면 아무리 많은 것을 가져도 모든 것을 잃은 것과 다름이 없음을 잊지 않게 하옵소서.

바라옵나니 우리 모두가 진실로 나의 하나님, 우리 아버지께 영광 돌리는 삶을 살아가게 하옵소서. 예수님 이름으로 기도드립니다.

아멘.

25

가이사의 집
사람들 중 몇

빌립보서 4장 21-23절

다니엘

BC 930년 솔로몬 왕이 죽은 후 이스라엘은 남북으로 나뉘었습니다. 북이스라엘은 208년간 지속되다가 BC 722년 앗수르에 의해 멸망하고 말았습니다. 하지만 그 후에도 남유다는 136년간 더 지속되다가 BC 586년 바벨론에 의해 망하게 되었습니다. 남유다는 3차에 걸쳐 바벨론의 침략을 받았습니다.

BC 605년 바벨론과 애굽은 갈기미스에서 큰 전쟁을 치렀습니다. 그 전쟁에서 애굽은 참패했고, 그때 유다는 애굽 편에 있었는데, 바벨론은 승전의 여세를 몰아 유다까지 침략하여 유다를 속국으로 만들었습니다. 이것이 1차 침략입니다.

바벨론의 느부갓네살 왕은 유다를 침략한 후 바벨론으로 돌아가며 많은 포로들을 끌고 갔는데, 그들 중에는 다니엘과 세 친구 사드락, 메삭, 아벳느고도 있었습니다. 다니엘은 이후 70년 이상을 바벨론에서 살며 그곳에서 생을 마쳤습니다.

많은 그리스도인 부모들은 자녀들에게 바라는 이상적인 모습이 있습니다. 그 모습의 모델로 등장하는 사람이 애굽의 총리가 된 요셉, 이스라엘 최고 통치자가 된 다윗, 아하수에로 왕의 왕비가 된 에스더 그리고 다니엘 등입니다. 부모들의 그런 소망은 그들의 신앙 때문만이 아니라 세상적인 지위도 정점에 이르렀기 때문일 것입니다. 요셉이 신앙의 절개를 지키다가 보디발의 집 감옥에서 쓸쓸하게 죽음을 맞이했거나, 다윗이 골리앗과의 싸움에서 승리한 후 집으로 돌아와 목자의 일을 하며 평생 하나님을 섬기며 살다 죽었거나, 에스더가 아하수에로 왕비에 간택되지 않아 궁녀나 무수리로 살면서 '죽으면 죽으리이다' 하는 심정으로 하나님을 섬기며 살았다면, 그리스도인 부모들이 자녀가 그렇게 살기를 희망하지는 않을 것입니다.

"우리 아이가 바울처럼 자신이 누릴 수 있는 특권을 다 포기하더라도 주님을 위해 평생 살면 좋겠어요"라고 하는 부모는 정말 극소수입니다.

다니엘을 생각하면 참 존경스럽게 여겨지는 부분도 있고, 마음이 울컥해지는 부분도 있습니다.

1636년 병자호란이 일어나 조선이 청나라에 항복한 후 소현세자가 청나라에 인질로 잡혀갔던 것처럼, 왕족인 다니엘도 다른 왕족들, 귀족들과 바벨론에 인질로 잡혀 왔습니다. 그들에게 3년 동안 바벨론의 언어와 학문을 배우게 한 뒤 바벨론 왕을 모시게 할 작정이었습니다. 그때 다니엘은 환관장에게 이렇게 요청했습니다. 다니엘 1장 8-9절입니다.

이것들을 생각하라

다니엘은 뜻을 정하여 왕의 음식과 그가 마시는 포도주로 자기를 더럽히지 아니하리라 하고 자기를 더럽히지 아니하도록 환관장에게 구하니 하나님이 다니엘로 하여금 환관장에게 은혜와 긍휼을 얻게 하신지라

'왕의 음식'은 하나님께서 율법에 먹지 말라고 말씀하신 고기이거나, 바벨론 사람들이 섬기는 신에게 바쳤던 음식인 것으로 보입니다. 또한 포도주를 마시지 않겠다고 한 것은 나실인들이 포도주와 독주를 마시지 않고 맑은 정신으로 하나님을 섬기려 했듯이 다니엘도 이방 땅, 이방인의 왕궁에 있을지라도 하나님을 바르게, 제대로 섬기려 했던 것으로 보입니다.

그러나 환관장은 다니엘에게 '네 요청대로 했다가 얼굴이 초췌하게 되어 다른 또래 소년들과 비교되면, 그 후폭풍으로 내 생명이 위태하게 될 것'이라고 했습니다. 그러자 다니엘은 환관장에게 허락을 받아서 감독관에게 열흘 동안만 채식을 해서 얼굴을 비교해 봐달라고 했습니다. 그래서 열흘 뒤 감독관이 비교해 보았더니, 누가 왕의 음식을 먹었고 누가 채식을 했는지 구분하기가 어려울 정도였습니다. 그 후로 다니엘과 세 친구는 왕의 음식과 포도주 대신 채식을 받게 되었습니다.

이때 다니엘은 15세 전후의 10대 소년이었습니다. 인생에서 가장 반항기가 가득할 때입니다. 제가 다니엘이었으면 하나님께 "애굽에 열 가지 재앙도 내리시고, 홍해를 갈라 길도 내시고, 우리 조상들을 광야에서 40년 동안 만나로 먹이신 하나님께서 어찌 바벨론의 침략은 막아 주지 않으셨습니까? 하나님이 하나님

이시라면 어떻게 이렇게 하실 수 있습니까?"라며 분노와 원망의 말을 쏟아 냈을 것 같습니다. 그러나 다니엘은 그렇게 하지 않았습니다. 바벨론 왕궁에서 신실하게 하나님의 자녀의 삶을 살았습니다. 하나님께서는 이런 다니엘에게 다른 사람들보다 열 배의 지혜를 주셨습니다.

그렇게 다니엘은 바벨론 왕궁, 느부갓네살의 집에서의 삶이 시작되었습니다. 다니엘의 삶이 어떠했는지를 다니엘 6장 3-4절은 이렇게 증거합니다.

다니엘은 마음이 민첩하여 총리들과 고관들 위에 뛰어나므로 왕이 그를 세워 전국을 다스리게 하고자 한지라 이에 총리들과 고관들이 국사에 대하여 다니엘을 고발할 근거를 찾고자 하였으나 아무 근거, 아무 허물도 찾지 못하였으니 이는 그가 충성되어 아무 그릇됨도 없고 아무 허물도 없음이었더라

다니엘이 인질로 끌려온 지 이미 60여 년이 지났고, 그동안 왕도 다섯 번이나 바뀌었고, 제국도 바벨론에서 페르시아로 바뀌었습니다. 그럼에도 다니엘은 여전히 총리로 있었습니다. 우리나라에서는 대통령이 취임할 때 임명된 국무총리나 장관이 대통령 퇴임할 때까지 가는 경우가 거의 없습니다. 대통령 임기 5년 동안 국무총리와 각 부처 장관이 몇 번 바뀝니다. 그런데 다니엘은 왕이 바뀌어도 그 자리에 있었습니다. 그것도 적국에서 말입니다. 그의 정적들은 다니엘을 무너뜨리려고 혈안이 되어 그를 고발할 근거와 허물을 찾았지만 헛수고였습니다. 그래

　　　　　　　　　　　　　　이것들을 생각하라

서 그들은 다니엘을 무너뜨릴 수 있는 유일한 방법은 한 가지밖에 없다는 사실을 알았습니다. 그것은 다니엘이 신실하게 섬기고 있는 하나님과의 관계를 어그러뜨리는 것이었습니다. 그래서 총리들과 고관들이 왕을 찾아가서 "앞으로 30일 동안 왕 외에(당시 왕은 신과 동격이었습니다) 다른 신이나 사람에게 무엇을 구하면 사자굴에 넣게 해주십시오"라고 간언해서 도장을 받았습니다. 이때 다니엘이 취한 행동을 다니엘 6장 10절은 이렇게 증거합니다.

다니엘이 이 조서에 왕의 도장이 찍힌 것을 알고도 자기 집에 돌아가서는 윗방에 올라가 예루살렘으로 향한 창문을 열고 전에 하던 대로 하루 세 번씩 무릎을 꿇고 기도하며 그의 하나님께 감사하였더라

다니엘은 조서에 왕의 도장이 찍힌 것을 알았습니다. 그 내용을 어길 때는 어떤 결과를 맞게 되는지 모르지 않았다는 의미입니다. 그럼에도 집으로 돌아가 가장 먼저 한 것은 예루살렘으로 향한 창문을 여는 것이었습니다. 예루살렘은 자기 고향이기도 하지만, 성전이 있는 곳, 하나님이 계신 곳입니다. 그 창은 단순한 창이 아니라 지금까지 자기를 만나 주시고, 인도해 주시고, 역사해 주신 하나님과의 소통의 창이었습니다. 그리고 늘 하던 대로 하루 세 번 무릎 꿇고 하나님께 감사기도를 올렸습니다. 혹 자신이 사자의 먹이가 된다 할지라도 지금까지 함께하신 하나님께 감사드리는 것입니다.

다니엘에게 기도는 오랜 습관이었습니다. 처음 잡혀 왔을 때도 '뜻을 정하여' 먹지 않았습니다. 지금도 사자가 죽게 해달라거나 사자굴이 토끼굴로 바뀌게 해달라고 기도드린 것이 아닙니다. 그는 사자굴이 있으나 없으나 기도하는 사람이었습니다.

신앙생활의 가장 좋은 태도 가운데 하나는 '습관적 신앙'(?)입니다. 주일예배 시간에는 언제나 예배당에 앉아 있는 것이 좋은 신앙 태도입니다. 어떤 날에는 예배당에 있고, 어떤 날에는 골프장, 또 어떤 날에는 영화관에 있으면 좋은 신앙인이 아닙니다. 음식 앞에서는 자동적으로 고개를 숙이는 것이 좋은 신앙 태도입니다. 음식을 앞에 두고 주변을 둘러보는 사람은 좋은 신앙인이 아닐 가능성이 많습니다. 가족들이 식탁에 둘러앉았을 때 가장이 식사기도만 제대로, 진지하게 드려도 가족들의 신앙이 달라집니다. 하루를 시작하는 아침이나, 하루를 마치는 밤에 자동적으로 성경을 펼치는 것이 좋은 신앙 태도입니다. 습관적인 신앙이 좋지 못한 것이 아니라 습관이 되지 않은 신앙이 좋지 못한 것입니다.

다니엘서를 읽을 때마다 그에 대해 마음이 짠해지는 것은, 그가 결혼하지 않았다는 것입니다. 단지 결혼하지 않았다는 것 때문만이 아닙니다. 왕족이었기 때문에 인질로 잡혀가기 전에는 그의 주변에 수많은 사람들이 있었을 것입니다. 왕궁에서 일하는 사람들이 모든 시중을 들어 주었을 것입니다. 그러나 인질이 되고 나서는 모든 것이 달라졌습니다. 전부 자기 손으로 해야 했습니다.

17세 소년으로 애굽으로 팔려간 요셉도 온On의 제사장 보디베

이것들을 생각하라

라의 딸 아스낫과 결혼해서 므낫세와 에브라임을 낳았습니다. 첫아들 므낫세라는 이름의 뜻이 '잊어버림'입니다. 요셉은 13년의 종살이와 옥살이 후 애굽 총리가 되어 결혼했습니다. '하나님께서 과거의 고통과 고난을 잊게 해주셨다'는 의미로 므낫세라고 지은 것입니다.

애굽 왕 바로의 공주의 아들로 살았던 모세는 40세 때, 히브리인을 폭행하던 애굽 사람을 죽인 일 때문에 미디안 광야로 가서 40년간 살게 되었습니다. 모세는 미디안 제사장의 딸 십보라와 결혼해서 게르솜과 엘리에셀을 낳았습니다. 첫아들 게르솜의 뜻이 '타국에서 나그네가 되다'입니다.

요셉과 모세처럼 다니엘 역시 잊고 싶은 과거가 왜 없었겠으며, 이방 땅에서 살아가며 느끼는 설움이 왜 없었겠습니까? '남 몰래 흘리는 눈물'은 오페라의 노래 제목만이 아닙니다. 조국을 떠나 외국에서 사는 사람들의 공통적인 주제가와 같습니다. 오페라 〈사랑의 묘약〉에 나오는 '남 몰래 흘리는 눈물'은 상대의 사랑을 확인하고 나서 흘리는 기쁨의 눈물입니다. 그러나 외국 땅에서 흘리는 눈물은 아픔과 서글픔, 외로움의 눈물입니다.

요셉과 모세에게는 아내와 자식이 있었지만, 다니엘에게는 아무도 없었습니다. 온 사방이 이방 문화와 이방 종교, 정적들로 가득 차 있을 때, 다니엘은 오직 하나님만 바라보았습니다. 그 하나님으로 인해 다니엘은 평생 흔들리지 않고 살 수 있었습니다. 하나님께서는 이런 다니엘을 통해 이스라엘 자손들의 70년 포로 생활에 마침표를 찍게 하셨습니다.

우리가 속한 '가이사의 집'

　　　　다니엘이 바벨론과 페르시아 왕궁에서 신실한 하나님의 사람으로 살아갔듯이, 로마 왕궁에서도 신실한 그리스도인으로 살아간 사람들이 있었습니다.

　오늘 본문은 빌립보서의 마지막 인사말이자 추신과도 같은 부분입니다. 바울이 빌립보교회에 전하려 했던 내용은 이미 다 언급되어 있습니다. 그렇다고 해서 이 부분이 없어도 되는 것은 결코 아닙니다. 편지 추신에 중요하지 않은 말을 쓰는 경우는 없습니다. 없어도 되는 내용이라면 쓰지 않을 것입니다.

　손편지를 보내고 받던 시절, 연애편지 쓸 때 앞에는 잡다한 내용을 다 쓰고 끝에 'p. s. 내가 많이 좋아하는 거 알지요?'라고 쓰곤 했습니다. 그런 편지는 사실 그 추신의 내용을 말하기 위해 앞에 있는 많은 말들—날씨가 어떻고, 가족들은 어떻고, 학교나 직장생활은 어떻고, 요즘 기분이 어떻고 등을 쓴 것입니다.

　본문 21절이 이렇게 증거합니다.

■　　　그리스도 예수 안에 있는 성도에게 각각 문안하라 나와 함께 있
　　　는 형제들이 너희에게 문안하고

　바울만이 아니라, 바울과 있었던 사람들도 빌립보교회 사람들에게 함께 문안하고 있습니다. 그들은 디모데와 에바브로디도, 그리고 바울이 옥에 갇힌 것을 보고 하나님의 말씀을 담대히 전했던 로마교회 사람들입니다.

　　　　　　　　　　　　　이것들을 생각하라

그런데 바울은 빌립보교회 사람들에게 문안을 요청하면서 '각각 문안하라'고 합니다. 빌립보서가 빌립보교회 사람들 전체에게 보내는 것이기도 하지만 빌립보서 1장 1절~4장 20절 말씀은 빌립보교회 구성원 각각에게 보내는 것이라는 의미입니다. 빌립보교회를 시작했던 사람들이 그대로 남아 있었다면, 자색 옷감 장사 루디아와 그 가족 각각에게 보내는 편지요, 귀신들려 점치던 소녀에게도 보내는 편지요, 빌립보감옥의 간수와 그 가족들 각각에게 보내는 편지라고 하는 것입니다.

성경 66권도 마찬가지입니다. 성경은 이 땅을 살다 간 하나님의 백성들, 지금 살고 있는 하나님의 사람들, 앞으로 살게 될 주님의 자녀들에게 보내는 하나님의 편지지만, 오직 한 사람, 바로 나에게 주시는 하나님의 음성이기도 합니다.

오늘 제가 전하는 설교는 100주년기념교회 교우님들, 인터넷을 통해 실시간으로 예배드리는 그리스도인들, 영상으로 예배드리는 모든 사람들에게 주시는 하나님의 메시지이지만, 바로 나에게 말씀하시는 하나님의 음성이기도 합니다. 성경 말씀을 통해, 설교 말씀을 통해 나에게 문안하시는 하나님을 발견하게 되면 나의 인생이 바뀌지 않을 수 없습니다.

또한 바울은 빌립보교회 사람들에게 문안하면서 '그리스도 예수 안에 있는 성도'라고 합니다. 문자적인 의미로는 '그리스도 예수 안에 있는 각각의 성자성인'입니다.

가톨릭에서 '성자'는 성 아우구스티누스, 성 프란체스코처럼 소수의 사람들을 지칭하는 말입니다. 그러나 성경은 우리가 그리스도 안에 있으면 모두 성자라고 합니다. 그래서 바울은 고린도교회에 편지를 보낼 때 "고린도에 있는 하나님의 교회 곧 그리스도 예수 안에서 거룩하여지고 성도라 부르심을 받은 자들"이라 했고, 로마교회에 편지를 보낼 때는 "로마에서 하나님의 사랑하심을 받고 성도로 부르심을 받은 모든 자에게"라고 했습니다.

'거룩'은 '구별'의 뜻입니다. 즉 '따로 떼어 내었다'는 의미입니다. 제가 사용하고 있는 이 마이크는 예배 시간에 설교자가 사용하면 복음을 전하는 도구가 되고, 가수가 사용하면 노래를 부르는 도구가 되고, 상인이 사용하면 장사의 도구가 됩니다. 그렇게 떼어내는 것을 거룩이라고 합니다. 그런데 거룩에서 떼어냄/구별보다 더 중요한 것은 누가 떼어냄/구별했는가 하는 것입니다. 같은 시냇물을 독사가 떼어 먹으면 독이 되고, 젖소가 떼어 먹으면 우유가 되듯이, 떼어냄/구별은 그것을 행한 존재와 밀접한 관계가 있습니다.

교회를 헬라어로 '에클레시아ekklēsia'라고 합니다. 문자적인 의미는 '밖으로 불러냄을 받은 사람들'입니다. 그 불러냄을 행하신 분이 하나님입니다. 그래서 우리는 거룩하신 하나님을 닮아가는, 떼어냄을 받은 사람들, 성자성도입니다.

로마교회 사람들과 빌립보교회 사람들은 사는 지역도, 자란 배경도 다르고, 하는 일도 다르고, 신분도 다릅니다. 하지만 그들은 모두 그리스도 안에서 구별된 사람들, 곧 성자가 되었기에 서로 문안하는 것입니다.

우리가 구역성경공부 모임을 통해 확인하는 것도 이것입니다. 우리는 태어난 곳도 다르고, 교육받은 과정도 다르고, 지금 살고 있는 곳도 다릅니다. 소유의 정도도 다르고, 직업도 다르고, 지위도 다릅니다. 그러나 한 가지 분명한 것은, 우리는 모두 하나님께서 불러 내셔서 구별하신 사람들이고, 그리스도 안에서 성자가 된 사람들이라는 사실입니다. 청년부, 장년부 수련회를 통해서도 확인하게 되는 가장 큰 기쁨은 우리가 주

이것들을 생각하라

님 안에서 구별된 사람들, 곧 성자가 되어 서로 문안하는 관계가 된 것입니다. 주님 안에서의 문안은 모든 환경과 조건, 상황을 뛰어넘는 특별한 교제입니다.

로마교회 사람들이 빌립보교회 사람들에게 문안하는데, 그들 가운데 어떤 사람들이 있었는지를 22절이 이렇게 증거합니다.

■ 모든 성도들이 너희에게 문안하되 특히 가이사의 집 사람들 중 몇이니라

빌립보서와 더불어 에베소서, 골로새서, 빌레몬서가 바울이 로마의 옥에서 쓴 편지입니다. 그런데 에베소서, 골로새서, 빌레몬서는 바울이 투옥된 후 초기에 쓴 것이고, 빌립보서는 2년 남짓 감옥 생활을 한 후 쓴 것입니다.

당시는 지금과 같이 합법적으로 재판이 행해지던 때가 아니었습니다. 수년 동안 재판도 없이 투옥되어 있는가 하면, 어느 날 갑자기 사형당하는 경우가 허다했습니다. 언제 죽을지도 모르는 상황에서 2년을 버텨 온 바울의 편지에 나타나는 '특히 가이사의 집 사람들 중 몇'이란 말이 주는 의미는 참 큽니다.

'가이사의 집'이란 로마 황제가 사는 궁전을 지칭하는 말입니다. 바울이 로마 감옥에 갇혀 재판을 기다릴 때의 로마 황제는 폭군으로 알려진 네로입니다. 그 네로 황제가 사는 궁전에 예수 그리스도를 믿는 사람이 있었다는 뜻입니다. 그들은 믿음을 지키기 힘든 상황에서 믿음을 지킨 사람들입니다.

네로 황제가 통치하던 서기 64년, 로마에 대화재가 있었습니다. 그리

스도인들은 이 화재를 일으켰다는 누명을 쓰고 말할 수 없는 박해를 받았습니다. 바울과 베드로가 모두 네로 황제 때 순교의 제물이 되었습니다. 이런 폭군이 통치하는 궁전에 신실한 그리스도인들이 있었고, 그들이 바울을 통해 빌립보교회 사람들에게 문안하고 있는 것입니다. "빌립보에서 신앙생활 하는 교우님들! 예수 그리스도를 바르게 믿는 것이 쉽지 않으시지요? 힘들지만 우리 용기를 냅시다. 우리도 네로 황제의 통치 아래서 쉽지 않지만 구원자이신 주 예수 그리스도를 기다리고 있습니다." 이것이 빌립보교회에 문안하는 '가이사의 집 사람들 중 몇'의 의미입니다.

오늘날 '가이사의 집 사람들'에 가장 직접적으로 적용되는 사람들은 공무원이라고 할 수 있습니다. 성경에 '가이사 집 사람들'이라고 부를 만한 사람들이 있습니다. 서두에 말씀드린 다니엘과 세 친구들이 그러하고, 애굽 총리 요셉이 그러하고, 아하수에로 왕의 왕비 에스더가 그러합니다. 아닥사스다 왕의 술관원 느헤미야도 빼놓을 수 없습니다. 그들의 공통점은 아주 큰 위험에 처하는 경험을 했고, 하나님을 바르게 섬김으로 동족을 위해 큰 일을 했다는 것입니다. 국가기관에서 일하는 사람들은 위기에 처할 때가 많습니다. 수많은 사람에게 영향을 미치는 결정을 해야 할 때도 있습니다. 하지만 하나님 안에서 하나님의 뜻에 순종해서 내린 결정으로 말미암아 수많은 사람들을 살려 낼 수 있습니다.

공무원들만이 아닙니다. 기업에서 일하는 사람은 그 기업이 '가이사의 집'입니다 학교에서 일하는 사람은 그 학교가, 기관에서 일하는 사람은 그 기관이, 자기 일을 하는 사람은 자기 일터가, 주부에게는 자신의 가정이 '가이사의 집'입니다. 사실 온 세상이 세속적 가치관이 판을 치는 '가이사의 집'입니다.

'가이사의 집'의 가치관에 매여 사는 사람은 '자기 커짐'이라는 야망과

이것들을 생각하라

성공에 대한 갈망 때문에 신앙의 삶을 양보하거나 포기하는 일이 많습니다. 자신의 꿈을 성취하는 것, 성공하여 업적을 남기는 것 자체에는 아무런 문제가 없습니다. 하지만 그것을 이루기 위해 신앙의 원칙을 왜곡하거나 세속적 가치관과 타협하게 되면 이미 틀린 길로 가고 있는 것입니다. 또한 우리가 어떤 가이사의 집에 소속되어 있든, 주님을 모르는 사람들이 우리를 유심히 보고 있습니다. 우리의 성품이 바뀌어 가고 있는지 아닌지? 어떤 태도로 주어진 일을 감당하고 있는지?

이러한 때 우리의 바른 태도는 직장의 가이사보다 영원한 가이사가 되시는 주님을 의식하며 사는 것입니다. 다니엘이 다른 귀족들의 눈을 의식하지 않고 늘 하나님을 향해 창을 열고 하나님을 의식하며 살았던 것과 동일한 태도입니다.

가이사의 집 성도들이 겪은 어려움은 "예수 그리스도가 주님이시다" 대신 "가이사가 주님이시다"라고 고백해야 하는 것이었습니다. 그 고백을 거부하면 자기 직책을 박탈당했고, 재산을 몰수당했고, 심지어 원형 경기장에서 맹수의 먹이가 되기도 했습니다. 하지만 그들이 어떻게 주님을 섬기는지, 어떻게 신앙을 지키는지 가이사의 집 다른 사람들이 보았고, 로마 귀족들과 그 부인들이 보았고, 가이사도 보았습니다. 가이사의 집 성도들이 주님을 향해 사는 것을 포기하지 않았을 때, 그들은 비록 고난당하고 환난을 겪었으나, 그들을 통해 250여 년이 지난 후 로마가 송두리째 변화되었고, 가이사마저 그리스도인이 되었습니다.

지금 어떤 '가이사의 집 사람들'에 속해 계십니까? 지금은 가이사의 집 안에서 그리스도인으로 사는 것이 참 어려운 시대입니다. 그러나 우리가 '가이사의 집 성도들'로서 주님을 의식하고 살아가다 보면 로마를 변화시킨 우리의 영원한 가이사이신 주님께서 우리 자신과 우리 가정, 한국 사회와 한국 교회를 새롭게 해주실 것입니다. 우리의 삶의 현장이 흙탕물이 가득한 것 같은 가이사의 집이라 할지라도 그곳에서 주님을 의식하며 살지 않으시겠습니까?

하나님 아버지!

우리는 요셉, 모세, 다윗, 에스더, 다니엘이 높은 자리에 앉게 된 것과 많은 것을 누리게 된 것에 관심이 많았지, 그들이 어떻게 그런 자리까지 갈 수 있었는지, 아니, 하나님께서 그들을 그 자리에 앉게 하기 위해 얼마나 많은 과정을 거치게 하셨는지 간과할 때가 참 많습니다. 그래서 목적지에 이르기 위해 수단과 방법을 가리지 않을 때가 참 많습니다. 바라옵나니, 높이보다 지나온 삶의 깊이를 소중하게 여기는 그리스도인이 되게 하여 주옵소서.

다니엘이 바벨론과 페르시아에서 총리가 된 것보다 그가 어린 시절부터 어떻게 하나님을 중심으로 섬기면서 살 수 있었으며, 노년이 되어서도 하나님께 집중하며 살 수 있었는지에서 격려와 소망을 얻습니다. 다니엘처럼 우리와 우리 자녀가 어릴 때도, 지금도, 지금보다 더 나이가 많이 들었을 때에도 하나님을 하나님으로 바르게 섬기게 하여 주옵소서.

또한 네로 황제와 같은 폭군의 다스림 아래에서도 주님의 다스림을 받으며 살았던 '가이사의 집 사람들 중 몇'에 부끄러움과 용기를 얻습니다. 우리가 지금 어떤 '가이사의 집'에 속했다 하더라도 거기서 우리의 영원한 가이사가 되시는 주님을 의식하

이것들을 생각하라

며 살아가게 하여 주옵소서. 때로 주님을 의식하며 사는 것 때문에 조롱당하고 고난 받게 되더라도 잘 감내하게 하여 주시고, 가이사의 집에 있는 성도들에게 서로 문안하는 우리가 되게 하여 주옵소서. 우리의 그런 삶을 통해 하나님께서 하나님의 때에 우리가 속한 가이사의 집을 바꾸어 가는 것을 목도하게 하여 주옵소서. 예수님의 이름으로 기도드립니다.

아멘

26 은혜가 너희 심령에

므비보셋

다윗이 왕이 되고 난 후 20년 가까운 세월이 흘렀을 때의 일입니다. 법궤도 예루살렘으로 옮겼고, 나라도 태평했고, 다윗의 왕위도 견고해졌습니다. 어느 날 다윗은 신하들에게 말했습니다. 사무엘하 9장 1절이 이렇게 증거합니다.

다윗이 이르되 사울의 집에 아직도 남은 사람이 있느냐 내가 요나단으로 말미암아 그 사람에게 은총을 베풀리라 하니라

사울 왕과 요나단은 아버지와 아들지만, 이 두 사람이 다윗을 대하는 태도는 정반대였습니다. 사울 왕은 다윗을 사위가 아니라 호시탐탐 왕위를 노리며 역모를 꾀하는 사람으로 여겼습니다. 하지만 요나단은 자신과 다윗을 세자와 차기 왕으로 기름부

380   이것들을 생각하라

음을 받은 정적政敵으로 여기지 않고, 다윗의 보호자가 되어 주었고, 친구가 되어 주었습니다.

다윗은 아무리 생각해도 요나단이 자신을 잘 대해 주는 것이 정말 특별하다고 여겼습니다. 이스라엘이 블레셋과의 길보아 산 전투에서 패했을 때, 요나단도 목숨을 잃고 말았습니다. 그때 다윗은 "나의 형 요나단, 형 생각에 마음이 아프오. 형이 나를 그렇게도 아껴 주더니, 나를 끔찍이 아껴 주던 형의 사랑은 여인의 사랑보다도 더 진한 것이었소"라며 슬픈 노래를 불렀습니다.

그래서 다윗은 요나단에게 받은 사랑을 되갚아야 할 때가 되었다고 여겨 "사울의 집안에 살아남아 있는 자손이 있느냐?"고 신하들에게 물은 것입니다. 그래서 수소문했더니 사울의 집안에서 종노릇하던 시바라는 사람이 있다는 것을 알았습니다. 다윗은 그를 불러 사울의 집안에 살아남은 사람이 있는지를 물었습니다. 그때 시바의 답변을 사무엘하 9장 3절 하반절이 이렇게 증거합니다.

시바가 왕께 아뢰되 요나단의 아들 하나가 있는데 다리 저는 자니이다 하니라

시바가 다윗에게 '요나단의 아들이 하나 있다'고 할 때, 그 아들의 이름(므비보셋Mephibosheth)을 말하지 않았습니다. 나이도, 사는 곳도, 하고 있는 일도 말하지 않았습니다. 성경은 생각나는 대로 아무 말이나 쓰는 낙서장이 아닙니다. 우리에게 주

기 원하시는 하나님의 뜻이 담겨 있는 말씀입니다. 시바가 다 윗에게 '요나단의 아들은 다리를 저는 장애인'이라는 말로 입을 열었습니다.

지금도 건강하고 아름다운 몸은 큰 매력입니다. 그래서 조각 같은 몸매, 초콜릿 복근, S라인 등의 말을 합니다. 고대에도 사람의 신체적인 힘을 대단히 중요하게 생각했습니다. 그래서 제사장이 될 사람은 신체에 아무런 흠이 없는 건강한 사람이어야 했습니다. 손은 기술을 익히는 데 쓰이고 발은 남자다움, 즉 힘을 측정하는 데 쓰였습니다. 당시에는 전쟁에서 승리를 거두거나 살아남는다는 것은 빠른 발이 있기 때문이었습니다. 하박국 선지자는 역경에 처한 사람을 위한 하나님의 도우심에 대해 말하면서 "주 여호와는 나의 힘이시라. 나의 발을 사슴과 같게 하사 나를 나의 높은 곳으로 다니게 하시리로다"(합 3:19)라고 고백합니다.

므비보셋은 최고의 가문에서 태어났습니다. 그의 할아버지는 이스라엘 초대 왕이고, 아버지는 세자였습니다. 할아버지 사울은 이스라엘 전체에서 가장 외모가 준수했고, 다른 사람들보다 머리 하나가 더 큰 8등신이었습니다. 요즘 표현으로 하면 얼짱과 몸짱을 동시에 지닌 사람이었습니다. 또한 아버지 요나단은 누구에게도 뒤지지 않는 용맹함이 있었고, 따뜻한 마음도 있었고, 신실함도 있었습니다. 만약 요나단이 사울의 뒤를 이어 왕이 되었다면, 아버지 사울보다 훨씬 훌륭한 왕이 되었을 것입니다. 므비보셋은 이런 가정에 태어났습니다.

이것들을 생각하라

그런데 갑자기 모든 상황이 완전히 바뀌고 말았습니다. 그의 아버지와 할아버지는 숙적 블레셋과의 전투에서 크게 패하여 죽임을 당하고 말았습니다. 그 전쟁 전까지는 궁전이 안전과 풍요의 안식처였지만, 전쟁 이후는 회오리바람 휘몰아치는 가장 위험한 장소가 되고 말았습니다.

그때 한 신실한 유모가 므비보셋을 안고 도망쳤습니다. 그때 그의 나이가 불과 다섯 살이었습니다. 그들이 도망가다 유모가 므비보셋을 떨어뜨리는 바람에 그는 두 다리를 모두 절게 되었습니다. 이전엔 므비보셋은 왕자였고, 마음껏 뛰고 달리던 건강한 아이였지만 이제는 피난민이 되었고, 스스로 걸을 수 없는 장애인이 되고 말았습니다.

마침내 다윗과 므비보셋이 만나게 되었습니다. 다윗에게 므비보셋과의 만남은 참 감격적이었을 것입니다. 자신을 당연히 정적으로 여겨야 했음에도 따뜻한 보호자요 친구가 되어 주었던 요나단의 아들을 20년 만에 만나는 것입니다. 그때 다윗이 므비보셋에게 한 말을 사무엘하 9장 7절은 이렇게 증거합니다.

다윗이 그에게 이르되 무서워하지 말라 내가 반드시 네 아버지 요나단으로 말미암아 네게 은총을 베풀리라 내가 네 할아버지 사울의 모든 밭을 다 네게 도로 주겠고 또 너는 항상 내 상에서 떡을 먹을지니라

다윗은 므비보셋에게 "무서워하지 말라"고 합니다. 그것은 그만큼 므비보셋이 두려워하고 있었음을 의미합니다. 지금까지 다

윗은 므비보셋의 얼굴을 한 번도 보지 못했을 가능성이 많습니다. 그렇게 일면식도 없는 왕이 자신을 부를 때 얼마나 두려웠겠습니까? 그런데 다윗은 그에게 "할아버지 사울이 갖고 있던 밭을 전부 되돌려 주겠다"고 했습니다. 그뿐만 아니라 "앞으로 식사할 때마다 나와 함께 먹자"고 했습니다. 이것은 다윗이 므비보셋을 아들로 생각하겠다는 것입니다. 이를 계기로 므비보셋은 예전의 지위로 회복되었고, 그의 가족의 모든 재산도 되찾게 되었습니다.

다윗과 므비보셋을 생각하면, 오래 전에 본 사극 〈태조 왕건〉의 한 장면이 떠오릅니다.

왕건은 궁예의 신하로 있다가 역성혁명易姓革命―왕이 부덕하여 민심을 잃으면, 덕 있는 다른 사람이 천명天命을 받아 왕조를 바꾸고 새로운 왕조를 세우는 일―으로 왕이 되었습니다.

왕건에게는 어린 시절 결혼을 약속한 연화라는 여인이 있었습니다. 그런데 결혼을 차일피일 미루다가 궁예 왕이 연화를 보고 마음에 들어 하는 바람에 연화는 그만 궁예 왕과 결혼하고 말았습니다. 나중에 궁예 왕은 미쳐서 아내 연화를 죽이고 맙니다.

왕건이 왕이 되고 얼마 지나지 않아서, 대신들과 회의를 하고 있는데 밖에서 웬 아기 울음소리가 들렸습니다. 왕건과 대신들이 밖으로 나가 보니 한 나인(궁녀)이 아기를 안고 왕궁을 빠져나가려 하고 있었습니다. 왕건이 누구의 아기냐고 물었더니 폐군廢君 궁예의 아기라고 했습니다. 신하들은 분노에 차서 폐군의 아기이기 때문에 당연히 죽여서 그 씨족을 멸해야 한다고 했

이것들을 생각하라

습니다. 그러나 왕건은 대신들의 말을 듣지 아니하고 '데리고 가서 잘 키우도록 하라'고 했습니다.

신하들이 살려 주자고 해도 씨를 말려야 자신의 후손이 왕이 되는 데 걸림돌이 되지 않는다며 죽이게 해야 할 것 같은데, 왕건은 그렇게 하지 않았습니다. 그것은 그 아기가 궁예의 아기이기도 했지만 자신이 그렇게 사랑했고, 자신을 그렇게 사랑했던 연화의 아기이기도 했기 때문입니다. 연화는 죽으면서도 왕건이 어린 시절에 선물했던 목걸이를 손에 꼭 쥐고 죽었습니다. 왕건은 그것을 곁에서 보았습니다. 므비보셋은 다윗에게 연화의 아기와 같았습니다.

므비보셋은 우리의 자화상과 같습니다. 그가 두 다리를 절었다는 것은 스스로의 힘으로는 아무것도 할 수 없는 존재임을 뜻합니다. 후에 다윗이 압살롬에게 쿠데타를 당해서 피난 갈 때 므비보셋도 함께 따라가고 싶었지만 아무도 데려가 주는 사람이 없어서 다윗이 돌아올 때까지 수염도 깎지 않고 기다리고 있었습니다. 그가 할 수 있는 것이 아무것도 없었기 때문입니다. 그런 그를 다윗이 불러서 그의 지위를 회복시켜 주었습니다.

우리는 죄와 허물로 인해 죽었던 사람들이고, 영원한 약속과 상관없었던 사람이고, 소망도 없고, 하나님도 없었던 사람들입니다. 그런 우리가 예수 그리스도의 십자가로 하나님의 백성이 되었고, 영원에 잇대어진 삶을 살게 되었습니다.

다윗과 므비보셋의 이야기가 등장하는 사무엘하 9장에 계속해서 강조되는 내용은 다윗이 므비보셋과 겸상을 했다는 것입니다. 므비보셋이 우리의 자화상이라면 다윗 왕은 영원한 왕이

신 하나님의 그림자와 같습니다. 하나님께서는 조건이나 자격이 없는 우리를 늘 하나님의 식탁에서 먹게 해주셨습니다. 우리가 매주일 드리는 주일예배와 각종 예배가 그러합니다. 다윗은 므비보셋과 식탁만 함께했지만 하나님께서는 우리와 1년 365일, 하루 24시간 함께하시는 분입니다. 하나님께서는 우리가 하나님을 의식하지 못하는 순간에도 형편없는 우리를 붙드시며, 인도하시며, 우리를 가꾸어 가시는 분입니다. 그것이 은혜입니다.

빌립보서를 마지막으로 전하며

빌립보서 마지막 장 마지막 절인 4장 23절은 이렇게 증거합니다.

■   주 예수 그리스도의 은혜가 너희 심령에 있을지어다

바울은 빌립보교회에 보내는 편지에 은혜가 그들의 심령에 있기를 기도하며 마침표를 찍고 있습니다. 성도님들이 가지고 계신 성경에는 '있을지어다'가 작은 글자로 쓰여 있을 것입니다. 헬라어성경에는 없지만, 문맥을 완성하고 이해를 돕기 위해 작은 글자로 넣은 것입니다. 혹 '있을지어다'가 다른 부분과 같은 크기의 글자로 되어 있다면, 출판사에서 그리스도인들이 성경을 읽을 때 불편하지 않도록 모두 같은 크기로 맞춘 것입니다.

'있을지어다'로 기록된 작은 글자, 헬라어에는 없는 이 부분이 단순한

기원이 아니라 제게는 좀 다르게 느껴집니다. 바울은 참 사랑스럽고 그리운 사람들, 하나님의 나라에서도 하나님께 자랑하고 싶은 빌립보교회 사람들에게 마지막 인사를 하면서 감사와 감격으로 마지막 말을 쓰지 못하는 것으로 느껴집니다.

빌립보서와 같은 옥중서신 가운데 1권인 에베소서 3장 1절은 이렇게 증거합니다.

■ 　이러므로 그리스도 예수의 일로 너희 이방인을 위하여 갇힌 자
　　된 나 바울이 말하거니와

여기서도 '말하거니와'가 작은 글자로 되어 있습니다. 원문에는 없지만 이해를 돕기 위해 편의상 넣었다는 의미입니다. 예전에 쓰던 '개역한글성경'에는 '갇힌 자 된 나 바울은……' 다음에 '말하거니와' 대신 '말줄임표'(……)가 있었습니다. 이 부분은 지금 우리가 사용하는 '개역개정성경'보다 '개역한글성경'이 제게는 훨씬 더 감동적으로 다가옵니다.

고등학교 2학년 때로 기억되는데, 그때 쓰던 성경은 지금과 같이 가로쓰기가 아니라 세로쓰기였습니다. 당시 이 부분을 "이러므로 그리스도 예수의 일로 너희 이방을 위하여 갇힌 자 된 나 바울은……"이라고 읽는데 세로로 된 말줄임표 점 여섯 개가 마치 바울의 눈물이 '뚝뚝' 떨어지는 것처럼 보였습니다. 이전에 자신은 율법에 철저하게 사는 것이 가장 고상하다고 생각했고, 예수님은 이단異端의 괴수였고, 그래서 그를 따르는 사람들을 잡아 감옥에 넣는 것이 가장 하나님을 위해 사는 것이라 확신했는데, 그런 자신을 버리지 않고 찾아와 주신 주님께 감사하고, 주님의 사도로 부르심 받아 감옥에까지 와 있다는 사실에 감격해서 더 이상 편

지를 쓰지 못하고 울고 있는 모습으로 여겨졌습니다.

그래서 오늘 본문에도 '주 예수 그리스도의 은혜가 너희 심령에……' 다음에 말줄임표로 대신하면 훨씬 더 감격적인 마침표가 될 것 같습니다.

바울은 빌립보교회에 보내는 편지 첫머리에 "하나님 우리 아버지와 주 예수 그리스도로부터 은혜와 평강이 너희에게 있을지어다"라고 했는데, 마지막에도 "주 예수 그리스도의 은혜가 너희 심령에 있을지어다"라고 말합니다. 은혜로 시작해서 은혜로 마치고 있습니다.

은혜는 값없이 받는 것이고, 좋은 것을 받는 것이고, 자격 없이 받는 것입니다. '값없이 받는다는 것'은 우리에게는 대가를 치를 능력이 없음을 뜻합니다. 우리에게는 온 세상을 비추고 생명체로 하여금 살아가게 하는 태양빛의 대가를 지불할 능력이 없습니다. 단 몇 분이라도 숨을 쉬지 않으면 우리는 살 수 없습니다. 이 공기의 대가도 지불할 능력이 없습니다. 우리가 두 발 딛고 사는 이 지구를 구입한 사람도 아무도 없습니다. 무엇보다도 우리가 받은 영원한 생명의 값을 어떻게 치를 수 있겠습니까?

만약 우리가 값없이 받는 것이 무가치한 것이거나 우리를 해치는 것이라면 받지 아니함만 못합니다. 또한 '좋은 것을 받는다는 것'은 우리는 궁극적으로 좋은 것이 무엇인지 모르는 존재라는 의미입니다. 어린아이는 자기에게 가장 좋은 것이 간식과 장난감이라고 우깁니다. 그것만 있으면 아무것도 필요없다고 합니다. 하지만 부모는 압니다. 그 아이가 제대로 자라려면 간식보다는 밥이, 게임기보다는 책이 더 좋은 것임을 말입니다. 사실 아이에게 가장 좋은 것은 그 부모입니다. 비록 가진 것이 적다 할지라도 좋은 부모가 있는 아이가 가장 행복할 것입니다. 우리에게 주신 최고의 선물은 하나님이십니다. 그 하나님께서 우리에게 가장 좋은

이것들을 생각하라

영원한 생명을 주셨습니다.

우리가 값없이 좋은 것을 받은 것은 우리에게 특별한 조건이나 자격이 있었기 때문이 아닙니다. 그냥 하나님께서 우리에게 주신 것입니다. 하나님이 우리의 아버지가 되어 주시고, 우리에게 영원한 생명을 주셨는데 그 이유를 우리는 모릅니다. 아니, 우리 쪽에는 이유가 없습니다. 그래서 우리는 값없이, 좋은 것을, 자격 없이 받게 되는 것을 은혜라고 부릅니다.

고린도후서 8장 9절에 이런 말씀이 있습니다.

■   우리 주 예수 그리스도의 은혜를 너희가 알거니와 부요하신 이로서 너희를 위하여 가난하게 되심은 그의 가난함으로 말미암아 너희를 부요하게 하려 하심이라

미국 CBS에서 제작한 〈언더커버 보스Undercover Boss〉라는 프로그램을 몇 번 본 적이 있습니다. 대기업 최고경영자가 자기 회사 일용직 사원으로 몰래 취업하여 현장에서 일하는 직원들과 지내며 그들의 고충과 회사에 대한 희망사항, 개인적인 소망 등을 듣고, 나중에 자신의 신분을 밝히고서 그들의 고충과 희망사항을 들어주는 것입니다.

최고경영자가 일용직 사원이 되어 직원과 눈높이를 맞추려는 자세는 훌륭합니다. 그런 최고경영자가 있는 회사는 참 복됩니다. 그러나 그것은 일종의 쇼입니다. 최고경영자가 일용직 사원이 되어 보는 것과 실제로 일용직 사원이 되는 것은 다른 것입니다. 최고경영자가 일용직 사원이 되는 경험을 하고서, 그들의 실제 삶이 참 열악한 것에 깊은 아픔을

느끼고 자신의 전 재산을 직원 수로 나누어 그들에게 분배했다는 이야기를 들어본 일이 없습니다.

그러나 주님은 실제로 그렇게 되셨고 그렇게 하셨습니다. 주님께서 가난하게 되셔서 우리를 영원히 부요하게 하신 것은 빌립보서 2장에 잘 나와 있습니다. 예수 그리스도는 창조주이신 성부 하나님과 한 분이십니다. 온 천하 만물을 가지신 분이십니다. 그런 무한하신 분이 유한한 인간, 그것도 가난한 목수의 아들로 태어나 비천하게 보이는 삶을 사셨습니다. 이것은 세계 최고의 부자가 노숙자가 되는 것과도 비교할 수 없습니다. 인간이 아무리 많이 가져도 창조주에 비하겠습니까? 그리고 예수 그리스도는 더 가난하게 되시어 십자가에 죽는 자리까지 가시는 것도 마다하지 않으셨습니다. 그것으로 말미암아 우리는 세상의 그 무엇을 주고도 살 수 없는 영원한 생명을 소유하게 되었습니다. 이것이 은혜입니다.

23절을 다시 읽겠습니다.

■   주 예수 그리스도의 은혜가 너희 심령에 있을지어다

주 예수 그리스도의 은혜가 있어야 하는 장소는 '우리 심령'이라고 합니다. 우리의 영혼이 가장 중요하기 때문입니다. 우리는 은혜가 우리 소유에 있기를 원하고, 우리가 하는 일에 있기를 원하고, 우리가 소원하는 것에 있기를 바랍니다. 하지만 우리 삶에 일어나는 문제의 대부분은 우리 영혼에 은혜가 없어서, 우리 속사람이 강건하지 못해서이기 때문임을 부인할 수 없습니다. 일상생활에는 은혜가 있는데 그 영혼에 은혜가 없다면 그 사람의 삶은 이내 황폐해지거나 퇴폐화될 것입니다. 우리의 영혼, 속사람을 잘 관리하는 것은 우리 주변의 일을 잘 관리하는 것보다 훨

씬 중요합니다. 세상에서 성공하고 속사람이 건강하지 못하여 망가지는 사람이 얼마나 많은지 모릅니다. 우리의 영혼이 맑고 밝고 강건하다면 삶의 문제와 고통은 대부분 사라질 것입니다. 그래서 바울은 '주 예수 그리스도의 은혜가 너희 심령에 있어야 한다'고 합니다.

오늘이 빌립보서 마지막 설교입니다.

2011년 이재철 목사님의 안식월 7개월간, 올해 목사님의 암 수술로 인해 3개월간, 그리고 목사님의 피정기간 때 빌립보서를 설교할 수 있었던 것은 하나님과 100주년기념교회가 제게 주신 아주 특별한 선물이었습니다. 빌립보서를 시작할 때 계산했습니다. 빌립보서가 모두 4장 104절로 되어 있으니까 매주 5절 정도씩 해서 20주 정도 설교할 수 있으면 좋겠다고 생각했습니다. 담임목사님의 안식월 동안 31주일을 설교해야 했기 때문에 '중간에 끝나게 되면, 다음에는 어떤 말씀을 전하지'라고 생각했던 기억도 납니다. 그러했던 것이 52주 동안 말씀을 나눌 수 있었습니다.

그동안 어눌한 제 말주변은 차치하더라도, 하나님께서 제게 주신 말씀을 제대로 전하지 못해 안타까워했던 때도 정말 많았습니다. '좀더 설교 준비를 잘 했더라면 성도님들이 하나님을 더 깊이 만날 수 있었을 텐데'하고 생각될 때도 많았습니다. 그런 안타까움과 아쉬움이 특히 많아 힘들어할 때는 여러 성도님들이 '오늘 설교 말씀은 자신에게 꼭 필요한 말씀이었다'고 문자와 메일을 보내 주셨습니다. 저는 그것이 그 성도님의 문자와 메일이 아니라 하나님께서 "한조야, 괜찮아", "한조야, 오늘도 수고했다"라며 격려하시고 위로하시는 것으로 여겨졌습니다.

오병이어는 참 적은 것이지만, 거기에 주님의 손길이 더해지니까 여자들과 어린아이들을 제외하고도 5천 명이나 되는 사람들이 배가 부르게 되었듯이, 제가 전하는 부족한 말씀에 조금이라도 영혼이 배가 부르셨다면 그것은 전적인 주님의 손길로 인함입니다. 빌립보서를 잘 마무리할 수 있게 된 것은 전적인 주 예수 그리스도의 은혜입니다.

빌립보서를 마지막으로 전하면서 제가 성도님들께 해드릴 수 있는 최상의 말씀, 최고의 말씀도 이것입니다. "주 예수 그리스도의 은혜가 성도님들의 심령에 풍성하기를……."

늘 우리에게 은혜를 베푸시는 하나님 아버지!

우리같이 형편없고 이기적인 존재를 불러 주시고 동행해 주심을 감사합니다. 지나온 나날 동안 우리가 다리가 아프다고 짜증 낼 때는 우리의 다리를 만져 주시고, 우리의 등을 두드리며 격려해 주시며, 때로 더 이상 걸을 수 없다며 좌절하고 절망할 때는 우리를 업고 여기까지 인도해 주심을 감사합니다.

돌아보면 은혜가 아닌 것이 없고, 하나님의 손길이 아닌 것이 없는데, 왜 당시에는 그것을 알지 못했는지…… 왜 필요 없는 고집을 부리며 이기심을 드러냈는지…… 우리의 연약함을 용서하여 주옵소서.

다윗이 므비보셋을 찾았던 것처럼, 주님께 멀리 있었던 우리를 찾아내어 자녀로 삼아 주시고, 늘 주님의 식탁에 초대해 주셔서 감사합니다. 우리 능력으로는 결코 제대로 인생길을 걸을 수 없기에 주님의 손에 잡히게 하시고, 주님께서 우리를 잡아 주신 그것을 향해 걸어가고 달려가는 인생 되게 하여 주옵소서.

그동안 빌립보서 말씀을 통해 은혜를 베풀어 주셔서 감사합

이것들을 생각하라

니다.

빌립보 사람들이 빌립보에 살아도 로마 시민권자인 것을 자랑스럽게 여기며 살았듯이, 우리도 대한민국에 살아도 하늘나라 시민인 것을 자랑스럽게 여기며, 오시는 주 예수 그리스도를 기다리는 삶을 살아가게 하옵소서. 바울이 비록 로마의 옥에 갇혀 있을지라도 그가 주님 안에 있을 때 환경을 초월해서 기뻐하는 삶을 살았듯이, 우리도 주변 상황이 우리를 힘들게 하여도 주님 안에서 기뻐하며 살아가게 하옵소서. 또한 바울과 같이 우리도 배부름과 배고픔, 풍부와 궁핍에서도 일체의 비결을 배우게 하시고, 우리에게 능력 주시는 분으로 인해 우리에게 허락하신 삶을 잘 감당하게 하옵소서.

무엇보다 우리에게 주 예수 그리스도의 은혜가 우리의 심령에 풍성하게 하시고, 그 은혜를 받은 자답게 살아가게 하옵소서. 예수님의 이름으로 기도드립니다.

아멘.

제2권 이것들을 생각하라

빌립보서 설교집

Sermons on Philippians
2. Think on These Things

2015. 4. 3. 초판 1쇄 인쇄
2015. 4. 10. 초판 1쇄 발행

지은이 정한조
펴낸이 정애주
국효숙 김기민 김의연 김준표 박세정 박혜민
송승호 염보미 오민택 오형탁 윤진숙 임승철
정한나 조주영 차길환 한미영

펴낸곳 주식회사 홍성사
등록번호 제1-449호 1977. 8. 1.
주소 (121-885) 서울시 마포구 양화진4길 3
전화 02) 333-5161
팩스 02) 333-5165
홈페이지 www.hsbooks.com
이메일 hsbooks@hsbooks.com
트위터 twitter.com/hongsungsa
페이스북 facebook.com/hongsungsa
양화진책방 02) 333-5163

ⓒ 정한조, 2015

ISBN 978-89-365-1084-8 (04230)
ISBN 978-89-365-0541-7 (세트)

빌립보서 설교집
1~2장

1

당하게
합하게
생활
하라

빌립보서 설교집
3~4장

2

이것을
들생각
하라

홍성사.